创新思想与实践

美的研发转型

技术创新的运营管理实践

陈莉 著

机械工业出版社
CHINA MACHINE PRESS

本书基于《电器》杂志主编陈莉多年来对美的集团和胡自强的跟踪研究和采访，记录了胡自强领导美的研发转型、构建面向"产品领先"战略的全新研发体系的过程。作者从胡自强入职美的集团、主持小天鹅股份有限公司的研发转型写起，完整、全面地记录了美的集团研发体系的转型过程，以及背后的逻辑和思考。书中也展示了胡自强作为一位杰出创新领导者的智慧和胆识，总结提炼了从研发人才成长为研发管理人才的进阶之路。

　　通过本书，读者可以深入了解美的研发转型的背景、目标、策略和成果。美的集团的研发转型历程和技术创新管理实践，对中国家电行业、对中国整个制造业转型升级都有重要的借鉴意义。

图书在版编目（CIP）数据

美的研发转型：技术创新的运营管理实践 / 陈莉著. — 北京：机械工业出版社，2024.3

（创新思想与实践丛书）

ISBN 978-7-111-75250-9

Ⅰ.①美… Ⅱ.①陈… Ⅲ.①美的集团-工业企业管理-技术革新-经验 Ⅳ.①F426.6

中国国家版本馆CIP数据核字（2024）第050925号

机械工业出版社（北京市百万庄大街22号　邮政编码100037）
策划编辑：李新妞　　　　　责任编辑：李新妞　解文涛
责任校对：王荣庆　李　杉　责任印制：张　博
北京联兴盛业印刷股份有限公司印刷
2024年4月第1版第1次印刷
169mm×239mm・18.25印张・1插页・220千字
标准书号：ISBN 978-7-111-75250-9
定价：99.00元

电话服务　　　　　　　　　网络服务
客服电话：010-88361066　　机　工　官　网：www.cmpbook.com
　　　　　010-88379833　　机　工　官　博：weibo.com/cmp1952
　　　　　010-68326294　　金　书　网：www.golden-book.com
封底无防伪标均为盗版　　　机工教育服务网：www.cmpedu.com

丛书序

创新是人类一项伟大的创造性活动，通过创新活动产生的实体，人类可以形成更高的物质文明和精神文明，国家获得经济的可持续增长，产业获得发展的活力，企业则获得可持续的竞争力。党的十八大以来，以习近平同志为核心的党中央高度重视科技创新，始终把创新摆在国家发展全局的核心位置。习近平总书记多次在重要讲话中强调创新的重要性，"创新是引领发展的第一动力"这一重大理论创新成果被写入党的十九大报告和新修订的党章，创新正成为中国发展的强劲动力。党的二十大报告进一步指出，"加快实施创新驱动发展战略""加快实现高水平科技自立自强"。

创新管理是企业管理的一项新兴的管理职能。由于创新活动的复杂性、风险性、系统性等特征，对创新进行有效的管理需要战略性视野和整合性思维。实施创新驱动发展的国家战略，需要我们进一步开展深入的创新研究，特别是系统地总结创新的客观规律、多学科研究创新的机制。习近平总书记指出："加快构建中国特色哲学社会科学，归根结底是建构中国自主的知识体系。要以中国为观照、以时代为观照，立足中国实际，解决中国问题，不断推动中华优秀传统文化创造性转化、创新性发展，不断推进知识创新、理论创新、方法创新，使中国特色哲学社会科学真正屹立于世界学术之林。"这为加快构建中国特色的创新研究指明了方向，提供了根本遵循。具有中国特色的创新理论与方法体系创立等，是创新研究的重点。

创新思想与实践丛书旨在推出反映我国创新研究工作者在中国特色的创新思想、创新理论与创新实践等方面的最新研究成果，加快建构并形成中国自主的创新管理知识体系。丛书着力于服务科技高水平自立自强，进一步赋能经济高质量发展，推动现代化产业体系建设，为培育世界一流创新企业做出应有的贡献。

陈劲

清华大学经济管理学院教授

教育部人文社会科学重点研究基地

"清华大学技术创新研究中心"主任

2023 年 11 月 15 日

推荐序一

在我国提出创建世界一流企业的过程中,美的集团无疑是其中的佼佼者——自1968年创立以来,历经55年的发展,成功跻身世界家电企业领先行列,并多次入选世界500强。按照世界一流企业"产品卓越、品牌卓著、创新领先、治理现代"的16字发展要求,自2012年方洪波先生出任董事长以后,美的将"产品领先、效率驱动、全球经营"确立为集团未来发展的三大战略主轴。其中,"产品领先"是重中之重,并且美的的多项产品成为国内相关产品市场占有率的冠军。在每日经济新闻联合清华大学经济管理学院中国企业研究中心推出的"中国上市公司品牌价值榜"中,美的集团在2023年品牌价值为2688亿元,列总榜TOP15,海外榜TOP5,全球榜TOP96。

推动美的实现产品卓越、品牌卓越的关键是美的集团的科技创新战略和能力建设。完成这一重大转型并取得卓越成效的关键人物是美的集团副总裁并曾兼任美的集团CTO和本届美的中央研究院第一任院长的胡自强先生。在他以及研发管理团队的努力下,在短短的8年时间中,美的的研发体系从原有的一级研发体系,转型成为拥有较强基础研发能力的从中央研究院到事业部市场化研发的四级研发体系,形成了目前在我国处于领先地位的企业自主研发体系。在胡自强先生的努力下,美的同时构建了强大的开放创新体系——同国际大公司、顶尖高校和研究所、创新型中小企业等建立了高水平的创新生态体系,有力地支撑了产品和技术的高效创新。尤其需要指出的是，美的集团的开放创新体系中有强大的设计类平台或机构，体现了独特的创新资源规划能力，胡自强先生领导美的研发还进一步强化了超前研究和未来技术开发，强化了技术体系和产品体系的分工与协同，形成了"三个一代"创新模式，并强化了全球化的科技人才布局，创设了有利于创新的制度与工作环境。美的集团仅以每年100多亿元的研发投入、2万多名研发人员的队伍，就完成了年专利申请超过万件的佳绩，实现了从产品领先到科技领先的快速转换。目前，美的集团已经成为我国极为优秀的民营科技领军企业。

美的集团的研发体系和能力建设之所以能够取得卓越成效，胡自强先生功不可没。作为研发与创新的总架构师，胡自强先生展现出了一位创新领导者的卓越智慧与才能。当今及今后，我国企业要成为世界一流创新企业，就必须拥有这样一位懂战略与市场并且在研发与技术创新管理方面富有才能的"首席创新官"，胡自强先生就是目前我国企业界杰出首席创新官的代表人物。

本书生动地展示了胡自强先生从探索小天鹅研发体系到不断优化大型家电企业美的的研发体系的历程，以及他从一名研发人员向优秀的研发管理者转化并成为卓越的创新领导者的过程。这对于我国众多企业进一步完善研发与创新管理体系、培育优秀的研发与创新管理人才具有重要的启发价值。我作为企业研发与创新管理的长期研究者，向胡自强先生表示由衷的敬意，期待本书早日问世，并将此书纳入我主编的"创新思想与实践丛书"中。

陈劲

清华大学经济管理学院教授

教育部人文社会科学重点研究基地

"清华大学技术创新研究中心"主任

2023年12月于清华园

推荐序二

这本书写的不仅仅是胡自强的故事,更是方洪波的故事,也是美的的故事。这本书讲的是方洪波和胡自强怎样珠联璧合地带领美的人实现美的战略转型的故事。作者陈莉以朴素的语言记录了美的这次成功的研发转型历程。

在这次转型中,方洪波是思想家和战略家,胡自强是战略家和战术家。在书中,你不但会看到胡自强是怎样用四级研发体系和"三个一代"创新模式来实现方洪波提出的"产品领先"和"科技领先"的战略思想,而且会看到许多发现问题和解决问题过程中知行合一的实践案例。

依我之见,产品领先和科技领先是一脉相承的。科技领先要体现在产品领先上。产品领先不一定是科技领先,但科技领先一定是产品领先的,不然就不是真正的科技领先。研发转型的目标,是支持美的实现产品领先。科技领先的目标,也是支持美的实现产品领先。市场需求驱动产品,科技领先落实到产品,长短结合,紧紧围绕市场经营需求,让科技领先和研发创新在产品中体现。科技领先是战略,产品领先是硬道理!

美的四级研发体系是指事业部层面实现研、发分离,形成开发和技术研究两级体系。其中,开发层级主要应对需要上市的新品开发需求,技术研究层级主要聚焦下一代平台储备和再下一代核心模块技术的突破。中央研究院同样分为两级。第一级聚焦中长期共性技术研究和基础技术研究，为3~5年内推出的产品做技术突破。第二级专注于前沿技术研究和颠覆性技术突破，以期5年以后在产品上实现技术落地。而各类技术委员会是消除四级研发体系可能带来的"部门墙"问题的关键力量。

"三个一代"创新模式是指三年研发规划，"开发一代，储备一代，研究一代"，从市场端驱动来影响研发的规划梳理和具体落实。"三个一代"必须不断修正、循环提升，每一年的产品创新和技术创新必须不断迭代升级。

市场、产品、技术、人才是研发成功的四大关键要素，缺一不可，其中人是第一要素。一切的一切，最关键的是人。同样的一件事，不同的人去执行，得到的结果可能天差地别。有了合适的领军人才，事情就成功了一半。美的转型能有今天离不开方洪波和胡自强这样的人才。读者在书中会看到方洪波是怎样去招聘胡自强这个在美国通用电气（GE）工作了12年和在苏州三星工作了6年的领军人才，而胡自强又是怎样去招聘人才、吸引人才、培养人才的。培养人才就是要与高手过招，"在事上磨"，在项目中不断磨炼。

一个研发人员不可能懂所有技术，更何况是一个管理者，即便是技术出身的研发管理者，也不可能在所有的技术方面都是内行，总会有技术短板。关键在于管理者的思想高度、战略思维、战术水平、组织能力、识人和用人能力，以及对市场、用户、行业、产品、技术和公司的现状及发展前景的洞察力。对于研发管理者来说，除了自身的素质之外，最重要的是知行合一致良知的学习能力。

我经常和胡自强说，仅在2014年他就"救"了我们美的上海电机研发中心两次。第一次没有判我们"死刑"，第二次一句话"救"了我们。

美的上海电机研发中心是2010年我受美的邀请和委托，于2011年3月29日在上海创建的美的第一个异地研发中心。我们从零开始，在上海酒店面试工程师，选址、装修办公室、建立实验室、走访产品公司、确定研发项目……和本书中讲的许多故事一模一样！我的床头一直放着胡自强2014年5月按方洪波指示对美的上海电机研发中心所做的"问题调查报告"。加盟美的后，每两个月我都会到美的一次。2014年以后，每次我回美的之前，胡自强都会与我预约一顿一对一的工作午餐。我一直记着2014年10月13日工作午餐时，胡自强对我说的"在美的，只要还没有执行，都不是最后的决定！"他的这句话让我信心满满。经过三天三夜的奔波和努力，我们"救活"了美的上海电机研发中心！没有他和方洪波的支持，就不可能有现在被称为"美的第一个成功的异地研发中心"的美的上海电机研发中心。我和胡自强背景不同，他一直在公司工作，我一直在大学工作，但我们有许多相同之处，不但名字一样，而且我们的研发理念也完全相同。正因为如此，胡自强创建美的中央研究院的过程中，于2016年请我帮忙成立电驱动变频核心共性技术平台，即使没有任何任命书，我也毫不犹豫地答应了下来。2016年底，他又亲自到英国谢菲尔德大学成立了谢菲尔德美的电机驱动控制研发中心。在这本书中，你可以看到许多人像我一样，在胡自强人格魅力召感下的故事。

在企业建研发机构，必须强调技术的可落地性，研发成果要对产品升级迭代和实现突破创新提供有效支撑。2011年我成立美的上海电机研发中心时，就要求中心不发表文章，多申请专利，但鼓励参加学术会议。你在本书里也可以看到日本东芝家电类似的故事。美的收购东芝家电后，胡自强要求东芝对研发体系进行调整，将"技术驱动创新"转变为"以用户（市场）为中心的创新"，从而改变在市场上的被动局面，逐步提高市场占有率，扭亏为赢。

作者一再强调美的模式不一定是普遍适用的，只能借鉴参考，尤其是"四级"研发体系。没有一个研发体系是完美的，美的也并不是完美的，美的的问题仍然有很多。但是有问题不是问题，有问题而不知道有问题才是危险的。美的也一直在变，从一个家电企业变成了一个多元的科技集团。我非常认同美的创始人何享健创立的美的文化：美的唯一不变的是变。一个人或者一个企业进步的标志，就是是否有能力否定自己而变得更好。一个人或者一个企业的情怀很重要。我们都知道何享健的情怀：在2012年把美的交给了方洪波掌舵！

  感谢美的开放的胸怀，能有这么一本书，与大家分享美的转型的经验。这本书不仅对中国家电业，而且对中国制造业都有借鉴价值，对于美的来说也是一个宝贵的经验总结。作为美的这次转型的见证人和部分经历者，我感到很荣幸。我强烈推荐这本书！我相信这本书不但对企业管理者和研发人员非常有用，对大学的老师和学生们也应该很有价值。

诸自强
英国皇家工程院院士
英国谢菲尔德大学顶级教授
西门子风电研发中心创建主任
美的上海电机研发中心创建主任、科学家
2023年12月

推荐序三

面对新一轮科技革命和产业变革带来的机遇和挑战，创新已经成为引领企业持续发展的第一动力。作为中国家电行业的领军企业，美的集团近年来通过研发转型和创新驱动，有效支撑了"产品领先"战略的落地，并且连续7年进入世界500强，成为世界最大的家电企业之一和科技巨头。《美的研发转型：技术创新的运营管理实践》一书正是对美的集团研发转型过程的全面记录和总结。

本书由《电器》杂志主编陈莉基于多年来对美的集团和胡自强博士的跟踪研究和采访完成。它记录了胡自强博士领导美的研发转型、构建面向"产品领先"战略的美的全新研发体系的过程。其中包括：从无到有建设中央研究院，搭建中央研究院的两级研发体系；推动美的各大事业部建设两级研发体系；建设美的四级研发体系和"三个一代"创新模式；美的如何进行面向全球的研发布局；以及美的如何促进各大事业部的研发协同，等等。通过这本书，读者可以深入了解近年来美的研发转型的背景、目标、策略、过程和成果。

2015年1月，我借出差机会在美的集团总部与时任美的集团副总裁兼中央研究院院长胡自强博士首次见面。当时，胡总与我初步交流了大企业如何建立健全开放式创新体系的前沿理论与实践。胡总儒雅博学、谦逊务实的风格给我留下了深刻印象，并且我也能够感受到他迫切希望推动美的研发转型的决心和紧迫感。同年3月，胡总来浙大管理学院访问交流，与我以及魏江教授、顾新建教授等进行了深入交流。

在胡自强博士的领导下，美的大力推动实施开放式创新战略，整合全球优势技术资源，实现全球融智。2015年6月，在他的直接推动下，美的集团与浙大共建了"开放式创新联合实验室"，我有幸担任联合实验室主任，负责牵头与美的集团开放式创新的合作。这应是当时国内第一家企校共建的开放式创新联合实验室。2015年9月，美的集团与浙大依托"开放式创新联合实验室"合作的美的开放式创新平台（美创平台）正式上线，我和清华大学技术创新研究中心陈劲教授等共同见证了美创平台的启动。通过美创平台，美的一方面联络高校共同举办创意活动，以资金扶持的方式寻找与美的产业发展相关的创意，构建了丰富的创意库；另一方面整合内外部资源，解决研发和生产中的技术难点，制造出用户真正需要的产品。

自2015年以来，美的与浙大依托"开放式创新联合实验室"举办了一系列产学研合作活动。此外，美的与浙大还合作开展了美的首届内部创客培训营、"伽马射线"杯未来厨房设计大赛、2015美的杯IdeaBank长三角高校创业点子公开赛等。美的开放式创新案例也入选了国家级规划教材《创新管理》。

近年来，无论是作为一个研究企业创新变革与转型的学者，还是作为一个普通消费者（我家里的微波炉、电饭煲、净水机、空调等都是美的品牌），都明显感觉到了美的从一个传统家电巨头向创新驱动的科技型企业转型的努力和成效。除了涵盖针对消费者的智能家居及各类家电外，工业技术、楼宇科技、机器人与自动化及其他第二曲线创新业务等也通过并购、产学研合作、自主创新等不同开放式创新模式逐步成长起来，发展势头良好。

我曾经多次拜访美的集团总部和全球研发中心，感受到这家传统家电巨头的创新活力和持续变革的氛围，也感受到近年来胡总给美的研发带来的改变。

一是美的研发体系非常高效和扁平化,从基层的研发员工到美的CTO(副总裁),只有4个层级,不像很多大企业那样存在严重的大企业病。而且胡总的办公室就在美的全球创新中心大楼一层数千平方米开放式办公空间的一个角落里,他并没有独立的办公空间。就像硅谷很多企业如谷歌、Facebook等一样,他们的高管也和员工一样在这样的开放式办公空间一起办公。这种扁平化的管理模式有效地激发了员工的创造力和积极性,为美的集团的创新发展提供了源源不断的动力。

二是非常注重培养和引进创新人才,激发员工的创造力和潜力。他积极推动引进全球先进的创新资源,与世界顶尖科研机构建立合作关系。研发人员超过18000人,博士、硕士等行业顶尖人才6000多名,其中外籍资深专家超过500人;打造科学家体系,成立8个院士工作站(室),引入20位战略合作院士,对接合作项目超100项,涉及绿色、节能、健康、智能化、机器人和自动化等技术领域。美的每年举办科技月,对当年的优秀研发项目和优秀研发个人进行奖励和表彰。

三是始终保持对于科技研发和科技人才的高投入。通过构建"2+4+N"全球化研发网络,建立全球研发规模优势。过去5年投入研发资金超500亿元,在美国路易斯维尔、硅谷以及德国、意大利、日本等地布局前沿技术研发,支持未来产业发展。据了解,美的现在在全球设有35个研发中心,研发人员超过万人。这些举措都为美的实现从模仿创新到创新引领提供了有力支撑。专利申请量超过10万件,授权发明专利连续五年居家电行业第一。在美的研发的支撑下,美的集团近年来昂首挺进世界500强,在营收、市值、利润、专利等方面都位居国内家电企业领先地位,也成为世界家电巨头和全球家电科技创新的引领者。

美的集团的成功离不开胡自强博士的卓越战略领导力和创新思维。他通过引领美的研发体系转型,构建开放式创新平台,建立从先行研究到产品开发的四级研发体系，布局前沿技术，支持未来 5~8 年产业发展。中央研究院专注前瞻性、基础性技术研究与创新，建立开放式创新平台，面向全球"融智"。他的务实、勇于突破的个性，以及对变革的积极态度，为美的集团的创新创业与战略发展注入了强大的动力和活力。

从根本上说，"产品领先"战略的成功是以研发体系转型成功为基础的。正如胡自强所说："所有这些都是为了一件事，就是支持美的'产品领先'战略的落地。"胡自强是美的这家超大型企业研发转型的总架构师。"产品领先、效率驱动、全球经营"三大战略主轴的转型和变革，历经十年，成就了营收从 1000 亿元到 3000 亿元的突破。2020 年，美的再次进行战略升级，在之前的三大战略主轴中，将"产品领先"升级为"科技领先"，将"效率驱动"升级为"数智驱动"，将"全球经营"升级为"全球突破"，同时新增以用户体验为全价值链支撑的"用户直达"。

总之，《美的研发转型：技术创新的运营管理实践》一书是对美的研发转型过程的全面记录和总结。这本书不仅是关于美的研发转型的实践案例集锦，更是对于中国制造业转型升级具有重要借鉴意义的研究成果。

我相信这本书能够成为广大读者学习和借鉴美的研发转型经验的宝贵资料，为企业的创新发展提供有益的启示和指导。

郑刚
浙江大学管理学院创新创业与战略学系副主任、教授
科技创业中心（ZTVP）创始主任
2023 年 12 月

推荐序四

我几乎是一口气从头到尾读完了这本厚厚的书稿！中国的制造型企业经历了"入世"以来20多年的快速发展，许多已经达到比肩世界500强的规模。但是，如何从过去行之有效的跟踪和复制世界领先产品和技术的发展模式，转换到引领行业的创新发展模式，却是企业面临的巨大挑战。这本书通过美的集团的研发转型案例指明了一条成功道路。

本书深刻剖析了美的集团从2012年以来，通过树立"产品领先"的发展战略，成立中央研究院，并建立研究院与各事业部产品研发组织共同构成的四级研发体系，进而形成"开发一代，储备一代，研究一代"的"三个一代"创新模式，在业务持续高速发展的同时，建立了能够支撑美的这样的超大型制造企业长期发展的创新体系。这一成功的经验值得我们众多已经或者即将面临发展瓶颈的企业学习和借鉴。

更加难能可贵的是，作者还运用了相当大的篇幅，深入分析了转型得以成功的背后，人的重大作用，尤为突出的是进行规划和指挥的领导者胡自强博士。我和胡博士同于1994年加入通用电气中央研究院，是多年的同事和好友，所以，我读到书中这一部分，倍感亲切！

胡博士的职业生涯经历了从研发工程师到技术团队管理者、再到企业创新体系的架构师和缔造者的典型历程。他对专业技术的精通，对研发过程的熟悉，对洞察客户需求的执着，对企业和行业发展战略的把握，再加上他特有的人格魅力，共同构成了他能够领导美的集团逐步转向创新引领发展道路的关键因素。这对未来有志于领导研发和技术创新的管理者们将深有启发。

陈向力

美国工程院院士

2024 年 1 月

序

2014年4月,我从小天鹅调至美的集团,组建美的中央研究院,主持整个集团的研发转型,从研发端支撑方总提出的"产品领先"战略的落地。

现在回忆起来,在这次研发转型的过程中,有几点是印象特别深刻的。

一是,每个企业的研发转型,都是"一把手工程"。没有"一把手"的坚持,即便仅仅是在研发体系进行转型,也难以坚持下去。

2014年,在美的过往的成功经验中,并没有依靠产品创新实现成功的经历,对创新的能力,资源的投入,创新的过程、周期和价值,都没有深入的认知。这让很多人对美的这次研发转型的必要性以及能否成功持怀疑态度。同时,有更多的人在研发投入后,就急切地想要看到产出,但实际上,从研发投入到产出,必须经过一个时间周期。我记得非常清楚,2014年4月,美的从无到有建立中央研究院,到了当年年底,在美的内部就有人开始问"中央研究院到底什么时候才能真正产出价值"。

这些不同的声音,实际上都对研发转型的进程产生了一定的困扰,并产生了一定的摇摆。是方总的坚持,给美的这次研发转型换来时间和空间,并能够持续投入。这是一切的基础。

二是,转型比从无到有建立研发体系要难得多。方总曾说,这次转型是"在高速飞行的过程中换发动机"。这不但要求新的发动机本身能力要强,还要能够与旧的"飞机"匹配,并且能飞得更快。这需要新的发动机要融入原来的运转体系,而原来的运转体系也要为换上新发动机做出相应的改变。所以，研发转型，并不是仅仅局限于研发体系之内的转型，而是"牵一发而动全身"的转型。

三是，在美的这次研发转型的过程中，美的建立了四级研发体系的架构。这样的架构是适应美的作为一家超大型企业的发展现状的。美的此次研发转型，很多底层逻辑以及转型思路对其他企业具有一定的参考价值，但并不是每个企业在研发转型中都需要建立四级研发体系。如何进行研发转型，一定要视企业的实际情况和目标，做出适合企业自身发展的研发架构。

四是，研发转型是一个大项目，但这个项目能否成功，需要结合企业的现状，从经营贡献大、相对比较容易实施的项目开始，建立转型的信心，由易到难逐步推进，最后达成质的飞跃。虽然四级研发体系并不是每个企业在研发转型时的"标准答案"，但是，很多时候，遇到的具体问题和困难，却是相似的。在本书中，介绍了一些遇到问题、解决问题的方法和背后的逻辑，以及在转型过程中可能遇到的障碍并最后达成目标的案例，对其他希望或正在进行研发转型的企业，也非常有参考意义。

从2014年到现在，已经整整十年。只能说，美的这次研发转型取得了阶段性成果，打下了一定的研发基础。很多方面还依然在路上，依然存在很多问题需要解决。其实，转型是一个永恒的课题，是一个不断自我突破的过程。但让人欣慰的是，在美的"唯一不变的就是变"的理念之下，一切都在向好而变。

与每一位有志于研发转型的人，或是已经身在其中的人，共勉。

胡自强
美的集团副总裁
北京万东医疗科技股份有限公司董事长
2024年1月

前言

一、源起

2012年下半年，胡自强博士离任苏州三星电子有限公司副总经理兼中国家电研究所所长一职，加入美的，出任小天鹅主管研发的副总经理。

消息传出，有人评论说："他错了。"因为在此之前，他一直供职于跨国企业，而美的是纯粹的中国民营企业。很多人觉得，他在美的能够"活下去"都不容易，遑论做出什么业绩。

更了解他的人说："可惜了。"因为以他们对胡自强的了解，他应该去美的集团而不是到作为美的一个事业部的小天鹅去改造研发体系。同是2012年，方洪波出任美的集团董事长，提出将"产品领先、效率驱动、全球经营"确立为集团未来发展的三大战略主轴。要推动三大战略主轴的落地，美的必须重构研发体系。

那时我与胡自强并不太熟悉。只是在每年一届的中国家用电器技术大会上，聆听过他的几次演讲。他把国外先进的研发理念和方法介绍到国内，让人耳目一新，开阔视野。

2014年4月，胡自强离开小天鹅来到美的集团出任中央研究院院长，从无到有建设中央研究院，很多人也并不看好这次调任。美的历史上曾两次建设中央研究院，都在很短的时间内消失于无形。对于这届中央研究院，很多人判断，它很快会面临与之前两届中央研究院相同的命运。

但与以往不同的是，这次有方洪波落地"产品领先"战略的决心。而作为局外人，我也渐渐明白胡自强选择美的，是看到美的打出的"产品领先"的这面旗帜；而他选择小天鹅为开始，也是希望能够在"产品领先"旗帜的指引下，在美的走得更稳、走得更远。

2017年4月，在美的中央研究院成立三周年时，已兼任美的集团副总裁的胡自强正式兼任美的集团CTO。正好身在广东佛山顺德的我，有幸约到了胡自强的一次专访。他简单介绍了三年来建设中央研究院的过程，并说："所有这些，都是为了一件事，就是支持美的'产品领先'战略的落地。"同时，他也明白其中会遇到巨大的挑战："去西藏，你会看到很多很多转动经筒的人，我就是那个转动经筒的人。我要不断地去推、去转，让美的技术平台高效运转起来。"

这也是我第一次近距离探访正在建设中的、全新的美的研发体系。之后，有幸得到胡自强的允许，我开始有机会近距离观察、了解美的四级研发体系的构建过程。

在2017年举办的第二届美的技术论坛上，我看到了论坛的内容之深，邀请专家的水平之高，以及年轻的美的研发人员与这些顶级专家对话的能力之强。

在随后几年里，我看到了美的中央研究院在美的创新中心四栋建设的高水平实验室，之后不久因为场地不够又在十栋开始实验室的建设。美的各大事业部也开始建设更多高水平的实验室。我也看到了美的不断招揽人才，研发能力不断充实到新构建的研发体系之中。因此，美的创新中心开始变得寸土难求，甚至停车位都非常紧张。毫无疑问，所有这些变化的背后，都是美的对研发的持续、坚定的投入。

每年10月举办的美的科技月，自2017年起我每年都会到场，每一次，我都会在内心去默默对比看到的内容和产品与上一届有哪些变化和进步。

我更会非常留意方洪波每年在科技月上的演讲,尤其是其中对美的研发体系的评价以及面向未来指出的方向。

时光流转。我看到全新构建的四级研发体系在美的不断被夯实,全新的"三个一代"创新模式逐步全面融入美的这个超大型企业的运转之中。

二、成书

2020年10月,在当年的美的科技月上,方洪波提出将"产品领先、效率驱动、全球经营"三大战略主轴升级为"科技领先、用户直达、数智驱动、全球突破"四大战略主轴。在我看来,从"产品领先"到"科技领先",意味着对"产品领先"战略指导之下的这次研发转型的认可。

我开始越来越意识到美的这次研发转型的价值,对美的集团的价值,对中国家电行业的价值,对中国制造业的价值。

我开始有了把这次研发转型记录下来的想法。斗胆几次,却不敢动笔。直至2021年6月,胡自强离开美的集团CTO的岗位,担任美的集团副总裁兼万东医疗董事长一职。我知道,如果再不行动,就会失去记录的机会。

我开始在我供职的《电器》杂志上以连载的形式进行记录。在记录的过程里,我深刻体会到,作为一家超大型企业,美的此次研发转型实属不易。在企业执行研发转型的过程中,困难的并不是严谨的理论体系,而是转型的落地。新旧交替的过程,就是"破旧立新"的过程。无论是"破旧"还是"立新",在实施过程中都需要面对、解决大量的问题和矛盾。

以连载内容为主体,经过整理、编辑,并加入了案例背后的一些思考，形成了本书的雏形。本书从胡自强入职美的、主持小天鹅的研发转型开始写起，将小天鹅的研发转型作为美的启动全面研发转型之前的一次MVP实践。

之后，本书记录了美的全新研发体系的构建和完善过程，以及背后的逻辑和思考，包括：从无到有建设中央研究院，搭建中央研究院的两级研发体系；推动美的各大事业部建设两级研发体系；建设美的研发的创新流程和"三个一代"创新模式；美的如何进行面向全球的研发布局；美的如何促进各大事业部的研发协同，等等。

当然，这场研发转型得益于方洪波"产品领先、效率驱动、全球经营"三大战略主轴的提出，它是这场研发转型的旗帜。

我也开始思索，留学归来、一直供职于跨国企业的胡自强，凭什么能够成功指挥美的这场研发转型？指挥这场研发转型的机会为什么最后落在胡自强而不是其他人身上？他做对了什么？他拥有哪些特质、方法和能力？他自己又做了哪些准备？

首先，胡自强能够推动研发转型在美的持续落地，我认为，是因为胡自强与美的有着一些共同的特质，如务实、勇于突破自己迎接挑战、勇于主动应变。

另外，为了成为一名合格的、优秀的研发管理人才，胡自强做了非常清晰的职业规划，并为了这个职业目标不断寻找新的岗位，做更好的磨炼和积淀，提高能力，提升格局，扩大视野，积极做好准备。

从研发人员到研发管理人员，从跨国公司到中国民营企业，从指挥小天鹅研发转型的"局部战争"到成为美的这家超大型企业研发转型的总架构师，这个经历并不能复制，但其中的做法，值得每个希望成为研发管理人才的研发人员借鉴，甚至值得每一个对自己的职业生涯有更高期待的人借鉴。

所以，在写完美的研发转型的过程之后，我又补充了"人才篇：具备哪些能力才能指挥一场成功的研发转型"的内容。

写写停停，我终于完成了有生以来写过的最长的文字。感谢陈劲教授的大力推荐，并愿意将此书纳入他主编的"创新思想与实践丛书"中；感谢郑刚教授对书稿提出的多个意见和建议；感谢本书编辑无私的付出；当然，尤其要感谢胡自强博士在构建美的全新研发体系的过程中的开放和分享；感谢在本书成稿过程中提供线索、接受访谈的每一个人；感谢每一个给书稿提出意见和建议的人。感谢每一个给我提供支持和帮助的人。也愿每一位读到这本书的人，都能从中有所收获。

目录

丛书序
推荐序一
推荐序二
推荐序三
推荐序四
序
前言

引子

导入篇 从战略布局到MVP

第一章 美的研发转型实践概述

2012年，方洪波出任美的集团董事长以后，将"产品领先、效率驱动、全球经营"确立为集团未来发展的三大战略主轴。其中，"产品领先"是重中之重。为实现"产品领先"的战略，胡自强作为总架构师"操刀"美的的研发转型。8年时间，美的的研发体系发生了巨大变化，从原有的一级研发体系转型成为四级研发体系，"三个一代"创新模式也得以在研发体系中成功运转，有力地支持了"产品领先"战略的实施。在此基础上，2020年底，方洪波提出，将已经实施8年的"产品领先、效率驱动、全球经营"三大战略主轴进一步升级为"科技领先、用户直达、数智驱动、全球突破"四大战略主轴。

一、三大战略主轴指引的美的第三次变革 / 010
二、"产品领先"战略指引的研发转型 / 012

目 录

第二章　美的研发转型的 MVP 实践
——打造小天鹅"创新之翼"

胡自强在小天鹅构建全新的研发体系，是美的研发转型的一次试水，也是一次 MVP（最小可行产品）的探索和实践。短期项目和长期项目相结合，两级研发体系的建成，滚动迭代制定研发战略，都是后来美的研发全面转型时的实施路径。这次"局部战争"的成功，是随后美的启动全面研发转型的重要前提。

一、关键点 / 018　　// 二、背景 / 018　　// 三、诊断 / 021　　// 四、解决思路 / 023
五、实践 / 024　　　// 六、结果 / 042　　// 七、案例总结 / 043

（一）实施纲领 / 024
（二）提升工业设计能力，成为美的集团的样板 / 026
（三）从研发端"强健"性能和质量 / 029
（四）建设研发体系，赋予小天鹅创新实力 / 031
（五）试飞"510 平台"，"三个一代"雏形渐成 / 035
（六）研发自信逐步确立 / 039

实践篇　美的研发转型的历程

第三章　领先的逻辑

研发转型的目标，是支持美的实现"产品领先"。做到产品领先，美的依次要做两个动作，一个是"追赶"，一个是"超越"。要做到追赶，实现超越，胡自强有一个简单的"赶超理论"，即"赶超速度 = 创新投入 × 创新能力 × 规划落地"。公式简单，但在实践过程中，却是牵一发而动全身。要想成功，须做到"胸有全局，谨慎落地"。

一、关键点 / 050　　// 二、背景 / 050　　// 三、诊断 / 052　　// 四、解决思路 / 054
五、实践 / 055　　　// 六、结果 / 060　　// 七、案例总结 / 061

（一）实施纲领 / 055
（二）正视困难，寻求支持 / 056
（三）分解目标，确保落地 / 059

第四章　搭建研发体系模型

主导美的这样的超大型企业的研发转型，首先要做到"胸有全局"，而不能走一步看一步。美的新建的研发体系模型主要有五个方面：第一个是全新的研发架构；第二个是全球和国内的重点区域研发布局；第三个是建立研发架构之下能够支持高效创新的研发体系运转模式；第四个是做好持续迭代的、支持创新落地的研发规划；第五个是建立全新管理模式，保证新体系的高效运转。

一、关键点 / 064　　//二、背景 / 064　　//三、诊断 / 064　　//四、解决思路 / 065
五、实践 / 066　　　//六、结果 / 082　　//七、案例总结 / 082

（一）实施纲领 / 066
（二）建模之一：建架构 / 069
（三）建模之二：建布局 / 072
（四）建模之三：建"供应链" / 073
（五）建模之四：建规划体系 / 077
（六）建模之五：建管理模式 / 080

第五章　好的开始，是成功的关键

方洪波曾多次提到，美的此次变革，是"要在高速飞行的过程中换发动机"。这句话有两个关键点：一个是，变革不能影响企业现在的经营；另一个是，好的发动机常有，然而在飞行中将好的发动机融入整个飞行体系却很难。研发体系，正是美的这次变革中要更换的那部发动机。那么，何为这次研发转型好的开始？那必然是在建设全新研发体系的同时，就有一定的研发能力支持市场经营，让新建的创新能力能够持续落地。

一、关键点 / 086　　//二、背景 / 086　　//三、诊断 / 086　　//四、解决思路 / 087
五、实践 / 088　　　//六、结果 / 099　　//七、案例总结 / 099

（一）实施纲领 / 088
（二）广招人才，艰难起步 / 090
（三）真正融入，坚定生长 / 093
（四）星星之火，照亮前行道路的"微芒" / 095

第六章　完善组织架构，建设持续创新能力

真正完成一次又一次的创新，推动美的实现"产品领先"，必须建设一套创新体系，"盘活"核心技术能力。这套创新体系以用户需求为引擎，围绕用户需求，以工业设计能力形成产品形态创意，再以自身的核心技术能力或开放式创新能力实现产品的突破和创新。在此过程中，要不断进行用户验证，确保创新的产品是真正满足用户需求的产品。建设这样一套产品创新体系，并以用户需求为引擎不断推动其持续运转，才能保证创新的持续落地。

一、关键点 / 102　　//二、背景 / 102　　//三、诊断 / 103　　//四、解决思路 / 103
五、实践 / 105　　//六、结果 / 126　　//七、案例总结 / 126

　　（一）以用户需求为核心驱动力，将用户纳入创新体系 / 105
　　（二）用户研究，全面嵌入美的研发流程 / 107
　　（三）工业设计，用设计驱动品牌建设，定义品牌的 DNA / 110
　　（四）健康，实现弯道超车的未来技术 / 116
　　（五）三大平台联动，创新无限可能 / 119
　　（六）开放式创新，推进新型产品孵化模式，让外部创新能力为我所用 / 122

第七章　长短结合，全面融入

研发战略和研发项目的长短结合是全新研发体系能够迅速融入美的运营并获得长久生命力的关键。一方面，从集团层面推动短期项目的落地，迅速支持企业经营。另一方面，要着眼于未来，从底层技术寻找创新突破，持续支持企业经营。

一、关键点 / 130　　//二、背景 / 130　　//三、诊断 / 131　　//四、解决思路 / 131
五、实践 / 132　　//六、结果 / 141　　//七、案例总结 / 142

　　（一）短兵相接，十大战略创新项目出炉 / 132
　　（二）长距打击，寻求底层技术持续突破 / 136

第八章　全球布局，研发出海

实施研发体系的全球布局，对于美的来说，有三个最为核心的价值：能够迅速了解当地市场并推出适合当地市场的产品，能够吸引当地人才的加入，能够与当地的前沿技术进行快速对接。研发体系在全球布局，美的是从最重要的海外市场同时也是全球人才高地的美国开始的。以美国研发中心为起点，美的又在德国、日本以及意大利建立了研发中心，"2+4+N"的全球研发布局得以建成。

一、关键点 / 144　　//二、背景 / 144　　//三、诊断 / 144　　//四、解决思路 / 145
五、实践 / 146　　//六、结果 / 160　　//七、案例总结 / 161

（一）布局海外，从最重要的市场入手 / 146
（二）从初创到成为美的在美国的"窗口" / 148
（三）业绩才是硬实力 / 153
（四）美的海外研发体系的标杆 / 158

第九章　事业部研发体系升级，推动"三个一代"创新模式"运营"

在四级研发体系中，有两级是在事业部构建的。一方面，美的集团的整体构架是"小集团、大事业部"，在事业部内构建新的研发体系，需要得到事业部的支持和认可。另一方面，四级研发体系构建的是研发架构和研发能力，如何让架构和能力发挥作用，研发体系需要一个高效的运营模式。这个运营模式，就是"三个一代"。

一、关键点 / 164　　//二、背景 / 164　　//三、诊断 / 164　　//四、解决思路 / 165
五、实践 / 166　　//六、结果 / 179　　//七、案例总结 / 179

（一）搭建事业部研发体系，实现研、发分离 / 166
（二）规划落地，推动体系有效运转 / 169
（三）深入事业部，推动"三个一代"落地 / 171
（四）从服务到赋能，创新设计实践的"三个一代" / 173
（五）强调数字化，实现"三个一代"项目的高效管理 / 177

第十章　推进各业务单元的研发协同，拉动弱势品类

推进各业务单元的研发协同，是提升研发效率的重要手段。一个业务单元好的做法、好的技术，其他业务单元只需简单的"拿来主义"并进行落地转化，即可完成一次创新。从技术层面支持弱势品类的提升，扭转在市场上的被动局面，也是实现"产品领先"的重要内容。

一、关键点 / 182　　// 二、背景 / 182　　// 三、诊断 / 183　　// 四、解决思路 / 183
五、实践 / 184　　// 六、结果 / 196　　// 七、案例总结 / 196

（一）推动美的各业务单元的研发协同 / 184
（二）洗碗机：改变团队思维，创新定义中国人的洗碗机 / 188
（三）吸尘器：重整研发团队，构建核心能力 / 191
（四）烟灶：确立高端产品技术路线图 / 193

第十一章　所有变革的核心都是文化的变革

任何一场变革或转型，都是一个破旧立新的过程。"破旧"就是打破旧势力，不但要打破旧的研发体系，更要打破旧的思维方式，打破旧的企业文化。"立新"，不但要建立新的研发体系，还要建立新的思维方式，新的企业文化。新旧交替，会造成转型前进和后退之间的反复。新的研发体系要真正获得认可并能成功融入企业整体运营，必然是建立在文化变革的基础之上。文化变革，是让涉及企业变革的每个人都从骨子里认可变革本身，认可企业变革的方向，认可企业变革能够带来的价值，从而愿意去参与甚至是推动企业变革的进程。值得强调的是，文化变革也需要一个过程，在最开始只有少部分人能够支持。在这个过程中，需要通过成功的案例扩大支持范围，实现真正的变革。

一、要变的不仅仅是研发体系 / 200
（一）研发转型是企业变革的一部分 / 200
（二）为什么是四级研发体系 / 202
（三）美的中央研究院的核心使命是什么 / 203
（四）为什么要在实践中推动研发体系的建设 / 204
（五）研发转型没有标准答案 / 206
（六）最重要的一点是，所有的企业变革最终都是一场文化变革 / 206
二、美的研发转型的结果 / 207

人才篇　具备哪些能力才能指挥一场成功的研发转型

第十二章　如何从研发人员向研发管理人才进阶

如果你是一名研发人员，能够成长为优秀的研发管理人才，肯定是你希望达成的职业目标之一。从研发人员向研发管理人才进阶，需要做哪些准备，完成哪些积淀，完善哪些能力，从胡自强的个人职业生涯中，我们能找到答案，也能找到实现的路径。每个人的个人经历不可复制，但是，有些能力和方法，通过努力和学习，是可以达成和掌握的。

一、关键点 / 214　// 二、背景 / 214

三、实践 / 216

（一）概述 / 216

（二）做好每一次选择 / 217

（三）学习生涯——学习实业技术是目标 / 222

（四）初入职场——深耕技术，树立信心 / 224

（五）加入 GE——从研发人员向研发管理人才进阶 / 227

（六）近距离了解中国家电业——为目标付诸行动 / 235

（七）全力投入家电业——坚持初心不变 / 244

（八）三星的"实践"——淬炼成钢 / 248

（九）总结——完成美的研发转型，他做了哪些准备 / 257

引子

"中国制造"在全球市场曾是价廉物美的代名词,至今在很多行业依然如此。然而,中国家电业经过四十余年的发展,已经逐步从"价廉物美"的标签中逐步跳脱出来,尤其是最近十年,中国家电业越来越重视研发投入,在全面掌握家电产品的底层技术机理之后,创新活力持续增强,中国家电业的"创新时代"正在开启,并在全球市场初露头角。

在2020年由中国家用电器协会凝聚行业力量编写、独家出版的《中国家用电器行业"十四五"科技发展指南》(以下简称《指南》)中,编者就指出:"中国家电行业在国家改革开放中起步,从引进消化吸收开始,经历了从紧紧跟随国际技术到具有国际先进技术的发展期。40年来,中国家电行业实现了从'零'到全球第一的转变,实现了从基础薄弱到家电大国的转变。今天的中国家电行业,是中国具有国际竞争力的行业之一,走在了全球产业的前列。40年来,中国家电行业及时抓住了全球产业转移的历史机遇,承接了世界家电制造业转移的接力棒,确立了中国成为全球家电制造大国的地位。"

《指南》认为,在"十三五"期间,中国家电行业高度重视产业转型升级和科技创新工作,技术创新能力显著提高,处于并跑、领跑并存的新阶段,是从点的突破向创新能力全面提升转变的重要时期。而对于"十四五"期间的发展目标,《指南》也提出,到2025年,中国家电行业应该成为全球家电科技创新的引领者。

今天回过头来看，中国家电业从求大到求强，再到做全球家电科技创新的引领者，似乎是一个目标明确、水到渠成的过程，但是身在其中，我能体会到其中的种种不易。国内市场的充分甚至残酷的竞争，国外市场的一系列还在路上的跃迁——从OEM到自有品牌、从低端产品到引领创新、从小众产品到市场主流产品——背后都是家电行业的不懈努力和韧性，佐证着家电企业的转型之路，承载着中国家电业领跑全球的梦想。

在这一发展过程中，美的正是其中的典型代表。

1968年，何享健先生在艰难岁月里播下了一粒创业的种子，50余年来，美的一直以变革勇气、创业精神、务实的作风引领美的集团不断革新。今天，美的集团已经从一个小镇手工作坊一步步成长为世界500强企业。

自1968年美的创业起，美的总共经历了四次大的变革。第一次是在1980年，美的从电风扇产品开始，进入家电业。第二次是在1997年，美的推动了事业部制的改革，确定了延续至今的组织与管理结构基础。第三次是在2012年，方洪波出任美的集团董事长以后，将"产品领先、效率驱动、全球经营"确立为集团未来发展的三大战略主轴。第四次是在2020年10月，方洪波提出将"产品领先、效率驱动、全球经营"三大战略主轴，升级为今天正在落地过程中的"科技领先、用户直达、数智驱动、全球突破"四大战略主轴。

在这里，我们把更多的目光聚焦在第三次变革。美的是主动启动的第三次变革。当时的背景是，2010年，美的全年营收突破了1000亿元的大关，创造了十年增长十倍的奇迹。2011年，美的营收达到了1260亿元。然而，在这样的业绩的背后，在外界看来一路高歌猛进的美的的背后，却是方洪波的隐忧："自2009年起，中国家电企业大规模、低成本的商业模式已经失效，如何再去培育新的竞争能力和新的商业模式？"方洪波的隐忧是有事实基础的，后来美的对外公开的资料显示：在美的2011年营收达到1260亿元的背后，是当时美的产品型号总数达到2.2万个，业务臃肿，组织虚胖，利润低于预期。

很显然，方洪波希望三大战略主轴的确立，能为美的孕育出新的竞争能力和商业模式。在三大战略主轴中，产品领先是指把资源投在真正的科技和产品上；效率驱动是以技术进步推动系统性模式和方法的变革；全球经营即参与全球产业竞争，收入结构全球化。

在三大战略主轴中，"产品领先"是核心。对此，方洪波在2018年10月的美的科技月的发言中，曾有一句非常精确的描述。他说："我们说美的有三大战略主轴。但如果说美的只有一个战略的话，那就是产品领先——效率驱动和全球经营是两片绿叶，产品领先则是红花。这是美的发展的根本，也是美的发展的唯一出路。"

产品领先，意味着在市场上将不再靠低价、靠规模、靠冗长的产品线去获得优势，而是要靠技术、靠创新、靠高附加值去赢得用户和市场。所以，美的的第三次转型，是以增强技术实力、用创新产品引领市场为核心。这也正是方洪波将"产品领先"定义为三大战略主轴中的核心战略的原因所在。

再将美的的第三次变革放置于中国家电业发展的背景之中，我们会发现，这次变革与中国家电业由大向强的发展路径同频。应该说，美的的这第三次变革，是美的身处中国家电业历史发展潮流中的自我觉醒，并勇敢地付诸实践。因此，美的第三次变革的战略和实践过程，对整个中国家电业的发展都有着重要意义。

我们索性再把背景放大一点，把中国家电业的发展路径放置在中国制造业的大背景中，仍然会发现，作为中国制造业的排头兵和"金名片"，中国家电业求大、求强、求全球引领的发展过程，对于整个中国制造业来说，都有着同样的示范和借鉴意义。

我们有理由相信，在眼下，或是在未来，会有更多的不仅限于家电行业的制造企业寻求由大向强再到创新引领的转型升级过程。

所以，美的以"产品领先"为核心的变革经验，极其宝贵。

"变革"一词，是一种对事物相对宏大的叙事方式。提起"变革"，人们想到的往往是激情、投入、梦想和高歌猛进。然而，出现在现实当中的每一次变革，尤其是成功的变革，过程都是极其困难的。泥泞不堪，原地踏步，甚至于进三步退两步，所有这些，都充斥在向变革目标前进的道路之上。真正能够成功的变革，不但需要激情、投入和梦想，更需要坚持、智慧，以及每一步的小心求证。变革的过程，更像是登山的过程，确定了登顶的目标之后，更多的时候，需要低头看脚下的路，而不是仰望天空。只有在真正登顶之后，在回首的刹那，才有云淡风轻。

今天看美的的第三次变革，过程也是如此。整场变革是在方洪波提出"产品领先"的大目标之下以研发转型为核心的集体行为，不仅仅是研发体系的员工，而是每一位美的员工都身在其中。每一位员工都可能会成为变革的推动者，也可能会成为变革的障碍。

本书内容立足于美的第三次变革，但试图从多位身在其中的美的人身上，从一些细节之中，去探索一场研发转型的实践路径。这其中，当然有激情和梦想，但更宝贵的，或者说对其他人和其他企业更有借鉴意义的，是那些面对困难时的坚持和应对困难的智慧。

本书更多地聚焦于在变革过程中研发体系的转型。从根本上来说，

"产品领先"战略的成功,是以研发体系转型的成功为基础的。然而,研发体系转型的成功却不仅仅取决于研发体系本身。它需要多个层面和环节的支持和协同,把新的研发体系成功嵌入整个企业的运营之中。方洪波曾多次提到,美的的此次变革,是"要在高速飞行的过程中换发动机"。这句话有两个关键点:一个是,变革不能影响企业现在的经营;另一个是,好的发动机常有,然而在飞行中将好的发动机融入整个飞行体系却很难。研发体系,正是美的这次变革中要更换的那部发动机。

Midea
导入篇

从战略布局到 MVP

美的研发转型
技术创新的运营管理实践

第一章
美的研发转型实践概述

2012年,方洪波出任美的集团董事长以后,将"产品领先、效率驱动、全球经营"确立为集团未来发展的三大战略主轴。其中,"产品领先"是重中之重。为实现"产品领先"的战略,胡自强作为总架构师"操刀"美的的研发转型。8年时间,美的的研发体系发生了巨大变化,从原有的一级研发体系转型成为四级研发体系,"三个一代"创新模式也得以在研发体系中成功运转,有力地支持了"产品领先"战略的实施。在此基础上,2020年底,方洪波提出,将已经实施8年的"产品领先、效率驱动、全球经营"三大战略主轴进一步升级为"科技领先、用户直达、数智驱动、全球突破"四大战略主轴。

一、三大战略主轴指引的美的第三次变革

"产品领先、效率驱动、全球经营"三大战略主轴最早是 2009 年方洪波在美的空调事业部提出的,当时,方洪波任美的空调事业部总经理。2012 年 8 月,方洪波正式出任美的集团董事长,随之把三大战略主轴扩展至全集团。

在三大战略主轴的指引下,美的开始了研发转型的实践。

这个过程是非常艰难的。美的地处广东佛山顺德,是一家风格非常务实的企业。应该说,在 2012 年之前,美的正是那个时代"中国制造"的典型代表——追求价廉物美,向规模要效益,以各个品类的产品在市场上的表现决定自己的产品方向,少有引领和创新产品,不注重研发投入。

方洪波确立的三大战略主轴,无疑是要从底层颠覆美的以往的成功模式。这其中的难度可想而知。应该说,深入美的骨髓的企业文化是效率。无论是机制、体系还是文化,要的都是效率。但在研发转型的初期,表现出来的正是低效率。在这一时期,不但需要密集的、持续的高投入,而且需要足够的时间,才能完成从投入到产出的过程。这里所说的"足够的时间",也许是 2~3 年,也许是 3~5 年,也许是更长时间。更有甚者,也许有些项目在大量投入和长久的时间之后,依然没有答案。这对于骨子里"写满效率"的美的来说,无疑是难以理解也无法接受的。

更重要的是,美的这次变革是主动变革。毫无疑问,美的的过往是成功的,它有着自己的成功经验和成功逻辑。虽然方洪波敏锐地看到了成功背后美的面对未来的隐忧,但看到隐忧并承认隐忧的毕竟是极少数人,愿意面对隐忧且愿意为解决未来的隐忧而从现在就做出改变的人更

是少之又少。基于成功的变革，一方面体现了企业更高层次的志向和追求，体现了企业的战略眼光和居安思危的变革思维方式，但同时也会给变革本身造成更大的阻力。"我们有必要变革吗？""我们变革的方向是正确的吗？""在研发上投入这么多，会有结果吗？""投入研发这么久，为什么还没有看到结果？"所有这些，都是变革过程中不断会出现的声音和质疑。而在企业的实际运营过程中，也会有新旧思维模式此消彼长的"拉锯"过程。进退之间，有时是企业不自觉地转入旧的成功模式的道路上，变革也因此被打压；有时是变革为企业带来变化，得到更多人的认可。这其中，体现的是变与不变一对矛盾之间的正面碰撞。正是在这种此消彼长的过程中，变革的耐心和信心被消磨掉，很多变革"消失于黎明之前"。

方洪波对此次变革提出了极高的要求。按照方洪波自己的说法，是"要在高速飞行的过程中换发动机"。言下之意，变革不能拖了企业经营的后腿。要在企业能够依然保持过往优势的基础上，为企业发展注入新的发展动力。

好在，美的从来都不是一家缺乏自我变革勇气的企业，如果认定变革可以为企业带来更大的成功，就会毫不迟疑地去拥抱变革。

所以，今天我们去回顾美的这次变革的过程，就会发现，其中有高歌猛进，也有波澜起伏；有顺利前行，也有压力重重；有成功，也有遗憾。而这些，正是一场剧烈变革本来就应该具备的典型特征。

方洪波显然也意识到了前进的道路并不平坦，但他信心坚定。他说："产品领先战略的执行跟任何人没有关系，跟经济环境的好与坏没有关系，跟竞争对手怎样没有关系，只跟我们自己有关。"

"从2012年起，美的没有再新增一亩土地、一间厂房，还卖掉了大量的工业园。全部资源都投到研发。"方洪波曾这样说。

2011年，当何享健正式对外宣布将由方洪波接任美的集团董事长一职之后，方洪波就开始为三大战略主轴的实践寻找研发人才。后来成为美的集团副总裁、CTO兼美的中央研究院院长的胡自强博士，正是在这个时候与方洪波见面并决定加盟美的。

2014年，美的集团筹建中央研究院，在继续大力招揽人才的同时，胡自强也在美的开始了自己最重要的实践，为美的构建全新的、能够达成"产品领先"战略的研发体系。

胡自强是美的本轮研发转型实践的核心和灵魂人物，是美的在"产品领先"核心战略下搭建全新研发体系的总架构师。他不但完成了美的研发体系的重建，还在研发层面推动了美的从规模驱动向技术驱动的转型。

当然，最重要的是，他和这支研发力量的努力让美的的文化在潜移默化中发生了巨变。这个曾经最为重视规模效益、曾经以追随策略实现利润最大化的企业，开始拥有了创新引领的自信和梦想，并开始品尝产品领先带来的胜利果实。

在这样的基础上，2020年底，方洪波提出将已经实施8年的"产品领先、效率驱动、全球经营"三大战略主轴进一步升级为"科技领先、用户直达、数智驱动、全球突破"四大战略主轴。在2021年美的科技月上，如同当年方洪波强调三大战略主轴中"产品领先"为核心一样，方洪波再次强调，在全新升级的四大战略主轴中，"唯一的红花"是"科技领先"。

二、"产品领先"战略指引的研发转型

2012—2020年，美的执行了以"产品领先、效率驱动、全球经营"为三大战略主轴的企业变革。支撑"产品领先"战略的研发转型也随

之启动。

胡自强是这场研发转型的总架构师。2012年,他应方洪波的邀请加入美的,开始了美的的研发转型实践。

在出任小天鹅股份有限公司(以下简称小天鹅)主管研发的副总经理后,他开始了第一步"试水"。在小天鹅不到两年的时间里,他以兼顾向短期经营赋能和为长期经营储备的研发思路,首先提升了小天鹅在售产品的性能和工业设计,并以此锻炼了开发和工业设计团队。同时,他组建了先行研究团队,打造了小天鹅滚筒洗衣机全新的"510平台",直至2022年,"510平台"依然是小天鹅市场销售的主流产品平台。在此基础上,胡自强一直在思考的四级研发体系框架和"三个一代"创新模式的思路也逐步完善,胡自强也得以深入了解了美的集团自身的运营特点,积累了宝贵的实践经验,这些都为后来调至美的集团主持全集团的研发转型打下了基础。他在小天鹅的成功试水,也证明了后续美的集团全面研发转型路径的可行性和正确性。可以说,胡自强在小天鹅主导的这次研发体系重构,是美的研发转型的一次MVP(最小可行产品)实践。

回头来看,胡自强在小天鹅的试水和实践,也为其他同等规模的企业进行研发转型提供了宝贵的经验和指引。

2014年4月,出任小天鹅主管研发的副总经理不到两年,胡自强即调任美的集团中央研究院院长,当年8月,胡自强被任命为美的集团副总裁,全面践行美的"产品领先"战略指引下的研发转型。

为达成"产品领先"的目标,胡自强为美的构建了四级研发体系,并为此从无到有建设了美的中央研究院,牵引各个事业部研、发分离。四级研发体系即事业部专注于产品开发和个性技术研究,中央研究院专注于中长期共性技术、基础技术研究和颠覆性及前沿技术研究。除此之外，中央研究院还负责协调跨事业部的技术转移以及对事业部核心攻关技术进行支援（见图1-1）。

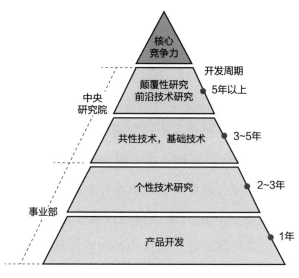

图1-1　美的四级研发体系架构图

为推动四级研发体系的有效运转，胡自强又推出了"三个一代"创新模式（见图1-2）。"三个一代"创新模式是指"开发一代，储备一代，研究一代"。其中，开发一代是指开发近三年内有明确上市目标的产品开发项目；储备一代是指为支撑下一代产品经先行企划立项的产品平台创新项目；研究一代是支撑下一代平台创新的技术研究项目。"三个一代"之间的创新逻辑是：储备一代通过整合研究一代的创新突破技术，实现开发一代产品的差异化主卖点。"三个一代"创新模式不但兼顾了支持美的短、中、长期运营，提高了研发效率，还支撑了短、中、长期技术的深耕与突破，保证了美的研发技术的持续领先和创新产品的持续落地。

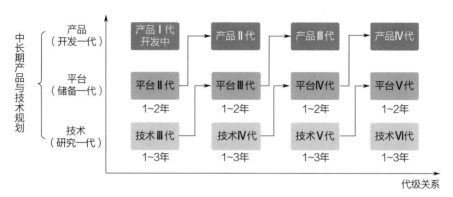

图 1-2 美的"三个一代"创新模式

为"盘活"四级研发体系中的核心技术能力,持续推出市场和用户真正认可的创新新品,美的在研发体系里建设了一套以用户需求为引擎的创新体系。

为了保证研发方向的正确性和有效性,胡自强对于短、中、长期的研发项目进行了风险管控和目标牵引,这就是他非常重视的三年战略规划的制定和实施。三年战略规划每年都必须迭代,根据当时的市场变化、企业研发进度的变化、跨界技术的成熟度变化、企业的战略目标调整进行每年一次的研发战略规划调整。

同时,为支持美的"全球经营"战略,胡自强主导布局了美的"2+4+N"的全球研发体系,打造了美的美国研发中心的样板,支撑美的在北美市场以自有品牌扩张。作为美的研发体系全球的桥头堡,美的在海外的研发布局贴近当地用户,深入了解当地用户的需求特征,并能够与当地活跃的、先进的技术进行近距离接触和追踪,为美的研发赋能。

在美的并购东芝白电业务主体东芝生活电器株式会社(TLSC)后,胡自强积极推动了TLSC研发全面融入美的研发体系,在技术层面做到互融互通,有效提升了TLSC的产品力和市场表现。

在推进四级研发体系落地后，胡自强还"一只眼睛盯住事业部"，"查遗补缺"，拉动弱势品类进步。他根据不同弱势品类的实际情况，或加强弱势品类的用户研究，推出真正能够解决用户痛点的产品，或亲自帮助弱势品类制定战略规划，或从头建立弱势品类的研发能力。

在 2012 年到 2020 年这 8 年中，美的全面建成全新的研发体系，支持"产品领先"战略的实施。同时，美的的研发转型实践也成为其他超大企业研发转型的借鉴和样本。

第二章
美的研发转型的 MVP 实践
——打造小天鹅"创新之翼"

胡自强在小天鹅构建全新的研发体系,是美的研发转型的一次试水,也是一次 MVP(最小可行产品)的探索和实践。短期项目和长期项目相结合,两级研发体系的建成,滚动迭代制定研发战略,都是后来美的研发全面转型时的实施路径。这次"局部战争"的成功,是随后美的启动全面研发转型的重要前提。

一、关键点

2012年胡自强在小天鹅的研发转型实践是整个美的集团全面研发转型的前奏。当时的小天鹅，年营业收入不到70亿元。因此，这个前奏，是美的集团研发变革的一次MVP的探索，为美的研发转型探索了经验，实践出路径。当然，这个前奏也成为相当规模企业研发转型的典型样板。

二、背景

2008年，美的以16.8亿元收购无锡国联集团持有的小天鹅24.01% A股股份的方式入主小天鹅。2019年，中国证监会核准批复关于美的集团换股吸收合并无锡小天鹅股份有限公司。2012年，美的正处在通过各种方式增持小天鹅的过程中，当时美的直接或间接持股小天鹅40%左右。

2012年6月1日，胡自强从苏州三星电子有限公司副总经理兼中国家电研究所所长一职离任，出任小天鹅的副总经理主管研发，开始了他在小天鹅的研发转型实践。

之所以选择美的，胡自强有自己的考虑。胡自强发现，美的正在吸引高端技术人才加盟美的，这无疑是一个企业重视研发投入的重要信号。2012年3月，时任美的制冷家电集团CEO的方洪波与胡自强见了面。当时的方洪波，虽然身份仍然是美的制冷家电集团的CEO，但已被何享健向外界明确为接班人。2012年5月，方洪波正式出任美的集团董事长。胡自强了解到，方洪波在美的制冷家电集团已经开始实施"产品领先、效率驱动、全球经营"三大战略主轴，而推动这样的战略落地，重视研发是必由之路。这让胡自强看到了自己的用武之地。实际上，在方洪波出任美的集团董事长之后，即将"产品领先、效率驱动、全球经营"三大战略主轴推广至整个集团。

没有更多犹豫，胡自强同意加盟美的。胡自强选择小天鹅作为加入美的的第一站，缘于他与方洪波的一次对话。方洪波问胡自强："你是愿意来美的集团，还是去冰箱事业部或是洗衣机事业部？"胡自强选择了美的洗衣机事业部，即无锡小天鹅。

对于方洪波的这个选择题，胡自强自己是有过深思熟虑的。

一方面，2003—2005年，在加盟三星之前，胡自强代表GE家电，作为GE家电与小天鹅合作的大滚筒洗衣机项目的项目经理，与小天鹅人一起奋斗了两年半的时间，从无到有成功推出GE大滚筒洗衣机。所以，对于小天鹅这家企业和人，他都非常熟悉。

另一方面，GE家电与小天鹅合作的大滚筒洗衣机项目的成功合作，也让胡自强在小天鹅获得了口碑和信任。2005年下半年，这一项目的研发成果GE大滚筒洗衣机"Magellan"（容积为4.2cft，约为14kg）的大容积滚筒洗衣机在美国和加拿大正式上市后，仅仅半年时间，GE家电就收回了整个项目投入的2000万美元成本。作为当年GE家电最大的海外项目，以及首次尝试与其他企业联合研发全新产品平台的项目，小天鹅大滚筒洗衣机项目拿到GE为海外项目设置的所有最高荣誉。时任GE董事长兼CEO的Jeff Immelt，把这一项目作为GE全球化的经典案例介绍给华尔街的投资者们。在小天鹅方面，当年投产6个月，大滚筒洗衣机出口额即达到1亿美元。今天我们看1亿美元的数字，也许不够"显山露水"，但在当时却是非常亮眼的数据。据当时的数据统计，2006年，小天鹅洗衣机的出口额为1.32亿美元，比上年增长138%，出口量同比增长38%。当年的统计数据表明，2006年，中国家电企业出口额超过5000万元的企业仅有7家，其中大多数还都是外资品牌。更重要的是，通过这个项目，小天鹅打开了除美国和加拿大以外的市场，小天鹅不但成为从那以后多年里中国唯一的大容积滚筒洗衣机生产商，而且建立起大容积滚筒洗衣机完善的研发团队和体系，一批人也由此得到成长。小天鹅掌握了大容积滚筒洗衣机技术，并以此为基础，开始具备国内市场小容积滚筒洗衣机的开发能力。这项能力，也正是后来美的坚持收购小天鹅的关键因素之一。

无论是胡自强对小天鹅的熟悉，还是小天鹅对胡自强的信任，在胡自强看来，这些都是他能够在美的取得成功的重要基础。虽然对自己的能力充满自信，但是，他并没有小看加入美的之后的困难——当时的美的，本质上还是一个效率驱动型企业，它的研发转型决心究竟有多大？职业生涯中第一次选择中国企业，文化的融入和冲突会有多激烈？自己想为美的带来的那些改变，究竟有多少能够真正落地？

这些问题，都让胡自强的第一步迈得异常谨慎。他相信小天鹅是最好的选择——因为熟悉和信任，他可以快速重构研发体系，可以快速推动自己的研发理念，可以快速看到成果落地。而只有有了可以见到的成果，才能让自己的理念在整个美的得到认可，自己在美的的路才能走得更久，能做的事情才能更多、更深入。

最为关键的是，在胡自强看来，向来重视效率的美的，要实现"产品领先"，关键是要真正重视研发。重视研发的关键，是愿意并敢于投入，愿意并敢于持续投入。

对于这样巨大的转型，一直重视效率的美的能否接受，能否坚持？从一个自己有着坚实基础的事业部开始"试水"，无疑能够为这次转型的最终成功提供一份保障。

根据 2013 年的上市公司（小天鹅 A，000418）公告，2012 年，小天鹅的营业收入为 68.99 亿元，同比下降 37.13%。由这一数据可以看出，2012 年的小天鹅，是一个规模中等同时又在运营上出现了一定问题的企业。

三、诊断

转型的第一步，是找到差距，确定转型的标的。

虽然距 GE 家电的大滚筒洗衣机项目已经过去 7 年，但是由于合作研发项目已有一个深入了解的过程，所以，经过短暂的重新熟悉，胡自强对 2012 年小天鹅的研发能力做出了准确的评估，并通过与竞争对手和全球一流的行业标杆企业进行对比，找到其中的差距。

实际上，差距是全方位的，产品、技术、研发体系等都体现出明显的差距，更为关键的是人的问题。2012 年，包括小天鹅在内的大多数中国家电企业还处于追随的思维方式中，即看到市场上哪些产品好卖，也照样子推出同类型的产品。同时，家电企业已开始有了创新意识的觉醒，认识到研发投入的重要性。2012 年，正是实现从追随到创新突破的前夜。企业能否坚持投入，如何建立研发团队的创新能力和创新自信，都是企业研发转型能否深入、能否持续、最终能否取得成功的关键。

具体到小天鹅，所有问题的核心，是当时的小天鹅缺乏行之有效的研发组织架构，也没有持续推进产品不断迭代升级的战略牵引。在这样的条件下，暴露出来的问题，有短期的产品问题，更有长期的着眼于未来的研发能力不足的问题。

一方面，在产品上，表现为产品竞争力的不足，包括工业设计、产品系列化、产品性能和质量等各方面都暴露出各种问题。

工业设计方面存在的主要问题是：由于当时小天鹅内部实行产品部制的组织架构，不同的工业设计人员为不同的产品品类负责，各自为战，加上当时"美的系"洗衣机品牌众多，工业设计师的水平又参差不齐，造成产品在工业设计方面比较混乱。"市场上有一百多款产品，根本看不出其中有相通的设计元素。"一位相关人士评价说。

在产品系列化方面存在的主要问题是：不但产品外观没有形成系列化，而且用材、零部件标准化、主打技术方向都没有形成系列化。据当时小天鹅的一位研发人员回忆："当时小天鹅的产品与产品之间从设计上没有任何关联和统一性。仅滚筒洗衣机的门封就有几十款，电控版有200多个SKU。"胡自强决定让这个问题"可视化"。他们在小天鹅的厂区内找了一栋没有用的小白楼，把产品的所有零部件都摊在地上。据当时的参与人员描述："那个场面非常'壮观'。"

在产品性能和质量方面，当时的用户投诉主要集中在振动噪声问题，如产品会"走路跳舞"、噪声大等。

另一方面，在研发储备和创新上，表现为研发能力不完善，拥有的只是开发和模仿的能力，对产品底层核心技术能力的把握缺少深度和宽度，难以形成真正的创新。而从研发体系上看，缺乏一个有效的、创新能力强的研发体系做支撑，难以对技术储备做出规划并有逻辑、有节奏地推进落地。

此外，还要解决人的问题。要让整个研发团队有能力创新，也敢于创新，建立创新自信。当然，解决人的问题，也意味着通过大的投入去招聘人才。在美的从"效率优先"向"产品领先"转型的初期，能否坚定投入往往是最容易犹豫并产生变化的因子，也关系到这场研发转型能否最终获得成功。

最后，研发体系不是孤立的体系，它的转型必然要与企业其他环节产生连接。如何证明研发体系转型的正确性？就是要在市场的变化上得到体现。为此，胡自强确立了通过研发转型让美的系洗衣机产品的市场占有率每年增长两个点的目标。

四、解决思路

小天鹅当时的研发转型需求主要有两个方面：一是急需快速提升现有产品的竞争力；二是做好未来产品的规划和产品平台，做好技术储备，实现产品突破和超越。

转型的目标已经确定，下一步就是转型方案的确定。

除了确定转型标的，对转型过程中的动力和阻力有一个清晰的判断，是转型成功的重要保障，也更为关键。

针对小天鹅当时的情况，研发转型最大的动力或者说推手，正是方洪波想让美的实现"产品领先"的目标和决心。而拿出洗衣机事业部作为研发转型的试点，可以做到不影响整个集团的经营情况，无疑方洪波会更好放手。

当然，同时阻力也是巨大的。对于美的来说，"效率驱动"一直是成功的根基和核心。"效率驱动"已经渗透到方方面面，深入人心。进行研发转型，只就研发一个环节来说是单纯的投入，并不能在研发环节实现价值。研发转型是否成功，只能靠市场端的输出得到证明。这意味着，要转型的不仅仅是研发体系本身，还要拉通其他部门，得到他们的支持和认可。否则，小天鹅的研发转型就只能是昙花一现，很难见到真正的成果。这一场研发转型的难度可想而知。

胡自强进行了转型过程中的风险管控。他采取的策略是短期的产品改善和长期的研发能力建设同时进行。一方面，通过对现有产品的改善，迅速提升小天鹅产品在市场上的竞争力；另一方面，做好中长期规划，搭建未来产品平台，构建核心技术能力，建立先进的研发体系。

这样做的原因在于，一方面，研发体系的转型，需要让所有人尤其是研发体系之外的人能够很快见到效果，从而认可转型思路，坚定持续投入的信心。这样整个研发转型才不会在过程中"夭折",才能顺利地深入推进,从而对企业发展产生持续的影响力。这需要操盘手能够迅速对现有在售产品进行改善,并让其在市场表现上有明显提升。

另一方面,需要做好产品中长期规划,引进研发人才,构建核心技术的研发能力,推动研发体系持续有效地推出新品,进行研发创新。这也是研发转型成功的最终目标。

简言之,对现有产品的产品力进行改善和提升,是解决"转型可以活下去"的问题。而构建核心技术能力,搭建全新研发体系,是真正解决企业的研发创新能力,让产品在市场上保持"先进性"的问题。

在研发能力建设上,除了引进人才之外,胡自强对小天鹅的研发人员培养给予了强有力的资源支持,为人才提供进步的机会和空间。同时,也给予足够的耐心。这体现在研发转型的每一个环节,包括制定研发战略规划时要切实考虑可落地性,推进产品项目时考虑项目本身的难度与现有研发能力的匹配度,由浅到深,由易到难。在每一步,胡自强都小心、务实,让研发团队在能力成长的同时,能够更多地体会成功的喜悦,小心呵护靠每一次成功日益成长、壮大的创新自信。这也正是建立一个有效的研发体系的关键。

五、实践

(一)实施纲领

以实现美的集团的"产品领先"战略为目标,2012年6月,上任1个月的胡自强组织小天鹅研发团队制定了一份《2013—2015年美的洗衣机研发战略整体规划》,确定未来三年的研发目标。这也是胡自强在小天鹅做研发转型实践的总纲。

实际上，这份规划制定完成后的第一时间，胡自强就到美的总部向美的集团董事长兼总裁方洪波进行了汇报，寻求集团的支持。后来，方洪波把小天鹅研发的三年战略规划拿到美的集团的经营分析会上，并说："美的每个事业部，都应该有这样一份规划。"再后来，胡自强调任美的中央研究院院长，推动集团和事业部制定三年产品战略规划，也正是在小天鹅三年规划的基础上扩展而成。实际上，推动三年产品战略规划的持续迭代，也正是推动产品持续、有序创新的重要抓手。正如胡自强经常举的例子："它是为菜园拔草的过程，也是规划菜园里应该种哪些菜的过程。"

这份规划确定了研发战略的三年整体规划、产品的三年规划以及研发体系转型的三年规划。

在研发战略的三年整体规划中，对产品改善、技术掌握以及研发体系转型提出了明确目标。在产品的三年规划中，在纵向针对不同的产品品类，低、中、高端等不同的市场目标，海内外不同的市场区域，都提出了产品规划，并明确了产品迭代的核心技术要点。在横向针对工业设计、能源效率、振动噪声、智能、健康功能等技术点以及品质提升、降本等方面都提出了明确的方向和落地时间表。在研发体系转型的三年规划中，提出小天鹅要建成中国一流的研发中心的目标，并在组织、投入和人才引进以及未来项目规划等方面做出指引。研发体系的转型，即意味着大规模的投入，这其中包括人才体系的建设以及研发设备的保障。

在人才体系建设方面，在这份三年规划中，提出了每年可落地的推进规划。比如，针对目前小天鹅已经拥有的研发人员，建立三年持续的培养机制；而在人才引入方面，对硕士、博士人员每年占比的提升以及人才方向的需求和海外顶级专家体系的建设，都做出了明确的规划。另外，规划里还明确了与高校以及海外咨询和研究团队的合作计划，以确保尽快实现建成中国一流的研发中心的目标。

小天鹅开始在业内外大规模招聘人才，以充实到全新的研发架构之中。胡自强亲自到南京航空航天大学等高校去做招聘，为小天鹅引入人才。高端人才的引入，再加上内部研发团队中能力较强的部分，通过培养和在完成研发项目实践中的历练，形成核心技术能力。为了保证人才的低流失率，胡自强在规划里甚至提出要建立公司发展与个人职业方向一致的职业价值观，要在内部营造研发全员创新的工作氛围，提出要改变研发人员的激励方式，由物质激励为主转变为荣誉激励、专业能力提升和职业成长激励并重，并提出全新的人才评价体系。

2013年11月，在这份规划实施一年半并为小天鹅研发转型带来很大变化的基础上，胡自强又带领研发团队推出《2014—2016年美的洗衣机研发战略整体规划》，以保证规划的合理性、可落地性和有效性。而这种每年迭代之后三年研发规划的方式，也被胡自强引入美的集团的研发转型过程之中，以保证研发节奏及创新产品的持续落地。

实际上，通过小天鹅的转型实践，胡自强深刻地意识到滚动推出研发战略规划的必要性。这也是后来他成为美的集团研发转型的总架构师后，在全集团范围内推动这项工作的信心来源。

（二）提升工业设计能力，成为美的集团的样板

工业设计的重要功能，是解决用户的"第一眼评价"。同时，工业设计也是产品系列化、平台化、零部件标准化和降低成本的重要助力。

胡自强首先从产品的"面子工程"入手，一方面是希望改变小天鹅当时没有给予工业设计应有重视的现状，另一方面，这样的"短平快"项目在市场端见效快，容易得到企业内部的认可。在胡自强看来，工业设计是除产品振动噪声之外的最能让人们看到产品提升的"显性"改善

手段，这也是上任伊始胡自强就从工业设计入手对产品进行调整的根本原因。很多时候，一场转型能否继续下去，关键就在于能够让别人迅速看到转型带来的变化。

当然，虽然是"短平快"项目，但是对于工业设计本身，胡自强还是希望能够通过这次转型予以彻底改变和提升。

当时，小天鹅工业设计人员的工作模式是：不同的工业设计人员为不同的产品品类负责。他们之间没有沟通，也没有统筹。所以，不同的产品品类的推出，在工业设计方面带有强烈的个人特征，工业设计人员的水平即决定了他所负责的产品的工业设计水平。胡自强首先对设计团队进行整合，并改变他们的工作模式，以便于提高产品的工业设计水平，同时建立统一的工业设计标准，形成统一的风格和品牌属性。

在此基础上，工业设计团队开始研究每个品牌的品牌哲学。"比如比佛利这个品牌，它的目标人群是怎样的，这个人群有哪些心智特性，再把这些特性融入设计语言中，形成可感知的视觉化元素，塑造品牌视觉形象及设计规范。"时任小天鹅工业设计负责人的张海龙介绍说，"之后，该设计理念识别逐步扩展到用户体验设计及服务设计领域，逐步形成了小天鹅以设计引领的系统创新设计方法与设计管理文化，即从品牌哲学出发，通过统一的设计元素架构了品牌、设计与用户之间的联系。"

张海龙回忆，大概用了两年时间，小天鹅的工业设计便从杂乱无章转变为形成独特的品牌化、系列化产品形象。"再也不是从前那样，设计师喜欢怎么设计就怎么设计了，而是融入了更深刻的品牌理解与设计表达。"

为了提升工业设计师的水平，胡自强采取了加强对外合作、在实践中去锻炼提升的办法。"这让整个团队有了脱胎换骨的变化。"张海龙评价说。在此之前，小天鹅的工业设计虽有对外合作项目，但采取的方式就是"要结果"。而胡自强采取的方式是把小天鹅的工业设计人员作为委外设计项目团队成员，与外部力量深度融合。"这可以让工业设计师直接参与其中，明白别人怎么做，为什么这么做，从而掌握工业设计的底层逻辑。"张海龙说。

为此，胡自强也给予工业设计团队大量的资源支持。当时，为了提升小天鹅的工业设计水平，对外合作对象由国内设计公司转向更加优秀的海外设计团队。让张海龙印象深刻的是，当时小天鹅派出第一批一共4个团队，参与到合作的韩国设计团队的项目全程之中。"设计师们一下子打开了眼界，彻底打破了传统的禁锢，设计能力得到迅速提升。"张海龙介绍，第一批共十几名工业设计师，如今都已经成为小天鹅工业设计的中坚力量。

有了第一批，就有第二批、第三批……后来，这种合作方式成为小天鹅工业设计对外合作的常态合作方式。这支工业设计队伍被胡自强迅速"投放"到新产品平台的设计上。当时，小天鹅正在开发波轮洗衣机全新平台"6188"。工业设计团队做了大量调研，将小天鹅的品牌形象定义为"专业品牌"。围绕这四个字，工业设计师们尝试了各种设计要素去表达。

让人欣喜的是，"6188"平台产品一经推出，就得到了市场的认可。更让人欣喜的是，2015年，"6188"获得了当年的红点至尊大奖（Best of the Best），这在整个美的集团都引起了不小的轰动。不仅如此，2015年也成为小天鹅有史以来工业设计获得国际大奖最多的一年。"6188"工业设计的大获成功，进一步奠定了小天鹅洗衣机的 PI（Product Identity，产品形象识别），整整影响了两代主销产品。

更为重要的是，这让小天鹅工业设计团队的信心倍增，整个团队的精神面貌与两年前相比已经发生了翻天覆地的变化。"品牌识别越来越清晰，设计元素得到统一。这些变化带来的另一个优势是，设计标准化提升了设计效率，也意味着产品品质与营利能力得到了进一步的保障。"张海龙说。

小天鹅工业设计团队的转型和成功，逐步辐射到整个美的集团。其他事业部纷纷来小天鹅进行交流。后来，胡自强到美的集团出任美的中央研究院院长时，也将小天鹅的这一套做法带到美的集团，在美的中央研究院成立了工业设计中心，让整个集团的工业设计慢慢得到规范。从这一点来看，小天鹅就像是一块试验田，它的成功对整个美的集团都影响深远。

对工业设计团队的改造和提升，推动产品外观系列化，是胡自强在小天鹅推动产品系列化、标准化最为典型的一个案例。实际上，除了工业设计外，胡自强还大力推进零部件的标准化，推动了电控平台软硬件和控制面板的标准化。系列化、标准化的核心是效率的提升。它能够提升的不仅仅是设计和研发环节的效率，实际上是贯穿了一件产品从研发、设计到零部件采购以及制造环节整个价值链效率的提升。

"在这样的改善之中，产品的系统化的、平台化的设计思路也逐渐形成。后来，胡自强力推的滚筒洗衣机新品平台'510平台'之所以到2022年仍然是小天鹅的主销平台，很关键的一方面是得益于这样的系列化、标准化、平台化的设计思路。"一位当时的研发人员评价说。

（三）从研发端"强健"性能和质量

除了工业设计这个"面子工程"，对现有产品进行改善的"短平快"项目，还有一个关键点是产品质量和性能的提升。

时任小天鹅质量管理负责人的吴雪梅回忆："研发体系给予质量部门很大支持。胡博士一直有一个理念，就是出现质量问题，首先要从研发的根源上去考虑，并从设计上来规避。他认为，如果洗衣机设计得够好，大部分质量问题都可以得到解决。"

也正是因为这个理念，每当市场上产品出现质量问题时，质量部门首先会向研发部门反馈信息。"胡博士总是第一时间派人来支持，不但能解决现有问题，还会在后期产品开发时把问题迭代掉。这样的持续改善，让产品质量得到明显提升。"这其中就包括滚筒洗衣机的"走路、跳舞"问题、噪声大问题，还有一些海外区域市场的特殊问题。

"在质量上，当时用户投诉比较多的是振动噪声问题，经过持续改善，两年后，小天鹅的产品基本就处于行业领先的位置了。"一位有关人员回忆说。振动噪声是相对最为集中的高投诉问题，这让胡自强把振动噪声看作排在工业设计之前的产品提升的"显性"改善手段。如果说工业设计是用户在购买过程中的"第一眼评价"，那么振动噪声就是用户在使用过程中的"第一感评价"。

为了改善振动噪声问题，研发人员往往会一直追踪到零部件的检测检验，以及制造工艺的一些问题。"否则改不下去。"这位有关人士回忆说。改善产品的振动噪声问题，主要有三个步骤：第一个是降低噪声源能量和减少振动响应；第二个是增加系统的稳定性，"后来，我们连洗衣机的底脚都换掉了，"一位当时的研发人员回忆说；第三个是强调制造工艺的稳定性，"我们做到了在材料成本不提升的情况下，全面改善振动噪声，"这位研发人员回忆说，"在这个过程中，我们开始大量使用仿真设计。比如，在增强系统稳定性的设计过程中，小天鹅就引入了多自由度的动力仿真软件。"

为了解决东南亚和中东地区的洗衣机易短路、不进水等问题以及波轮洗衣机的漏水和撞筒问题，胡自强与质量人员一起去马来西亚、印度尼西亚及几个中东国家的典型市场走访。通过走访，他们发现易短路是由于当地气候潮湿，蚊虫多、老鼠多且易进入机器内部等问题引起的。"这些都可以通过设计改良得到比较彻底的解决，设计改良后，产品的用户体验能有很大提升。"吴雪梅说。同样，漏水和撞筒问题也得到了彻底解决。

为了进一步提升质量，胡自强还在研发体系中建立了性能实验室、用户模拟实验室等，并将研发部门和质量部门召集在一起，制定相应的测试标准。"小天鹅在积累了自己的经验后，还牵头起草了一些相关的国家标准。"一位有关人士介绍说。

时任小天鹅研发应用技术负责人的周福昌博士回忆："2012年6月25日，我加入了小天鹅，在胡博士的指导下着手建立专门技术部。这个部门很快从最初的1个人发展到20个人，专门技术部共分为5个模块——振动噪声、洗干性能、智能感知、仿真优化以及核心部品。当时专门技术部最主要的职责是攻克与洗衣机、干衣机产品性能相关的疑难杂症，包括量产产品性能改善、新品性能开发、储备平台优化设计、核心器件先行技术预研等方面。部门成立短短两年间，产品振动噪声市场不良率下降80%，有效解决了产品脱水过程中的碰撞、'走路'、'跳舞'、不脱水等问题。向欧洲出口的洗衣机性能从A+等级提升到行业顶级的A+++等级且节能50%，干衣机性能从B等级提升到A等级。负载偏心量的识别精度从±500g提升到±50g。同时对洗衣机箱体、内部系统、弹簧、阻尼器等进行了仿真优化设计，整机带载脱水最大振动下降为0.12mm以下。"

（四）建设研发体系，赋予小天鹅创新实力

在提升现有量产产品竞争力的过程中，胡自强锻炼了小天鹅的研发团队。同时，他也在着手解决研发体系滞后的问题，并做好中长期规划，

搭建未来产品平台。这是重构小天鹅研发体系的"深水区",也是重构研发体系的最终目标。

实际上,胡自强在小天鹅建立的研发体系,是他任职苏州三星电子有限公司副总经理兼中国家电研究所所长时所推行实践的延续和提升,也是后来他在美的集团搭建四级研发体系的"演练"。在做好眼下产品的同时做好未来产品规划和平台,正是美的集团如今实施的"三个一代"创新模式的雏形。

叶德新是当时小天鹅研发中心主任。据叶德新回忆,当时小天鹅的研发体系非常简单。"相当于只有一个产品开发部。"叶德新说,"我们都很努力,但是没有架构,没有章法,也没有创新手段。"

"你想象不到,当时洗衣机上的所有程序都是软件工程师写的,没有人去研究用户,也没有人去研究产品性能。"一位当时的研发人员回忆说。对于当时先行开发的状态,叶德新介绍说:"从架构上来看,基本上没有先行开发。大家也都知道先行开发的重要性,但不知道怎么去做。"最常见的方式是,大家把眼下的产品开发做完了,有时间时,才去考虑一下未来的技术,"但很多时候都没有办法落地"。

胡自强来到小天鹅以后,首先建立了先行开发部和应用技术部(即前文中提到的"专门技术部")。在这一框架下,胡自强在产品开发部之下成立了北美开发部、波轮开发部、滚筒开发部、干衣机开发部。先行研究部和应用技术部负责产品基础技术支撑、核心技术突破和未来3~5年创新产品及平台开发。同时,为了让各品类的共性技术和外观风格更好地协同,他又改组了两大共用技术部门——电控技术和工业设计。

"在研发人才的招聘方面,与之前相比,有非常大的变化。"叶德新说,"从外部大量引进研发人才,在小天鹅的历史上还没有过。"这样的人才引进,也打开了小天鹅研发人员的视野,打破了小天鹅原来相对比较封闭的研发体系。"整个架构的搭建和人才的引进都是按照全球最高的标准来做的。"一位当时小天鹅的研发人员评价说。

胡自强为研发过程导入了创新方法和工具，并规范了研发创新的流程。让叶德新印象最深的是仿真技术在研发中的应用。"之前，我们也有几个人在做仿真，但他们都是大学毕业直接来到小天鹅的，能力不独立，只能借助外部资源一起做项目。"叶德新回忆，由于自身仿真技术的应用能力不强，与外部资源合作时没有议价资格，这也导致项目费用居高不下。可以说，胡自强构建了小天鹅的仿真能力体系。"当时做产品开发，很多设计都是约定俗成的，大家都知道这个地方应该这么设计，但是为什么要这么设计，没有人搞得清楚。"叶德新说，"仿真技术的应用，让我们知道了别人究竟为什么会这么设计。而只有懂了这些，才有胆量做自己的创新。"

另一件让叶德新印象深刻的事情是把用户研究导入研发体系。之前，研发项目的确定多来自市场的反馈，因此研发节奏有所滞后。将用户研究导入研发体系，可以让研发更早地理解用户，并把用户需求体现在产品开发中。"后来整个美的集团都在研发流程中加入了用户研究，这种做法正是从小天鹅扩展出去的。"当时小天鹅的电控部门负责人肖冰说。

对于流程的规范化，肖冰有一段描述。他说："当时的中国工程师习惯于后期查遗纠错。具体来说，就是样机出来后做各种检测，发现问题再解决。而国际上更高标准的开发流程都是做事先预防，在方案初期就做全面分析，评估项目的风险，找出相应降低风险的方案并进行验证。"肖冰认为，从后期纠错到事先预防，可以明显降低人、财、物的成本，最难的是方案初期需要不断地进行论证、分析，争取把所有问题都考虑在前面。这对研发人员是一个挑战，也是一个能力提高的过程。

除此之外，如在三星一样，为了横向拉通，胡自强在小天鹅成立了技术委员会，下设的分委会由各个部门的负责人牵头。"我们几个研发部门的负责人，每个月都要聚一下。有时是开放性讨论，有时是聚焦某个话题。涉及产品规划时，还要请销售、市场等部门的负责人一起参与。"肖冰说。

实际上，在当时，胡自强成立技术委员会的目的是落地十大变革项目。[⊖] 十大变革项目包括工业设计、性能、品质、可靠性、成本、标准化、创新和平台项目等（见图2-1），其目的是通过项目的攻坚规范研发的流程和方法论。"一个项目完成以后，需要沉淀。首先要进行标准化，然后规范流程和方法论。"胡自强说，"一旦这些都能够一点点沉淀出来，就可以建立持续、批量创新的研发能力。"

体系的搭建、方法的导入、流程的规范以及团队的建设，让小天鹅一步步走上自主开发的道路，开始了真正的自主创新。

工业设计	性能	品质	可靠性
组织整合、建立统一的工业设计标准，形成统一的风格和品牌属性 -2015年，"6188"获红点至尊大奖（Best of the Best），2015年成为小天鹅有史以来工业设计获得国际大奖最多的一年	建立专门技术部 专项提升 -5个模块：振动噪声、洗干性能、智能感知、仿真优化以及核心部品； -欧洲出口的洗衣机性能从A+等级提升到行业最顶级的A+++等级且节能50%，干衣机性能从B等级提升到A等级	持续改善 -与质量部门的通力合作，以改变设计的方式去解决市场上出现的质量问题 -有效解决了产品脱水过程中的碰撞、"走路"、"跳舞"、不脱水等问题；海外区域市场的特殊问题	通过产品的强健设计来提升品质 可靠性研究 建设实验室 可靠性验证

成本	标准化	创新	平台项目
持续优化，保持竞争力 -材料成本不提升的情况下，全面改善振动噪声 -技术创新带来成本优化	零部件的标准化，电控平台软硬件和控制面板的标准化 问题"可视化" 标准化、平台化、系列化	工具、方法、流程、体系 -要让整个研发团队有能力创新，也敢于创新，建立创新自信 -持续有效地推出新品，进行研发创新	未来产品平台的搭建 -平台创新，平台化开发（储备一代）提升研发效率 -滚筒510平台，波轮"一桶洗"平台、干衣机平台的搭建

图 2-1 胡自强在小天鹅任主管研发的副总经理时主持推进的变革项目

⊖ 所谓十大，并不是严格意义上的10个项目，详见后文第133页。

(五)试飞"510平台","三个一代"雏形渐成

在搭建研发体系的同时,胡自强也开始让正在建设的研发体系在实践当中操练,着手带领研发体系制定中长期规划以及搭建未来产品平台。

胡自强要求研发部门做好三年规划。2012年6月1日,胡自强加入小天鹅,一个月后,小天鹅的三年战略规划出台。"一开始,大家都不太重视,但是,胡博士把这些都逐步落实到体系里面,它的作用就逐渐显现出来了。"叶德新说。

在推进这些工作的同时,胡自强开始着手建立未来产品平台,也就是著名的"510平台"。这是小天鹅的研发实力达到一定水平后,胡自强推动的第一次"试飞",是小天鹅三年研发规划的第一次落地,是胡自强标准化、平台化设计思路的全方位体现,也是对小天鹅研发实力的一次检验、提升和重构。

当然,在试飞"510平台"之前,胡自强在产品技术迭代上还有一次小小的演练,那就是小天鹅至今还在迭代升级的自动投放技术"iAdd"。"iAdd"自动投放技术是GE家电与小天鹅合作大滚筒洗衣机项目的研究产出。从2008年起,小天鹅为GE家电制造的大滚筒洗衣机开始采用洗衣液自动投放技术,不仅获得了美国市场的广泛认可,还得到了美国"能源之星"的认证。这也是小天鹅的第一代自动投放技术。据有关人士介绍,第一代自动投放装置置于洗衣机产品的底座上。2012年,胡自强推动自动投放技术的迭代,将在底座上的设计改为料盒内的设计,并实现了更为精准的投放。据这项技术迭代当时的负责人周薇介绍,第一代自动投放技术的精度为(+10~-10)mL/次,而2012年推动的第二代技术,投放精度已经达到(+1~-1)mL/次。2012年12月,随着小天鹅第100万台采用自动投放技术的洗衣机下线,小天鹅通过了国际权威机

构英国 Intertek 认证，获得"碳足迹"绿叶标签，成为国内洗衣机行业首家获得"碳足迹"绿叶标签的企业。同时，小天鹅还发布了行业首款自动投放物联网洗衣机，将自动投放技术搭载到物联网平台，为洗衣机更好地嵌入未来家庭物联网平台做好技术储备，为未来洗衣体验的切实改变和智能化升级提供了技术基础，这也就是后来被命名为"iAdd"的技术。2013 年，小天鹅进一步在高端产品上普及自动投放技术，一举推出了覆盖滚筒、波轮等全系列产品的"iAdd"自动投放新品，共包括三大系列 7 款产品，形成了完善的产品线和强大的产品力。为此，小天鹅自 2013 年 3 月起，在全国 23 个重点城市发起巡回展示活动，以推动"iAdd"自动投放洗衣机在国内市场的进一步普及。如今小天鹅洗衣机上的自动投放功能，都是源于这一技术的迭代升级。

这是胡自强"三个一代"创新模式形成的第一次演练，但真正的试飞，还是"510 平台"。

"510 平台"是基于未来产品的项目。2012 年，中国滚筒洗衣机市场中主流产品的容量是 6~8kg，而"510 平台"的基准是 10kg。这个基准容量的设定，是基于胡自强对于未来大容量洗衣机会成为市场主流产品的判断："当时，一个非常明显的趋势是，滚筒洗衣机的容量基本以每两年 1kg 的速度在增长。"另一个值得一提的是，基于平台化的设计思路，可以下探兼容 8kg，上探兼容 12kg。另外，"510 平台"还兼容了洗干一体机。在零部件设计上，胡自强也强调了兼容性，包括高、中、低定位的产品如何兼容。小尺寸、大容量的设计思路，不但可以提升用户价值，还可以降低企业的包装成本。"与其他产品相比，滚筒洗衣机的平台化开发难度更大。滚筒洗衣机的系统非常复杂，涉及动力、水和加热系统。"一位当时的研发人员说，"小天鹅研发的仿真能力，就是在这个时候真正建立起来的。"

2012年7月，也就是胡自强到任一个多月后，小天鹅先行开发业务负责人周薇开始启动"510平台"的先行开发。但是，"510平台"的立项却遇到了不小的阻力。在"510平台"之前，小天鹅滚筒洗衣机平台已经有两代。第一代是"472平台"，第二代是"490平台"。在胡自强来到小天鹅的时候，"490平台"即将结项，但是有些问题无法解决。胡自强面临的问题是，是勉强推动"490平台"落地，还是废弃"490平台"重建新平台？

当时小天鹅滚筒产品开发业务负责人许志华博士回忆，经过反复论证，他们认为重新建立一个全新平台更有价值。

重建新平台，说起来容易，要真正做起来，则意味着"490平台"的投入"相当于打了水漂"，还要重新投入模具和设备。另外，小天鹅的销售体系对于10kg产品的市场表现并没有把握。他们预估的销售量是国内市场只有几万台，海外市场也不过十几万台。

但胡自强知道"510平台"的价值，他看到当时的中国洗衣机市场基本以每两年扩容1kg的速度增大产品容积。以10kg为基准的"510平台"对小天鹅未来的市场表现有着重要意义。他用自己的坚持换来了"510平台"的成功立项。2013年下半年，在巨大的压力之下，开始了"510平台"的产品量产开发。"在那种氛围里，如果换一个人，这个项目也就没有了。因为未来的事情谁也不能打包票，谁能肯定'510平台'的产品能大卖？"一位当时的研发人员回忆说，"但是胡博士坚持了。他认准的方向，无论如何都会坚持下去。'510平台'的立项只是其中之一。"

事实上，"510平台"的产品在2015年2月一经推出，优秀的市场表现就让"510平台"的产品面临模具不够用的"窘境"。更为关键的是，根据《电器》杂志的报道，2016年，8kg滚筒洗衣机已经成为市场主力，销售额占比已经达到43.9%，比上年增长10.4%；9kg滚筒洗衣机的销售额占比达到20.4%，同比增长9.2%；10kg滚筒洗衣机销售额占比为7.1%，比上年增长5.5%。这意味着，如果小天鹅当时不推出"510平台"，就会错失2016年滚筒洗衣机主流产品容量提升的市场机会。

直到2022年，"510平台"仍然是小天鹅滚筒洗衣机的主流平台。据有关人士介绍，在2021年，在小天鹅在售的滚筒洗衣机中，有超过85%的产品来自"510平台"（见图2-2）。从2015年推出至2021年，"510平台"内的产品销量超过1800万台，外销量超过2500万台。

图2-2　2021年，"510平台"推出七年后，仍然是小天鹅滚筒洗衣机的主流平台。此图摄于2021年的家电卖场。

2015年，小天鹅申报中国家电科技进步奖，围绕滚筒洗衣机就申报了5项，包括减振降噪技术、智能感知技术、洗涤技术以及动力学平台优化设计等。可以看出，试飞"510平台"，达到了"锻炼队伍"的目的。

除"510平台"外，胡自强还推动了波轮洗衣机的"一桶洗"平台和干衣机平台的搭建。在实践过程中，三年产品规划里的技术也逐渐得到积累和落地，其中包括如今小天鹅已经推出的"气泡洗"技术和滚筒洗衣机的"一筒洗"技术。

2014年初，胡自强将先行研究部与应用技术部进行了整合，这就是后来美的集团各事业部"创新中心"的雏形。周福昌回忆说："2014年6月，我们在小天鹅的研发楼5层，在一个不足100平方米的房间，做了一个先行技术的陈列区。"陈列区进门右侧，是一个3平方米左右的墙报，呈现了"开发一代，储备一代，研究一代"的演进关系图。实物陈列区按产品品类陈列，每个品类中按创新技术及平台整合量产开发应用（开发一代）、储备平台（储备一代）、核心技术突破（研究一代）进行区隔。这大概是美的集团第一个单独的"三个一代"陈列室。2015年初，方洪波来到小天鹅，在这个小小的房间里待了整整一个多小时。后来美的每个事业部都有了类似的陈列室。这个陈列室是美的一年一度的科技月上核心展区的原始雏形，也是胡自强"三个一代"创新模式的初现。

（六）研发自信逐步确立

胡自强在小天鹅主管研发不到两年时间，他推动研发转型坚定而且果断，但同时又小心翼翼。他需要让小天鹅原有的研发团队快速适应新研发体系，需要让新引进的人才快速融入，还需要让整个研发团队确立研发自信，建立"产品领先"的能力和勇气。

当然，毋庸讳言，胡自强的内心是非常着急的，他急于让项目落地，推出产品，并让产品在市场上有良好的表现，他也希望能迅速提升研发能力，推进全创新项目的落地。因为只有这样，他才能在整个美的集团证明自己的实力和正确性，他才有在美的集团发展下去的机会，才有进一步推进研发转型的空间和可能性。但是，他知道"急不得"。他必须有耐心，必须由易到难，让团队先攻克小的难题，再攻克大的难题；先收获小的成功，再收获大的成功；从有向行业领军者对标的自信，再到拥有创新引领的自信。

每一步，都隐藏在胡自强有节奏地推进的项目当中。当然，不可否认的是，在推进这些项目落地的过程中，有时候胡自强也会显得相对急躁，但是，每当觉出自己急躁之时，他总能再耐下性子，让自己慢下来，而不是去妥协或终止本该推进的项目。一旦有了进一步推进的机会，他还是会坚定推进。这让胡自强的研发转型思路得以在实践中完全落地、呈现。

比如，对工业设计团队的变革和重塑无疑是相对容易并立竿见影的。在不到两年时间内，小天鹅工业设计团队实现了巨大的跨越——从杂乱无章的设计到为美的旗下多品牌洗衣机做品牌定位，规范设计语言，再到拿下国际大奖——起初，小天鹅欠缺的是高效的组织架构和放眼全球的视野。胡自强做到的，正是调整组织架构，与全球一流的工业设计团队合作，打开工业设计师们的眼界。

在整个过程中，胡自强通过每年一届的工业设计大赛增强工业设计团队的自信心，再通过"6188"项目拿下全球工业设计大奖，美的其他事业部因此纷纷到小天鹅来交流。以上种种给小天鹅工业设计团队带来的信心和自豪感不言而喻。正如张海龙所说："这让小天鹅工业设计团队的信心倍增，整个团队的精神面貌与两年前相比，已经发生了翻天覆地的变化。"

产品品质改善是相对容易的。其中最重要的是，要让研发团队认可"通过产品的强健设计来提升品质"的思路。胡自强在三星时就非常重视"强健设计"，曾采用"砸洗衣机"这样的极端方式去表明从设计端提高产品品质的重要性。但在小天鹅，胡自强并没有采取这样的极端方式，而是通过与质量部门的通力合作，以改变设计的方式去解决市场上出现的质量问题，让参与其中的研发人员能够亲身体会其中的重要性，证明自己解决问题的能力，慢慢树立研发自信。

相对来说，"510平台"项目的推进过程和落地是困难的。"510平台"是基于未来3~5年市场需求确定的项目，对于当时的小天鹅来说，是创新型项目。困难不仅来自于研发团队自身的能力和水平，更来自于整个小天鹅对当时的研发团队水平的不信任。一方面，胡自强到任时，刚刚上市的"490平台"即在市场上遇冷，暴露出很多技术问题。另一方面，如果完全抛弃"490平台"，则意味着为"490平台"开发的模具和引进的设备会白白投入。另外，当时小天鹅的销售体系对于"510平台"主推的10kg产品的市场表现并没有把握。

然而，从研发的角度来看，这个刚刚依照新体系运营的研发团队，需要一场大战，让团队去适应新的体系，让新引进的人才快速融入，让整个团队确立更强的自信，在实践中拥有做创新产品的方法和能力——无论是小尺寸、大容量，还是一个平台兼容多容量洗衣机、干衣机以及洗干一体机多款产品的研发思路，还是其中需要大量仿真设计的应用，对于当时的小天鹅研发团队来说，都是全新而且极有难度的。

面对诸多困难，虽然在胡自强的部署下，早在2012年7月小天鹅研发团队就着手"510平台"的先行研究，但直到2013年下半年才真正进入研发阶段。2015年2月，"510平台"产品上市时，胡自强已经调任美的集团将近一年时间。

毫无疑问，通过这一项目的坚定推进，达到了锻炼队伍、提升研发能力的目的，也让小天鹅在2015年以后的市场上占得先机和优势。

六、结果

通过对产品力的持续改善，小天鹅洗衣机的市场占有率持续提升，小天鹅洗衣机在市场上摆脱了"家电下乡"后期的市场疲软的状态。根据《电器》杂志连续多年对洗衣机行业的报道，2012年前三季度，小天鹅品牌和美的品牌洗衣机的内销市场占有率总和为17.76%。到了2015年，两大品牌前三季度在内销市场的占有率为24.65%。2016年前三季度，这一数据增至26.79%。

实际上，正是市场表现的迅速"回响"，才让胡自强有了在整个美的集团进行研发转型实践的机会。胡自强本人于2014年4月调岗至美的集团，出任美的集团副总裁兼美的中央研究院院长，随后又任CTO。

胡自强在美的集团层面的研发转型之所以能够生存并得以继续深入，在很大程度上有赖于他从2012年6月起不到两年内在小天鹅做的三年规划的效果开始显现，分级研发体系也焕发出持续的创新能力。值得明确的是，2015年2月，"510平台"产品上市后获得的巨大成功给了正在美的集团进行研发转型的胡自强强有力的支撑。事实证明了胡自强转型思路的有效性和正确性，得到了美的集团上下的认可，坚定了继续研发投入、持续研发转型的信心和决心。

胡自强在小天鹅的任职时间不到两年。对于这段时光，有人这样总结："在这段时间里，他在小天鹅搭建的研发架构，正是他后来在美的集团层面推动的四级研发体系和'三个一代'的雏形。从2015年、2016年开始，小天鹅洗衣机在市场上的产品力开始显现，这证明胡博士搭建研发体系的思路对于企业的研发创新是行之有效的。"

对于四级研发体系，胡自强在三星的时候已经有过相应的实践。"三个一代"指的是"开发一代，储备一代，研究一代"，这是今天整个美的集团实施的研发创新模式。而这样的研发创新模式，来源于胡自强任职小天鹅期间对产品研发的实践。

七、案例总结

我们对胡自强在小天鹅推动研发转型进行复盘，可以看到，这场研发转型成功的关键可以总结为以下几点。

（1）转型的愿景或目标。小天鹅研发转型的愿景，是在美的集团"产品领先"这面大旗之下的。客观来说，小天鹅当时的产品虽然不是"产品领先"，但在市场端还是有一定的竞争力的。在很多人心里，"产品领先"并不是非做不可。这无形之中给这场研发转型增加了极大的风险。所以，要想办法让"产品领先"成为大多数内心认同的愿景，在变革中获得大多数人的支持。对于研发团队来说，重要的是，需要让团队看到未来的蓝图和路径，增强信心和为之奋斗的激情。接下来就是要认清现实，找出转型过程中的支持力量和阻力。在充分利用支持力量的同时，尽量化解阻力，甚至把阻力变成助力，争取一切可以争取的力量。

当然，可以争取的力量从本质上来说都是"变量"。有人有可能开始支持，后来不支持；也有可能开始并不认同，后来却坚定认同。所以，在转型过程中，一定要关注这部分"变量"，尽可能赢得更多的支持。具体到小天鹅来说，投入问题就是引起"变量"变化的关键。在美的集团确立"产品领先"战略初期，投入是坚定的，但是如果经过一段时间，只是投入却看不到产出，那么投入就有可能被削减或是停止。

基于此，胡自强的解决方案的主要脉络是，围绕经营需求，由易到难，由浅到深，由短平快项目到长期项目和储备项目，由点到系统。整个转型过程是一个逐步深入的过程。

在研发体系内部，这样的思路可以同时照顾到提升过程中研发团队的现有能力以及未来提升目标的达成，用胡自强自己的话说，是"先摘伸手就够得着的苹果，后摘树顶上要架梯子才能够得着的苹果"。从着力解决企业经营急迫需要解决的问题，逐步过渡到推动平台的推升和创新，做到为企业的未来产品做储备，也让新建的研发团队逐渐走向成熟。当然，无论是短期项目还是长期项目，其核心都是紧紧围绕真正的经营需求，包括短期经营需求以及未来的经营需求。确立项目时，一方面要分析和判断市场的需求，另一方面要结合本企业的实际情况，选择投入产出大、能很快对经营产生价值的项目。

在研发体系之外，首先解决工业设计以及产品性能提升这样的"短平快"项目，使市场上的产品迅速迭代，使经营层面迅速看到其价值，使销售体系能够认可投资大、变化大的研发转型，从而让研发转型得以持续，一直到转型的"深水区"。这种"长短结合"的实施方案，可以持续不断落地研发成果，以得到争取来的"变量"的持续支持。

（2）在转型的过程中，要不断强化危机感，让所有人看到差距，认可转型的必要性。当时，美的系洗衣机在国内市场上占据第二位，变与不变，很多人的意愿在两可之间。如何让所有人下定转型的决心？胡自强采取的方法是，让所有人不断看到差距。从因为工业设计思维落后造成市场上的"孤儿产品"，到因为性能问题给企业经营造成的损失，再到明确与其他优秀品牌之间的差距，所有这些，不但是为研发体系找到转型的"标的"，更是为了让所有人下定转型的决心。

（3）将转型的目标分解成多个可以落地的小目标，让转型可以切实推进，一步一步达成最终目标。在当时，虽然美的系洗衣机占据国内市场第二位，但与第一位相比，其市场占有率却几乎只有前者的一半。胡自强把差距进行分解，比如，每年的市场占有率都必须有两个点的增长。

这样，虽然有压力，但也不是不可达成。同时，这可以让研发团队得到循序渐进的锻炼和提升，建立研发创新的自信心；也可以让研发转型得到公司上下的认可，坚定继续研发转型的信心。

当然，需要指出的是，所有这些解决方案，都是结合小天鹅和美的集团当时的发展阶段做出的。要充分考量企业本身的研发能力、经营能力和市场地位以及发展愿景，也要考量整个家电行业的发展阶段和国内外市场环境，形成具体的落地方案。

最后，需要强调的是，如果我们将小天鹅研发转型置于整个美的集团进行研发转型的"大工程"之中，如何最大限度地保证最终整个美的集团研发转型的成功？以小天鹅作为开始至关重要。因为，对于美的集团来说，小天鹅的研发转型只是一个局部变革，这个"局部"正是胡自强最有把握获得成功的。

万事开头难。好的开始，就是成功的一半。

Midea

实践篇

美的研发转型的历程

美的研发转型
技术创新的运营管理实践

第三章
领先的逻辑

研发转型的目标，是支持美的实现"产品领先"。做到产品领先，美的依次要做两个动作，一个是"追赶"，一个是"超越"。要做到追赶，实现超越，胡自强有一个简单的"赶超理论"，即"赶超速度 = 创新投入 × 创新能力 × 规划落地"。公式简单，但在实践过程中，却是牵一发而动全身。要想成功，须做到"胸有全局，谨慎落地"。

一、关键点

对于美的这样的企业来说，做研发转型尤其困难。

一是，美的集团不同于小天鹅。2012年，小天鹅的年营业收入不到70亿元，2013年，美的集团整体营业总收入1212.65亿元。小天鹅只有洗衣机、干衣机两个品类的产品，而2013年的美的集团，几乎囊括了除电视机之外的所有大、小家电的生产，还有为家电产品配套的电机、压缩机业务。这样一个超大型企业的研发转型如何取得成功？

二是，美的从本质上来说一个非常务实的企业。成长为千亿级企业，成本控制、规模优势、以价取胜，对美的来说都功不可没。当这些成功的路径和企业文化已经深入骨髓时，站在对立面的研发转型，又如何获得集团上下的认可和支持？

三是，按照方洪波的要求，这次转型是"要在高速飞行的过程中换发动机"。这意味着，不能因为这次转型影响到美的的经营结果。这为转型带来极高的难度。

一个超大型企业的研发转型实践，值得同当量的企业借鉴。当我们把它的每个实践环节进行分解和剖析时，也值得所有有研发转型志向的企业去学习。

二、背景

无论是对于美的集团还是对胡自强个人来说，小天鹅的研发转型实践都是"局部战争"，是阶段性成果。美的集团的志向并不仅仅局限于一个洗衣机品类的研发转型，胡自强也不是。

小天鹅研发转型实践的意义，是让美的集团有了进一步深化研发转型的决心，也让胡自强拥有了在更大平台上实践研发转型的机会。

2013 年，美的还没有进入世界 500 强之列。据当年年报显示，当时的美的位列中国民营企业 500 强第 10 名，中国制造企业 500 强第 41 名。年报里提到，"美的集团是国内唯一全产业链、全产品线的白色家电生产企业"。

2012 年 5 月，方洪波正式出任美的集团董事长之后，即在全集团推行他在美的制冷家电集团已经开始实施的"产品领先、效率驱动、全球经营"三大战略主轴。对此，方洪波 2015 年曾在公开场合讲过的一段话是最有力的注解："自 2009 年起，中国家电企业大规模、低成本的商业模式已经失效，如何再去培育一个新的竞争能力和新的商业模式，是包括美的在内的中国家电企业面临的挑战。"2013 年，美的提出了中长期发展规划"333"规划，即到 2020 年，美的要进入全球白色家电前三位。

"产品领先"即实现产品在市场上从追随到引领，也正是这场研发转型需要给美的带来的改变。

2014 年 4 月，出任小天鹅主管研发副总经理不到两年，胡自强博士即调任美的集团中央研究院院长，当年 8 月，胡自强被任命为美的集团副总裁。对于这次调任，美的集团提供的胡自强简介中有这样一段描述："2014 年，应美的集团经营转型的需要，担任美的集团副总裁兼中央研究院院长，负责集团全球研发布局、制定产品和技术战略及规划、推动产品和技术规划落地以及协同和统筹技术资源等工作，全面构建集团四级研发创新体系。"

胡自强开始了美的集团中央研究院从无到有的搭建工作，也开始了对美的研发体系的重塑和创新。2017 年 4 月，在美的集团中央研究院成立三周年会议上，刚刚兼任美的集团 CTO 的胡自强对此有这样一段描述："三年前，方总一声令下，我只身一人，拖着一个行李箱，来到顺德，只是为了实现集团从经营导向到产品领先的战略转型。"

三、诊断

一声令下就只身一人来到顺德的胡自强，其时已经对美的研发体系的现状和问题了然于胸。在小天鹅任职的不到两年里，他有足够的时间和机会去站在第三方的角度，冷静客观地观察和了解。

在他看来，2012 年小天鹅研发团队的状态，也是 2014 年美的大多数事业部的现实状况。从研发体系来看，当时美的集团各个事业部基本只有"开发"一个层级。美的作为市场上典型的追随者，一个"开发"层级基本可以满足企业的研发需求，即市场上哪些产品卖得好，就开发哪些产品。不要求创新能力，不要求引领市场。体现在产品上，产品可靠性和产品性能大多达不到一流水平，做不到"产品领先"。由于长期在市场上处于追随的位置，所以整个研发体系缺乏创新能力、创新经验和创新自信，核心技术能力差，没有能力做到"产品领先"。具体来说，研发体系不健全，缺少研发层次和逻辑。除了缺少真正懂得基础机理的领军人才，还存在着工业设计部门设置混乱、缺少创新所必要的用户洞察平台等问题。还有非常重要的一点是，大多数事业部没有基于未来几年的研发规划。除了以市场跟随为主要手段外，推出产品相对随意，这一方面造成了面对市场的变化相对被动，另一方面也让产品难以形成体系，在成本、制造、营销等各个环节阻碍了效率的提升。

与仅仅在小天鹅做研发转型不同的是，从集团层面看整个研发创新，除了缺少共性技术的领军人才，各个事业部之间也没有共性技术的拉通和协作平台。"将各事业部的共性技术进行拉通和协同，这其实是一个大型企业集团的优势，必须有效利用。"胡自强说。

2013 年的美的年报并没有提及研发投入。当时的公开报道里出现比较多的说法是，"过去的 5 年，总研发投入金额超过 100 亿元"。一位研发人员回忆起当时的情况时曾经这样说:"我们研发部门有钱,但是,我们不知道应该干什么,不知道怎么花这些钱。"

在 2013 年之前,美的曾经两次组建过中央研究院,但存在时间都极短。这也从侧面证明了一个问题,那就是当时的美的虽然有加大研发投入的愿望,但还难以放弃以往的成功模式。这正是胡自强此次研发转型即将面临的最大难题——来自美的内部的阻力。一方面,美的以往的成功经验已告诉所有人:强调效率、规模和成本,一直以来都是行之有效的。另一方面,花大力气、大的投入去支持一场大规模的研发转型,本身有着极大的失败风险。更重要的是,美的强调投入后短期内必须有可量化产出的观念,与研发转型必须长期投入以及产出的不确定性形成一对天然的巨大矛盾。如何得到更多美的人的支持,让他们相信转型的价值并毫不怀疑地支持转型?

既要满足短期的市场需求,又要做好长期技术储备;既要为"全球经营"做技术布局,又要建立能够高效运转、持续创新的研发体系。胡自强在苏州三星和小天鹅逐渐完善并经过实战演练的四级研发体系和"三个一代"创新模式,即将在美的这块更加广阔、肥沃的土地上生根发芽。

在小天鹅不到两年时间的工作经历,让胡自强对在美的集团进行研发转型的困难程度进行了预判,他相信,虽然有困难,但是,小天鹅可以,美的集团也一定可以。"最为关键的是,小天鹅的两年实践,虽然说不上顺风顺水,但是,它让我看到了美的为实现'产品领先'而进行研发转型的决心。这是一切的基础。"胡自强说。

对于美的集团来说,这将是一段充满困难但终将收获成功的旅程。对于胡自强个人也是如此。

四、解决思路

要实现"产品领先",现有的美的研发体系无法做出有效的支撑,要进行全方位再造。

胡自强心目中全新的研发架构,正是四级研发体系和"三个一代"创新模式,这是胡自强主导美的研发转型实践的总纲领。虽然这些在他过往的经历当中都经过多次实践演练,但是,在美的集团这样的超大企业平台上实践,还是会遇到很多不确定性以及新的挑战。

在四级研发体系中,有二级研发体系是通过在集团层面建设美的中央研究院来实现的。在当时的美的,各个事业部都需要的共性技术主要是流体力学、热力学、固体力学和材料学等基础技术。胡自强在美的中央研究院构建了这些共性技术的研究平台。这样做一方面可以提高整个集团的共性技术应用效率,另一方面也可以提高人才的招聘质量——在当时,只针对单一或是有限的几个产品品类的研发,很难吸引到高水平的技术人才。相对来说,中央研究院的平台对于高水平人才更具吸引力——他们可以针对更多的产品和场景进行技术研究,从而实现更高的价值。这样做带来的另一个明显的好处是,在美的中央研究院这一平台上,集中了各个学科最优秀的人才,他们之间沟通和碰撞之后产生的火花,推进了跨技术的研发和创新,这也正是诞生创新和突破性技术的源泉。

胡自强采用的依然是逐步深入、步步推进的实施战略。在实施过程中,通过阶段性成果的快速落地,在市场上获得反馈之后,争取到更多人的理解和支持。

从构建体系到成果产出,需要时间。然而对于美的这样骨子里都在要效率的企业来说,很难给足这样的时间。而能够给予美的信心的重要证据，是在 2016 年、2017 年，胡自强在小天鹅主导的研发转型开始在市场上产出成果，这让美的坚定了投入和转型的信心。

在大的研发战略推进上，胡自强的推进方法依然是步步为营。比如，胡自强于 2014 年就来到美的集团，但直到四级研发体系开始走上正轨之后的 2018 年，胡自强才在全集团明确提出推行"三个一代"创新模式。

没有四级研发体系的日渐成熟和强大，再早提出"三个一代"创新模式，也终究会流于理论，而不能在实际层面发挥效果。不能在实际层面发挥效果的直接后果是，会导致对这个行之有效的创新模式的全盘否定。

五、实践

（一）实施纲领

"产品领先"战略目标的实现，起于研发转型，但最终的落地以及是否成功的标志，都体现在市场端。市场端没有相应的变化和体现，逻辑再完整的研发体系转型理论都将只流于理论。

所以，胡自强所思考的研发转型，是从市场端的需求开始的。与小天鹅一样，研发体系要有改变现有市场上现有产品的能力，要对基于未来的产品进行布局。而与小天鹅不同的是，在美的集团层面进行研发转型，要考虑除现有市场外的目标市场的需求，如海外市场的需求，要思考除了现有产品品类外，美的还有可能进入哪些产业，而这些产业需要哪些技术储备。就如今天，美的集团已经进入医疗设备产业，那么，美的的研发体系对于这一产业能提供哪些技术支持？

当然，从市场扩张角度看研发需求是广度上的，而从深度上来说，最终目标是在市场上达成"产品领先"。在此之前，美的在市场上的成功多来自超长的产品线和价格优势。这与"产品领先"是两条完全不同的路线，"产品领先"的核心是创新能力。要实现"产品领先"，首先要做的是赶超对手，而不是追随。从市场需求倒推研发需求，形成了胡自强为美的量身定制的研发转型模式。

对应现有市场的现有产品，美的各个事业部的研发能力基本可以应对，但是，在集团层面，缺少共性平台的牵引和拉通，如工业设计、用户创新、事业部之间的技术协同以及共性技术的底层把握等。

对应现有市场的未来产品，美的缺少形成"产品领先"优势的技术能力。需要在事业部建立先行研究部门，专门为未来三年内上市的产品做技术和产品储备。在集团层面，这一方面的技术能力还是空白。

对应未来重点拓展的海外市场，美的对当地的用户需求研究及本地化技术能力均是空白。同样，对于美的有可能进入的产业领域，技术储备是零。

所以，胡自强要做的，就是让美的的研发真正形成体系，使之拥有持续创新的能力，支持美的"产品领先"战略顺利实施。他需要在美的事业部现有研发能力的基础上进一步充实研发能力，建立产品开发和先行研究的独立团队。在集团层面，建立更高一层的研发能力，要能够对事业部的研发能力形成支援，在战略趋势上形成牵引，又要成为美的拓展产业领域的先遣部队。对于美的一直想以自有品牌扩张的海外市场，需要从无到有建立本地化研发团队，近距离了解当地用户需求，完成针对当地市场的产品创新，同时有能力将当地先进技术引入本部。

胡自强定下的目标是，组建一流的技术团队，三年内能够有突破性成果落地，用五年时间达成"产品领先"的目标。

（二）正视困难，寻求支持

以当时美的研发体系的实际状况来看，要达成这样的目标，将是一项庞大的工程，面对的困难也是难以预估的，但胡自强还是尽可能提前考虑到出现这些困难的可能性以及应对办法。

最大的困难当然是人、财、物。无论是在集团层面建立研发能力，还是在事业部建立先行研究团队，都需要高水平的研发人才。从物的方面来说，建立高水平的实验室也是当务之急。而无论人还是物，都需要美的集团在财务方面给予强有力的支持，所以三大困难之中，"财"首当其冲，没有"财"的支持，"人"和"物"都是无源之水、无本之木。

赶超需要的是速度，速度快慢的决定性要素当然是投入。用投入去招聘人才，形成自身的创新能力，同时形成对接跨界技术落地的能力。投入越多，能力建设越快，追赶速度也越快。在很多公开场合，胡自强都提到过他的"赶超理论"："赶超速度是创新投入、创新能力和项目规划到落地的聚合结果。三个要素缺一不可。"（见图3-1）。

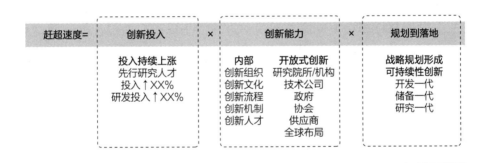

图 3-1　胡自强在很多公开场合提到过的"赶超理论"

一直重视成本、重视效率驱动的美的，财务政策都是围绕效率驱动设置的，很多原有的财务政策成为增加研发投入的障碍。简单说，任何一笔投入，都要计算投入和产出的价值比。所以，在刚开始需要增加研发投入的时候，很多资金无法全面落实到位。比如，按照原有的"五项费用"的规定，很多出差因无法回答财务问到的"参加这样一场会议，它的回报是什么？"这样的问题，而得不到批准。在这样的背景下，胡自强的最大支持动力依然是美的当时确定实施的"产品领先"战略，是方洪波要做"产品领先"的决心。在这个目标之下，利用一切能够利用的机会，一点一点去影响针对研发体系的财务政策的调整。

人力资源也是如此。美的集团和事业部层面都为"加大研发投入"增加了相应的预算，但是人力资源单元为了保证效率驱动，限制了高级研发人才的数量和比例，造成加大的研发投入无法真正落实下去。

与此同时，对于各大事业部来说，美的此次转型并不是一场"不得不做"的改革。相反，在继往的道路上，美的已经非常成功，这次转型是一次自我突破，所以，各大事业部有变革的意愿，但是，如果持续投入却迟迟没有回报，转型的阻力势必越来越大。

这些都给最终实现赶超速度设置了阻力，它们与胡自强"赶超理论"的三大要素都直接相关。简单地说，过往的正确的、为保证效率驱动而建立的组织架构、管理经营模式和考核机制，与正在进行当中的研发转型、正在进行当中的"产品领先"战略，形成了巨大的矛盾，成为转型过程的阻力。

"看起来只是一次研发转型，但实际上这是一次深层次的文化变革。"胡自强曾经这样说，"研发转型成功与否，要看企业的文化、人们的理念是否也会变化。要从以往的成功模式转变成为一个全新的成功模式，并且需要付出代价。如果付出的代价过大，却没有在预想的时间内得到预想的成果，转型注定要失败。这是这次转型真正的阻力所在。"

事实也正是这样。2017年，在这次研发转型开始三年之后，当新的研发体系已经开始有成果落地时，方洪波在一次美的研发体系的内部会议上坦露心声："幸亏当时顶住了压力。今天想想都后怕。"方洪波所说的"压力"，正是来自美的内部拒绝或不看好此次研发转型的势力。短短三年时间，美的全新的研发体系就已经能够规模性产出，实属难得，却已经让美的集团的最高指挥官承受了巨大压力。可见转型的成与不成，就在一念之间。

（三）分解目标，确保落地

一方面，研发转型是一项巨大的工程；另一方面，时间紧迫。

胡自强实施转型的总体思路依然是从最简单的做起，"先摘伸手就够得着的苹果"，让人们能够迅速看到转型的价值，坚定转型的信心。同时，要做到胸中有丘壑，任何一个动作都是为最终实现研发转型的目标服务的。

胡自强的"胸中丘壑"是为美的建设的四级研发体系以及"三个一代"创新模式。

四级研发体系是指在事业部层面设立产品开发和个性技术研究两级体系。产品开发的目标是针对即将上市的产品进行开发，个性技术研究的核心目标是针对三年内上市的产品进行研发储备。在集团层面架设中央研究院，依然分成两个层级：第一层是基于美的集团各大事业部3~5年内需求的共性技术、基础技术研究，第二层是面向未来的颠覆性技术和前沿技术研究。

"三个一代"创新模式是指"开发一代，储备一代，研究一代"。其中，开发一代是指开发近三年内有明确上市目标的产品开发项目；储备一代是指为支撑下一代产品，经先行企划立项的产品平台创新项目；研究一代是支撑下一代平台创新的技术研究项目。"三个一代"之间的创新逻辑是：储备一代通过整合研究一代的创新突破技术，实现开发一代产品的差异化主卖点。

但是,这样的体系和模式无法一下子落地到美的。与在小天鹅一样,胡自强采取的方法依然是在每一个项目的推进和落地的过程中达成建研发体系的目标。在集团层面建设的美的中央研究院成立之初,胡自强就利用刚刚招进来的研发人才,深入各个事业部,去帮助事业部解决产品开发中遇到的实际问题。通过解决问题在事业部层面为中央研究院建立研发信誉,同时也让刚刚来到美的的研发人员有机会迅速了解美的。当在中央研究院积累起一定能力基础后,胡自强即在集团层面指挥中央研究院对事业部的战略项目进行牵引……对于现有市场的赶超战略、目标拓展市场的进入战略和未来准备进入领域的储备战略,都分解目标,步步为营,稳步前进。

实际上,虽然"三个一代"创新体系在胡自强启动研发转型之初就已经成型,但直到2018年,当四级研发体系已经建设完备开始可以正常运转时,胡自强才提出了"三个一代"创新模式,而不是一上来就将规划合盘托出,让人产生"画大饼"和"不可能完成"的怀疑或不信任感。

六、结果

在美的这样的超大型企业,从以经营导向为成功范式主动向研发驱动转型,做出这个决定本身就不容易。而在整个研发转型的推进过程中,稍有不慎,就有可能导致后退甚至整个转型的失败。

2014年4月第一份《美的中央研究院工作规划》(以下简称《工作规划》)的内容,今天看来远非十全十美。但最为难得的是,抛却具体的目标不谈,在今天的美的,四级研发体系已经深入人心,坚定的研发投入已经深入人心。

2020年底,在美的"产品领先、效率驱动、全球经营"三大战略主轴实施 8 年后，方洪波提出，将三大战略主轴升级为"科技领先、用户直达、数智驱动、全球突破"四大战略主轴。这也意味着随着"产品领先"升级为"科技领先"，"产品领先"已经完成了它的历史使命。而在这场研发转型中建设的四级研发体系、"三个一代"创新模式、全球研发布局，正在随着"科技领先"时代的到来走向纵深，深植于企业。

美的集团的公开资料显示，从 2011 年到 2022 年，美的的营业收入提升 158%，达到 3457 亿元；净利润上涨 342%，为 296 亿元；资产总额上涨 356%，达 4226 亿元。这些数据的背后，已经不是简单地"再造一个美的"，而是体现出美的已经进入一个全新的发展空间中。

七、案例总结

美的自 2012 年开启的这场研发转型走到今天，有两个关键因素。

第一，要有方洪波这样的一把手的坚定的战略定力。从规模驱动到技术驱动，从短期利益到长期主义，从跟随模仿到引领创新，从经营导向到产品领先，这场转型的跨度巨大。从本质上来说，这也并不是一场仅限于研发体系的转型，而是整个企业经营模式的巨变，是对企业文化、理念的颠覆。这就是"一把手工程"！没有最高指挥官对于转型的方向和落地的坚定坚持，转型将难以为继。

第二，也要有胡自强这样的操盘手的能力水平和极其宝贵的务实理念。中国企业要学习先进的研发架构理论，在世界上可以找到范式。但是，简单的"拿来主义"，并不能在中国企业的土壤上开出鲜艳的花朵。我们不是要建个温室作为摆设来标榜企业的志向和战略，而是要让理论真正地融入企业运营之中，在企业发展中发挥它的作用，要让它有长久的生命力，通过研发转型的成功，实现企业的战略目标。胡自强所主导的美的研发转型，正是在实践中去推进体系的建设和完善，在实践中得到越来越多的认可，在实践中潜移默化地搭建起研发体系的大厦。

"好雨知时节，当春乃发生。"方洪波抓到了企业发展步入新的春天的机会，指挥了一场研发转型的"好雨"。"随风潜入夜，润物细无声。"胡自强确定了"下雨"的方法，让这场好雨浇灌了美的更加繁荣的春天。

第四章
搭建研发体系模型

主导美的这样的超大型企业的研发转型,首先要做到"胸有全局",而不能走一步看一步。美的新建的研发体系模型主要有五个方面:第一个是全新的研发架构;第二个是全球和国内的重点区域研发布局;第三个是建立研发架构之下能够支持高效创新的研发体系运转模式;第四个是做好持续迭代的、支持创新落地的研发规划;第五个是建立全新管理模式,保证新体系的高效运转。

一、关键点

虽然胡自强在主持美的研发转型时都是实践先行,但这并不意味着只有实践没有理论。相反,每一步实践都必须方向正确,向最后的目标迈进。这意味着,实践必须有理论指导。理论是核心,有理论支撑的实践,才是有效的实践,是能最终达成理论架构的实践。

二、背景

2014年4月,胡自强调任美的集团中央研究院院长,当年8月,胡自强被任命为美的集团副总裁。美的集团也开启了全面研发转型的序幕。当时,专门在美的集团总部大楼26层辟出的办公区,也成为美的中央研究院以及后来建设的四级研发体系的摇篮。

什么样的研发转型能够帮助美的实现"产品领先"战略?什么样的中央研究院才是符合美的发展要求的中央研究院?

虽然眼前仅有一张白纸,但胡自强必须把"胸中成竹"画在这张白纸上。

三、诊断

2014年4月,胡自强调到美的集团时,只是任美的集团中央研究院院长。兼任美的集团副总裁是在四个月之后,兼任CTO更是在美的中央研究院成立三周年的2017年。所以,胡自强到任美的集团的第一个具体的工作任务,是从无到有构建美的中央研究院。

什么样的中央研究院是最能支持美的发展和转型的中央研究院?从一开始,胡自强就是将中央研究院放在全新的美的研发体系内去通盘考虑的。

只有将中央研究院放到整个研发体系当中去布局，中央研究院才能发挥更好的作用。所以在架设中央研究院之前，胡自强在"白纸"上画出的第一笔，名为《美的中央研究院工作规划》，其实是全新研发体系规划的蓝图。这份蓝图提出，美的要建成"世界一流的白色家电创新体系"。

在这样的思路之下，结合当时美的集团的现实状况，胡自强认为，在集团层面，美的缺少跨事业部核心技术的牵引能力；缺少对事业部弱势品类的帮扶能力和机制；没有多学科联合技术创新和突破的能力；着眼于未来，没有能为美的进入新品类、新产业提供技术能力和孵化能力；不具备为事业部培养研发人才的意识和机制。而这些，正是从无到有构建的美的中央研究院应该承担的职责，也是它的价值所在。

四、解决思路

胡自强的蓝图，是四级研发体系和"三个一代"创新模式，这是胡自强主导美的研发转型实践的总纲领。

虽然在他过往的经历当中已有过多次实践演练，虽然在上任伊始胡自强就拿出了一份相对完善的蓝图，但是，在美的集团这样的超大型企业平台上实践，还是会遇到很多不确定因素。

所以，围绕这两个核心，整个体系也有一个逐步完善、深入推进的过程。四级研发体系是一个类似于金字塔的结构，而当时的美的研发只有金字塔最底下一级。四级研发体系的建成不可能一蹴而就，只能一层一层搭建起来。更重要的是，如果四级研发体系中的技术能力不够，四级研发体系就是"空中楼阁"，没有能力去规划长期的研究项目。只有完善了懂产品更懂底层技术的研发能力，才有可能谋划下一代甚至更下一代的项目落地。这就是胡自强2014年就来到美的集团，但直到四级研发体系开始走上正轨之后的 2018 年，他才在全集团明确提出推行"三个一代"创新模式的根本原因。

没有四级研发体系的日渐成熟和强大，再早提出"三个一代"创新模式，终究会止步于理论，而不能在实际层面发挥效果。不能在实际层面发挥效果的直接后果是，会导致对这个行之有效的创新模式的全盘否定。

因此，需要强调的是，虽然本章主要聚焦于研发体系的建模，但这个"模"不是一天建成的。另外需要强调的是，四级研发体系并不是一个极端复杂、层级繁多的组织架构。它强调的并不是多么庞大、复杂、完美的理论体系，而是一个高效、有战斗力、在企业实际运营中能发挥价值的体系。

五、实践

（一）实施纲领

如同为小天鹅制定美的洗衣机三年研发战略整体规划一样，2014 年 4 月底，就在胡自强调至美的集团当月，他推出了美的中央研究院第一份工作规划。

虽然名为《美的中央研究院工作规划》（以下简称《工作规划》），实则是一份为美的建立全新的研发体系的规划。按照"产品领先"以及当时美的提出的"333 战略"需求，《工作规划》明确提出，美的要建成"世界一流的白色家电创新体系"。

这份《工作规划》并不仅仅局限于美的中央研究院的工作本身，而是把美的中央研究院置于即将构建的美的四级研发体系之中通盘考虑。所以，《工作规划》中不但提出了美的中央研究院的职责及其两级研发体系的构建，更提出了在事业部层面，要打破只有一个开发层级的固有架构，建立研究和开发分离的两级研发体系。

《工作规划》首次明确提出，整个美的集团研发体系在纵向结构层面，要构建四级研发体系，即事业部专注于产品开发和个性技术研究，中央研究院专注于中长期共性技术和基础技术研究以及面向未来的颠覆性技术和前沿技术研究。除此之外，中央研究院还负责协调跨事业部的技术转移以及对事业部核心攻关技术进行支援。在中央研究院层面，架构上分为研究、科技管理及营运、国内外分支机构三大板块。其中，在研究板块又分为技术中心和创新中心。在技术中心，规划了热力学和流体力学、固体力学、物理化学、电控、材料学几大技术领域；在创新中心，规划了产品创新、用户研究和工业设计三大平台。科技管理及营运板块规划了战略规划、对外合作、技术情报信息和标准及专利四部分。国内外分支机构布局了上海全球创新中心以及美国、德国、日本研发中心。

在团队建设方面，《工作规划》提出了美的中央研究院未来五年的发展步骤，即2014年为组建年，2015年为启动运行年，2016—2017年为发展年，2018—2020年为产出年。同时，《工作规划》要求，在中央研究院的团队建设过程中，应采取全球招聘的模式，并明确规定了有海外经历人员的占比以及博士、硕士、学士的占比。《工作规划》里还强调，技术研究带头人应为全球一流专家。胡自强还在集团层面构建了技术委员会，作为美的集团各个事业部共性技术的拉通、协同、学习和一些大型项目的落地平台。

在事业部层面，明确要求研究和开发分离，建立两级研发体系。同时构建工业设计和用户研究团队。为此，美的集团在财务方面也给出硬性要求，为构建事业部的两级研发团队，各事业部必须大幅提高研发投入，用于人才招聘以及研发的硬件设施投入。

无论在集团还是在事业部，胡自强都强调必须要制定未来三年技术规划。

"开始的两年，不能太苛求技术规划有多'高大上'，但是通过制定技术规划，会有一个产品竞争力讨论和检讨的过程，大家可以更清晰地看到自己现在处于什么水平，还欠缺什么能力，也可以对市场趋势有相对明确的预测。在首先了解自己处于什么位置的基础上，才能讨论产品力怎么提升，技术能力上需要做哪些补足和提高。在这个前提下，每年滚动制定的三年技术规划才有更强的可落地性，随着整个集团技术能力的提高，才会步入正轨，才会最终形成成熟的'三个一代'研发体系。"

"步入正轨后，三年战略规划可以预测未来市场的变化和为本企业带来的经营增长，根据这些可以找出需要匹配的核心技术能力和人才，并对投入的人力资源和研发费用进行相对准确的预算，进而得到事业部总裁以及营销、财务、人力资源等职能部门的认可和支持。"

实际上，胡自强本人非常重视每年迭代三年技术规划。它可以集中突破，是持续创新的源泉。胡自强经常把从研发到推出创新产品的过程比喻成从菜园到饭馆推出菜品的过程。在一开始，要先看菜园里有哪些"现成的"蔬菜，这些蔬菜经过重新搭配，能够为饭馆快速推出哪些新的菜品。而在此之后，如果想继续推出符合消费者口味的新菜品，就要从用户需求角度去考虑菜园里应该有哪些蔬菜，又要去掉哪些蔬菜和杂草。然后再去思考如何种植出这些蔬菜，这些蔬菜再经过搭配，烹饪出新的菜品，推向餐桌。这个新菜品推出的规划，正是三年技术规划的流程。它对于一个饭馆的重要性也正如三年技术规划对于美的的重要性。

《工作规划》中也提出了四级研发体系的滚动运转模式，提出了五年战略发展目标，甚至提出了美的中央研究院的机制保障和不同发展阶段的经费来源。

这份《工作规划》蕴含了胡自强建立研发体系既要落地又要有远期战略的务实思路。他说："企业不是研究机构。研发投入的最终目标仍然是要在市场上落地。只有这样，一个企业的研发体系才有长久的生命力。"

当然，除去构建研发体系本身，一个高投入的、全新的研发体系，要想在大型企业集团长期生存下去，必须得到财务、人力资源等职能部门的认可和支持。这也将是一个长期沟通、逐步深入的过程。

据当时的公开报道，2014年，即美的构建新的研发体系当年，仅用于建设位于美的总部广东佛山顺德的美的全球创新中心，就投入了30亿元。这与之前报道中提到的"2013年之前的5年，总投入超过100亿元"相比，已经是在大幅提高研发投入。

（二）建模之一：建架构

在胡自强看来，美的集团作为以制造为基础的大型科技公司，其研发体系必须符合自身发展要求。"美的不同于互联网公司，也不是中小企业，不是说有一个好点子，或者一项技术，就能够满足它的创新需求。美的的研发体系需要有支持这个大型企业持续创新的能力，需要有对核心技术的深入把握并进行突破的能力。"胡自强说，"持续创新，就是需要构建一个如生产线生产产品一样的研发体系，能够不断地产出成果。"

胡自强为美的构建了四级研发体系。今天，人们对美的的四级研发体系已经耳熟能详——事业部层面实现研、发分离，形成产品开发和个性技术研究两级体系。其中，产品开发层级主要应对需要上市的新品开发需求，个性技术研究层级主要聚焦下一代平台储备和再下一代核心模块技术的突破。中央研究院同样分为两级。第一级聚焦中长期共性技术和基础技术研究，为3~5年内推出的产品做技术突破，第二级专注于前沿技术研究和颠覆性技术突破，以期5年以后在产品上实现技术落地。

在2020年中国家用电器技术大会上，胡自强在做"勇担历史使命，实现全球领先"的主题演讲时，曾经明确强调："大型制造企业的研发必须分级。"在这里，他强调了研发分级的两个关键前提，即"大型"和"制造"。"对于中小型制造企业来说，研发分级也许两级就够了，对应的就是美的各事业部的研、发分离。"胡自强说，"研、发分离是非常必要的，如果没有严格分出技术研究这个层级，整个研发团队只能快速执行市场眼下的需求，产品创新就无法持续。另外，如果不能对一项技术进行深入研究，就急着进入开发阶段，也会造成研发项目失败率高。同时，由于开发阶段需要模具开发等硬件投入，项目一旦遇到难以解决的问题无法继续，也会造成资源投入的浪费。当然，将'研'的层级独立出来，还有重要的一点是能够做长时间的技术储备、技术积累，这样，一旦产品端有新的变化，就能够支持企业快速应对。"在胡自强看来，研究阶段无论是模拟仿真还是实验室验证，都不涉及大的成本投入，从某种角度来说，也是企业降低研发成本的重要手段。

做到真正的研、发分离，已经基本可以满足中小型制造企业的研发需求，但对于美的这样的大型制造企业，胡自强认为还远远不够。"要有中央研究院这样一个'特种部队'，可以把各个事业部的共性技术需求协同、聚焦，进行集中攻关，进行更深入的研究，再反过来赋能各个事业部对某一项共性技术的不同需求。如果没有集团层面的核心团队协同，一方面对技术的掌握很难做到非常深入，另一方面也是一种成本和投入的浪费。"胡自强说。

在胡自强看来，组建中央研究院还有一个重要作用，那就是可以成为大型企业集团拓展新业务时的重要技术支撑，让企业在技术层面有能力快速切入新产业。在美的集团董事长兼总裁方洪波对美的集团提出所有产品"要么第一，要么唯一"的高要求后，胡自强曾花了很长时间深入各个事业部去抓弱势品类的产品力提升。"在这一过程中，美的中央研究院的研究团队发挥了很大作用。美的进入医疗设备领域，美的中央研究院的研究团队也可以做技术支撑。"胡自强说，"在此基础上，如果美的中央研究院的研发力量能够沉下心来，更进一步，做跨领域的协同、集成、创新，那就会收获更大的成果。"

对于互联网企业等非制造型企业，胡自强认为，这一类企业技术迭代比较快，主要是因为它们在研发过程中没有大的硬件投入，也不需要有研究层级在进入开发之前反复去验证一项技术的突破性和可落地性，只要不断尝试和迭代、找到道路和方向就可以继续，所以没有必要去构建一个严格分级的研发体系。

另外，将研发分成四级，势必会造成"部门墙"，如果没有行之有效的管理方式，会造成分级的研发体系效率降低。也正是这个原因，在构建四级研发体系时，胡自强非常重视规划落地、管理体系的协同、各级职能范围的定义和明确等，以打破"部门墙"，确保整个研发体系的流畅运营。

当然，胡自强也强调，全球企业的研发架构并不是千篇一律的，高效的研发体系应该随着企业自身的发展以及技术的发展不断去迭代、更新。"但是，这个四级研发体系，在美的需要技术快速提升的现阶段，是非常适用的。"他说。

（三）建模之二：建布局

如果说研发也是一个不断产出的过程，那么四级研发体系就如生产线上分好了不同的工序。被加工的"核心材料"无疑是技术。通过加工过程，让技术与美的的产品需求相融合，实现落地并产生真正的价值。要实现这个加工过程，只有四级研发体系这个"工序划分"很显然是不够的，还需要确定把生产线建在哪里，需要有人、有"核心材料"，需要拥有"加工能力""检测能力""组装能力"，当然，还需要做"生产计划"，对"生产线"进行管理，需要"生产速度和生产节拍"。

要把这条研发生产线建在哪里？每个地方需要建几级研发体系？对此，胡自强说："这就如企业要确定生产线建在哪里，有的会建到人力资源丰富的地方，有的会建到贴近市场需求的地方。生产需要布局，研发也需要布局。"

选择人才和技术制高点是胡自强进行布局时首先考虑的因素。"人是第一要素。需要有相应的人员去充实到四级研发体系之中，去保障四级研发体系的运转，达成持续不断的创新目标。"胡自强对人的重视观点鲜明，"搭好的架构和运营体系，最后真正执行的都是人。不同的人去执行，得到的结果完全不同。"

曾担任美的集团科技管理负责人的周海珍回忆，美的原有的研发中心多数是随着制造基地设置，并没有在技术高点区域进行战略布局。今天我们看到的美的研发布局，广东顺德是美的集团总部所在地，也是美的全球研发总部所在地。上海是中国的高端人才聚集地，所以美的在上海建设了新技术中心作为美的第二个全球创新中心（见图4-1）。海外四大研发中心分设在美国、德国、日本和意大利，这其中有些是全球研发人才的高地，有些是某一项技术的全球高点。比如意大利研发中心，就是着眼于当地高水平的工业设计能力而建设。除此之外，还有为数更多

图 4-1　正在建设当中的美的第二个全球创新总部——上海美的全球创新中心，于 2023 年 11 月封顶，2025 年投入使用

的研发单元，它们结合不同区域优势，分别实现本土化研发、创新研究、设计创新和强化外部合作等功能。至此，美的构建了一个全球化技术网络，这也正是被人称为"2+4+N"的美的全球研发布局（见图 4-2）。它可以充分整合全球研发资源，建立研发规模优势，加速技术研究，实现本土化开发；它也可以聚焦关键技术，对技术进行深入的、机理层面的探索，实现突破。

（四）建模之三：建"供应链"

如果把四级研发体系看作一个工序分明的生产线，那么这条生产线加工的核心材料就是技术。这其中，出现了第一个关键的"生产环节"，即如何判断一项技术是否有拿到这条"生产线"上来加工的价值。"技术五花八门，必须要判断一项技术是否能够在美的现有或者未来的产品上得到落地转化，实现产品价值。"胡自强说，"这个判断的过程至关重要。"

为此，胡自强在生产线的最前端架设了"两个入口"和一个"过滤

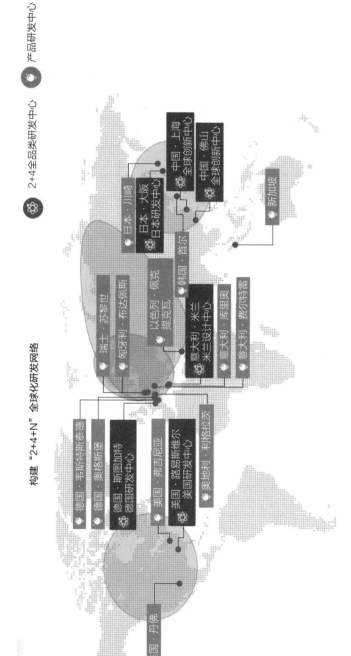

图 4-2 美的全球研发布局

器"或者说是"漏斗"。

"两个入口"是指美的内部和美的外部。美的内部要对一些核心技术构建技术能力，而美的外部是指胡自强一直强调的开放式创新，与外部技术进行对接，再在美的的产品上进行落地和转化。

"过滤器"用来评判一项技术的可落地性，有三个维度，即用户价值、商业价值以及技术的突破性和成熟度（见图4-3）。"技术首先要可以支持对用户价值大的创新。所谓对用户价值大，是说这项技术可以针对用户高频痛点提出解决方案，为用户带来全新的使用体验；第二个维度，对企业价值大，是说一项技术在产品上落地，可以给企业的短期经营或是长期经营带来改变，能够提升企业的品牌价值，或是契合企业的战略方向；技术的突破性是指技术原创性和门槛高低，技术的成熟度是指技术是否可应用以及成本投入的可接受度。"胡自强强调说，"最后进入四级研发体系这条生产线进行生产的，一定是处于这三个维度交集的技术。"

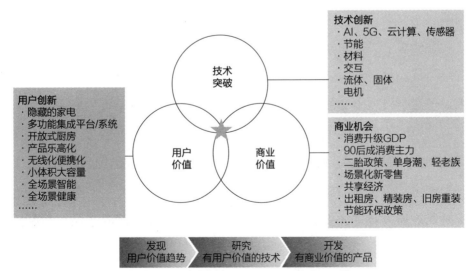

图4-3　在2020年中国家用电器技术大会上，胡自强对美的研发体系的"过滤器"的三个维度进行了明确阐述

为了从用户角度判断一项技术是否具有研究价值，胡自强在四级研发体系的最前端设立了用户研究。胡自强也曾多次强调用户研究的重要性："它是为研发找方向的。它告诉你哪些方向对用户有价值，为研发减少方向性错误。"实际上，用户研究作为这条生产线上规避出错率的重要检测手段，被胡自强嵌入美的整个研发体系当中，在多个环节被接入"生产线"。无论是中央研究院还是事业部，甚至是美的的海外研发中心，用户研究都是研发的重要力量。它嵌入在研发体系中，不断地去检验、修正、纠偏，提高研发效率。

商业价值自不必说。企业研究一项技术，最根本的目的无非是能够对现有产品进行改善、提升、创新，或是能够带来全新的产品品类，实现用户价值，支持企业运营，有助于企业树立鲜明的品牌形象；抑或是完全符合企业的发展战略，值得企业去持续追踪和投入。

对技术的突破性和成熟度进行判断，需要有对技术有判断力的团队和人，他们能够与现在正处于发展过程中的技术进行对接，并形成判断。

通过这个"过滤器"与"两个入口"对接，即形成了处于生产线最前端的核心材料种类。对于美的内部这个入口，胡自强说："如果一项技术对于三个以上事业部都是核心技术，我们就可以在中央研究院建研发团队。"胡自强说，"随着这项技术在事业部的落地和普及，当事业部对这项技术的掌握达到一定程度，中央研究院也就没有必要保留这个研发能力，需要构建满足事业部更高需求的研发能力。"他强调，这也正是四级研发体系不断滚动升级的过程。"因为事业部的产品在不断升级，四级研发体系自身也需要不断升级来满足不断升级的产品需求。"事实上，美的中央研究院的几大基础技术研究所，也正是以此为原则成立的。

外部入口，也就是胡自强一直强调的开放式创新，即与高校、科研机构以及一些高科技企业进行技术对接，对这些"核心材料"进行"再加工"，实现这些技术在美的产品上的落地。五花八门的技术，在经过"过滤器"三个维度的"过滤"之后，留下来的技术无疑是具有极大研发价值的。加置"过滤器"，使企业的研发效率大大提升，也使技术在美的研发体系内实现突破性创新的可能性大大提升。

（五）建模之四：建规划体系

胡自强还建立了四级研发体系的"生产计划"机制，这个机制就是整个美的集团的研发战略规划和落地机制。"就像一条真正的生产线，它的生产计划会随着市场需求、企业需求的不断变化而变化一样，美的研发体系这条生产线的规划，也需要每年进行调整。"胡自强说，调整生产计划的依据，正是处于不断变化、不断升级当中的"过滤器"的三个维度：用户价值、商业价值以及技术的突破性和成熟度。"这三个要素是企业制定研发战略规划的'紧箍咒'。"胡自强强调说，"规划的每年滚动迭代，目的是解决'明年做什么、怎么做'的问题，让有限的资源聚焦于主航道，投入到价值最大的项目上去。当然，这也可以有效降低研发出现方向性错误的风险。毕竟，研发的核心目标是做未来的产品。既然是面向未来的工作，就会有一些不确定性和风险的存在。每年迭代研发战略规划，可以根据实际情况及时调整战略，将研发风险降至最低。"

"规划确定的是未来3~5年要应用什么技术开发什么产品，决定每年研究的项目是什么，所以怎么做战略规划就变得特别重要。如何具备规划能力，如何让各个事业部、各个品类都有复制规划的能力，需要提炼规划方法论进行推广和应用。"胡自强说，"规划就像种地，你要知道是给几个餐馆配菜,这些餐馆各自都是什么定位,面向的消费者要吃的是什么,提供的菜单是什么,拿手菜是什么,然后倒过来规划"地"里应该种什么菜,准备什么料。地里种的菜就是研究的技术和项目,不同的餐馆就是不同的品牌。不能种子随便撒,有些菜多了,有些菜少了,然后种出来的东西跟餐馆要卖的拿手菜匹配不上,餐馆就出问题了。所以,拉通这个思考的逻辑,就是要根据用户的需求、市场的需求倒过来拉通整个研究的技术和项目,再把技术和项目转化成目标人群需要的功能和卖点。"

"每年第四季度,我们会对第二年的技术趋势和方向做一个预测。"美的集团科技与标准负责人李猛介绍说,"我们结合市场需求的变化、用户趋势的变化、技术成熟度的变化、政府政策、竞争对手的变化以及我们自身的能力水平,来做一个讨论和整理。"另外,李猛还强调,参与讨论和预测的并不仅仅是研发人员,市场人员也会参与其中,以保证预测的有效性并与事业部经营体系达成共识。实际上,这个讨论和整理的过程,也正是对技术价值进行判断的过程。

到了第二年的第一季度,就会着手制定技术规划和产品规划。"虽然战略规划是每年一更新,但实际上每年推出的战略规划,都涵盖了未来3~5年的研发方向和研发目标。"李猛说,"战略规划要实现项目化。2018年提出'三个一代'创新模式后,在这个每年更新一次的战略规划里,就全面体现了'三个一代'的要求,通过一个一个项目的确立,再把这些项目按照研发节奏充实到'三个一代'中,从而确保了美的研发体系的创新节奏。"

在胡自强主持美的集团每年的研发战略制定时,他都会要求根据集团的战略变化和每年转型的不同要求,确定一个战略提升方向,并为达成这个战略提升方向确定转型项目。胡自强说："比如，去年是以用户为中心，今年可能是海外突破，明年可能是强调标准化，后年也许是颠覆性创新。具体要看集团的需求，再进行聚焦。各个事业部也需要根据集团确定的重点的变革项目，做出自己的战略规划。"

第二年的第二季度和第三季度，战略规划即开始推动落地。被纳入"三个一代"的项目与事业部的经营计划以及各种资源相匹配。到了第四季度，美的一年一度的科技月，则是对当年战略落地情况的总结和表彰。

每年的战略规划如此周而复始，推动四级研发体系按时间轴滚动，持续产生价值（具体流程如图4-4所示）。

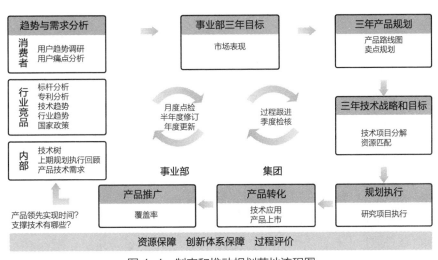

图4-4 制定和推动规划落地流程图

2016年，根据胡自强的要求，美的科技月上除了面向大众的公开展区外，增加了只展示未来上市产品及在研技术的核心展区。随着美的研发能力逐步构建完备，2018年，胡自强在美的集团层面提出"三个一代"创新模式，对研发体系的产出节奏做出进一步规范。"三个一代"即

"开发一代，储备一代，研究一代"。其中，开发一代就是以市场竞争为目的，确保产品体验，提升单品的运营效率。储备一代是面向用户需求，进行全球平台研究，为下一代系列化产品提供平台保障；面向市场竞争，具备新品快速开发上市的储备能力。研究一代主要解决核心技术突破问题，建立技术壁垒，推动技术领先。周海珍介绍："'三个一代'的核心逻辑是三代齐发，用不同的团队去做。'三个一代'的架构主要是解决速度问题，解决确定性问题，解决规模性创新问题。"

"实际上，2018年之前，美的研发体系中做得好的那部分正是按照'三个一代'的节奏在跑的，只不过当时没有明确提出'三个一代'。2018年，我们把它进行总结、明确，在全集团开始实施，进一步提升研发效率。"胡自强解释说。

（六）建模之五：建管理模式

搭好架构和布局、建好供应链、做好规划之后，还要提高生产线的效率，这需要胡自强为四级研发体系构建好管理运营机制。

对于评价指标的确定，胡自强依然强调每年都要有变化。"每年的战略提升方向不同，评价指标也会因此调整。"他说，"如果当年的战略提升方向是以用户为中心，那么相应的评价指标也要围绕这个方向确定。"另外，根据项目本身的不同，以及项目所处"三个一代"中哪一代的不同，要去评价中央研究院和事业部对项目的资源匹配情况、投入情况、项目推进情况等。对于其中推进比较好的项目成果，会在美的科技月的大众展区或核心展区展出。这既是对项目本身的负责人和单位的激励，也是其他研发人员和单位学习的平台。

配合"高效"这个关键目标，胡自强在管理运营机制上强调数字化。据李猛介绍，整个管理过程已经在美的集团内部IT化。"每个项目的进展，都可以在系统里进行管理。项目进展到哪种程度，有多少已经落地，投入的资源，市场的表现，这些在系统里都一清二楚。同时，我们在科技月上对这些项目的评价，也是依靠在系统里确定的评价指标。"李猛说。

对此，胡自强说："美的研发体系里每年跑那么多项目，用人力是无法实现高效管理的。你要知道钱花在哪里、什么人在做什么事、哪些平台的失败率高或者低，在美的研发的数字化管理平台上，这些都必须一目了然。"除了实现高效管理，胡自强认为数字化管理还有一个巨大的好处，那就是可以从中判断项目或是项目负责团队出现了哪些问题。"比如，有些团队的项目失败率永远是最低的，这不一定代表它的研发能力强、研发效率高，也许是因为这个团队在确立研发项目时过于保守。有了这样的分析、判断，才能进一步改善和提升。"他说，"这就如分析一条生产线，先看它的哪个动作花了太多时间、哪个节拍是整个生产线的瓶颈，然后再分析如何对这些瓶颈进行改进，从而提高效率。"

2017年，美的中央研究院率先实施了数字化运营管理机制，随后这一模式又逐步复制到各个事业部的研发体系。

对于整个研发体系的构建过程，胡自强有一个经常在各种场合提起的比喻："这就像开车一样，我们从A点出发，首先确定的是目的地B点。然后，我们得有一辆好车。我们总在想办法花最小的力气、用最少的时间到达B点。这需要我们有源源不断的能源供应以及高效的能源管理系统（研发投入），需要我们有对车的驾驭能力（创新能力），有导航系统、有对路况的判断能力、对出现突发情况时的应对能力（规划到落地的体系）。我们构建这一切，就是要做到这些。"他强调，"对应到美的，就是'三个一代'创新体系、规划落地体系和数字化运营体系，就是我们赶超的体系支撑。三者都要强，我们才能具备越来越快的加速度。"

"研发需要时间，需要容错，要给它一定的时间。但是，我们总在想办法，让它突破性更大、出错率更低、产出效率更高。我们必须保证绝大多数项目、绝大多数研发方向都在主航道上。"胡自强说，"也只有如此，才能保证这条研发'生产线'是流畅的，是能够不断产生价值的，是真正能够满足美的这样的企业的创新需求的。"

胡自强的建模已经完成，这样一个研发体系逻辑源自于胡自强多年的积累、积淀和探索。无论四级研发体系还是"三个一代"，早在胡自强在三星时就开始探索雏形。如今，胡自强把它进行总结和跃升，再次在美的实现落地，实战的效果又会怎样呢？

六、结果

"产品领先"的目标，分解至研发体系，形成"建设全球一流的白色家电研发体系"的目标。为实现这个目标，构建了四级研发体系和"三个一代"创新模式。如何让四级研发体系运转起来，成就"全球一流白色家电研发体系"的目标？在此基础上，这个研发体系又如何支持美的的跨界发展，走出白色家电领域？当这些目标进一步分解，我们看到了在体系之上的全球布局、技术布局、供应链布局、研发战略规划的制定，以及构建管理体系推动流程落地。所有这些，目标只有一个，就是以研发实力支撑"产品领先"战略的实现。

七、案例总结

从胡自强为美的搭建的研发体系本身来说，这个研发体系不但能够切实落地研发成果，真正支撑市场上的产品做出改变，持续创新产出，而且整个过程非常高效。

这个体系没有什么复杂的架构理论和逻辑，却简单实用。简单实用，正是一个以营利为本质的企业建立研发体系的关键。

正如胡自强本人所说："把简单的事情做复杂，容易；把复杂的事情用简单的思路解决，很难。"

美的研发转型
技术创新的运营管理实践

第五章
好的开始,是成功的关键

方洪波曾多次提到,美的此次变革,是"要在高速飞行的过程中换发动机"。这句话有两个关键点:一个是,变革不能影响企业现在的经营;另一个是,好的发动机常有,然而在飞行中将好的发动机融入整个飞行体系却很难。研发体系,正是美的这次变革中要更换的那部发动机。那么,何为这次研发转型好的开始?那必然是在建设全新研发体系的同时,就有一定的研发能力支持市场经营,让新建的创新能力能够持续落地。

一、关键点

建模框架以及运营模式已经完善,但最关键的还是落地实践。如何才能安全、有效地从只有开发一级的简单研发体系向四级研发体系转型?如何凭空造出一个生命力长久的中央研究院?如何在实践中完成整个体系和运营模式的落地,完全融入美的的运营之中?

二、背景

万事开头难。这几乎是一场破冰之旅。

从无到有构建中央研究院,相当于在集团层面架设一个研发的中枢机构。之前美的曾两次兴建中央研究院,都在很短时间内消失于无形,对于这届中央研究院,很多"老美的人"脑海里都有一个大大的问号。还有很多人的脑海里直接就是一个大大的感叹号——他们判定,它很快会面临与之前两届中央研究院相同的命运!

一方面,要为美的新的研发架构填充大量人才和实验等硬件设备。另一方面,又要尽快有看得见的产出,以获得更大范围的认可。

这意味着,中央研究院在建设的过程中,就必须快速地、真正地把齿轮咬合进美的庞大的运转系统中。

三、诊断

全球很多企业有过兴建中央研究院的失败经历。胡自强也曾经认真研究过其中一些案例。在他看来,失败的原因无非几种。一种是,中央研究院的研究内容高高在上,研究项目不能落地于企业,支持企业更好地运营。一种是,随着各事业部研发能力的强大,中央研究院的能力不足以起到引领和协同的作用,慢慢被挤出企业的运营体系。还有更多的中央研究院夭折或是"胎死腹中",则是因为在从无到有的建设过程中,无法快速融入企业运营,无法快速为产品和市场带来变化,导致企业战略转型不坚定,回到原有的发展轨道。

四、解决思路

企业是一个经营组织,无论是提升企业的短期运营目标,还是聚焦于企业的长远发展,建设研发体系都要以提升企业的经营结果为核心目标。这意味着,研发体系的建设要与企业的发展深度结合。尤其是架设中央研究院这样的高端研发机构,更需要深植企业发展的土壤。

要建立一个适合美的发展、拥有长久生命力的中央研究院,即意味着中央研究院必须有解决当前美的在研发上遇到的各种瓶颈问题的能力,必须有引领整个美的研发趋势的能力。也就是说,新的美的中央研究院,必须能够满足眼下美的在市场上的升级需求,更要满足"产品领先"战略的实施。

在这个框架之下,胡自强为中央研究院定义了几大功能。首先,作为一个技术平台,它的核心功能或者说使命有两个:一个是以创新突破为己任;另一个是对各个事业部的共性技术进行研究和牵引——可以与事业部一起攻克技术难题,并将成果在不同的事业部进行共享。其次,除了这个核心功能之外,中央研究院还应该是一支精锐的"机动部队",能够帮助各事业部解决他们在研发过程中碰到的、以自己的能力无法解决的问题,快速支持产品开发。另外,中央研究院还应该有"孵化器"功能,可以自主孵化出一些新的产业,或者当美的集团有意进入某些新的产业领域时,能够有能力给予技术支撑。

中央研究院要具备以上能力,即意味着它的技术能力一方面要具备前瞻性,另一方面也要贴近事业部需求,而且技术水平要高于事业部。

当然，在建院初期，最为重要的问题是，这样一个立意高远的中央研究院，如何在美的这块土壤上生存下去？有了生存，才能谈发展，谈立意高远。初建的美的中央研究院，人员不齐，能力不足，不了解产品，不了解美的。另外，美的对于这个新建的组织也没有了解，甚至很多人并不认同。一边建设，一边融入，是美的中央研究院初建时期的"生存之计"。要让团队迅速熟悉产品，找到问题，找到解决问题的突破点，发挥作用，给各大事业部带来真正的价值。也唯有如此，美的才能继续投入、继续支持。

五、实践

（一）实施纲领

胡自强开始了美的集团中央研究院从无到有的搭建工作，也开始了对美的研发体系的重塑、创新和跃升。2014年4月，美的集团在总部大楼的26层专门辟出办公区，用于中央研究院的筹备。

美的各事业部简单的开发层级里的研发人员，并不足以支撑、充实四级研发体系。所以，在建院初期，招人成了从无到有建设中央研究院的头等大事。

即便美的集团为招聘研发人才投入大量预算，人力资源也被作为当时的头等大事，但招到合格的人才也并不容易，这些人才的专业水平要足以支持中央研究院的功能和定位，还要有足够的能力和智慧来适应美的的环境。

对于一个初建的中央研究院来说，技术能力不规整齐备，在各个事业部那里也没有建立研发信誉，如何在这个庞大的企业快速立足，几乎是在招揽人才的同时就必须要解决的问题。

为帮助"新人"快速融入,胡自强采取的办法是"到大海里学习游泳"——将稍有技术能力的团队或人直接放到事业部,去事业部找项目,帮助事业部解决问题,从而直接影响事业部的经营。这样做一方面可以快速建立中央研究院的研发信誉,得到事业部的认可。另一方面,可以让这些人快速融入,同时锻炼队伍、建立自信。

虽然有很多"老美的人"对建立中央研究院持冷眼旁观的态度,但是研发转型的理念在美的内部也得到了很大一部分人的认同。他们的支持和努力,也是中央研究院得以生存的关键因素。

在2014年4月底推出的《美的中央研究院工作规划》里,除了中央研究院的定位及目标、组织架构以及2014年当年的工作规划外,还明确了中央研究院运营的经费来源。总体来说,就是设立初期,由美的集团100%拨款,随着中央研究院的逐步启动,逐步提高事业部的项目收费比例。按照胡自强的构想,随着中央研究院技术能力的逐年提高,收费的占比也逐步提高,从10%、20%……一直到中央研究院运营成熟时,50%的经费应该来自事业部的项目收费,聚焦产品创新,而其余50%来自于美的集团的战略性投入。

很显然,设计这样的经费来源模式,是经过胡自强深思熟虑的,是适合当时美的中央研究院实际情况的运营模式。"从当时的情况看,在中央研究院步入正轨后,必须收费。"胡自强说,"这不是为了证明中央研究院的水平,也不是象征性收费,而是为了让中央研究院上上下下更具备市场意识,让中央研究院的项目更好地落地。"在胡自强看来,美的中央研究院,需要有真正的价值产出,需要有持续推动市场的能力。"我们是企业的中央研究院,不是纯粹的研究机构。"胡自强说,"不收费,研究院最终只会做自己喜欢的东西,又高高在上。在收费过程中,有事业部的参与,项目本身就会更加落地,这也锻炼了中央研究院的能力,让中央研究院有长久的生命力。"收费这个动作从本质上说是一个立项的过程，是与事业部拉通项目的过程，也是胡自强为研发项目从机制层面进行了一环风险把控。事业部肯"用钱投票"设立的项目，大概率是市场上真正需要的项目，事业部也会认真参与和把控，并推动技术的落地，当然同时也降低了研发项目失败的风险。在胡自强的"种菜"理论中，这个"收费"的动作非常重要。它说明了"饭馆"也就是事业部对"菜园"也就是美的中央研究院种出来的蔬菜的认可，也促进了"菜园"的种植规划向饭馆真正需要的方向推进。

如果没有"收费"这个动作，缺少与事业部讨论、规划立项的过程，虽然中央研究院自身的立项会非常迅速，但是得不到事业部从立项之初的支持和肯定，对中央研究院自身的立项决策能力的要求非常高。更重要的是，一个技术项目从立项到落地到产品，并不仅仅是研发自身的事。它需要经营单元从成本、市场端去判定项目的边界和落地于产品的可能性。另外，没有"收费"这个动作，从客观上减少了中央研究院作为一个集团层面的研发平台与事业部沟通和共创的"黏性"，更容易让中央研究院滑向"阳春白雪"的风险。

胡自强设定的 50% 的经费来自美的集团的战略性投入、其余 50% 则来自各事业部的产品应用性项目的收费原则，一方面保证了中央研究院短期项目的可落地性，另一方面也支持了中央研究院在长期项目上的投入。"当然，当这些长期项目研发成熟，需要向事业部转化落地时，还是需要向事业部收费。"胡自强说。

（二）广招人才，艰难起步

高水平、高起点，同时意味着操作起来的高难度。胡自强也充分预计到了这个难度——《工作规划》中明确表述，中央研究院从建立到真正产出，需要 4~5 年时间，人才培养周期也在 3~5 年之间。但胡自强认为，美的需要有高水平的研发体系，也有能力建立高水平的研发体系。

高难度从人才招聘开始。美的中央研究院成立之初，只有划归过来的科技管理团队，共十几名成员。当时还在美的家用空调的张智博士是美的中央研究院第一位研发人员。但是，在他来到中央研究院的大半年时间里，最主要的工作内容却是招聘。

对于美的中央研究院的起步，让张智印象最为深刻的正是招聘的过程。在通过各种招聘渠道收到几十份应聘简历之后，张智和当时的人力资源负责人胡跃山在一个周末来到上海，在位于上海虹桥的一家宾馆里包了一间小会议室，开始了为期两天的面试。"两天内我没有出过宾馆。"张智回忆说，"一直在不停地面试、面试。"让张智欣慰的是，两天时间里，招聘到了十几名员工。

胡自强本人也在忙于招聘人才。《工作规划》里每一个技术领域都需要高水平的技术带头人。美的外部的人才、内部的人才、中国人、美国人、韩国人……胡自强意识到时间紧迫，对人才的要求却不肯将就。但那时的美的，对人才的吸引力远非今天能比，虽然胡自强加入美的是以自己的行动树立了榜样，为美的吸引人才树了一面旗帜，让更多的高端人才对美的有了兴趣和信心，但是，胡自强自己能否在美的成功，很多人还持观望甚至怀疑的态度。

在这样的状态下，对于竭尽全力招聘来的员工，胡自强和张智并没有太多精力帮助他们去熟悉美的，也不可能有太多时间等待他们按部就班地去熟悉和融入——因为短时间内必须有产出，所以只能让他们直接进入工作状态。"只能把他们放到与其专业对口的事业部里，一边熟悉，一边实践，一边解决问题，最后做到融入。"胡自强回忆起这段过程，内心还是充满歉意，虽然有些人通过这一过程融入了美的，但的确也有一些人因为无法融入而离开。当然,将这些相对较早招来的员工直接送到事业部,胡自强也有另外的考虑:"中央研究院的创新,必须是'贴地飞行'。要能够贴住事业部的需求,解决实际问题。同时,这样也能达到'练兵'的目的。"基于这种思路,张辉博士作为流体力学研究所负责人到中央研究院报到的第二天,就跟新报到的其他员工一起,被张智送到了当时的美的厨房电器事业部现场办公,与事业部一起解决当时吸油烟机产品上遇到的问题。张智甚至还说了一句"狠话":"解决不了问题,就不要回中央研究院!"

2014年底,美的中央研究院的研究人员已经达到近50人的规模,形成了一定的研发能力。张智开始想办法"盘活"和锻炼研发能力。具体操作方法,就是与事业部一起确定一些共性技术的挑战性项目,共同进行突破。"这些项目对还在组建过程中的中央研究院来说,可以达到迅速锻炼队伍的目的。"张智说。

2014年10月,在美的中央研究院组建半年之后,一年一度的美的集团科技月总结大会由美的中央研究院组织举办。当年的中央研究院科技管理负责人周海珍全面筹办了那届科技月总结大会。让她印象深刻的是,这届科技月总结大会并没有像往届一样把重点放在奖励上,而是以"检讨、自省和规划企业中长期科技创新战略"为重点。一些"竞品对标"产品出现在会议的展区,它们都是竞争对手的高水平产品。两相对比,差距和压力直接而且尖锐。这些差距被分解为各个子项目,包括性能、可靠性、外观、卖点等。"每个项目都有很细的、具体的要求,包括如何打分、权重、差距、目标、评价等。这相当于给了一把尺子,差距和目标一目了然。"周海珍说。

无论如何,胡自强构想中的美的中央研究院的样子,正在慢慢落地,起步运转——规划中的热力学和流体力学、固体力学、电磁兼容、材料化学等几大技术领域都招到了负责人，海外布局也在启动，三大创新平台也开始搭建。但这并不意味着艰难时光的结束——美的这样一个超大企业，从经营导向向产品领先导向转型，困难、摩擦、矛盾……一切可以预知，却又无法预知。

（三）真正融入，坚定生长

在胡自强组建这届美的中央研究院之前，在美的历史上曾经组建过两次中央研究院，但存在的时间都极短。胡自强组建的中央研究院在美的能存活多久？在当时，对所有人来说，这都是一个未知数。

虽然未知，但在建院初期，还是有很多"老美的人"加入其中。其中不乏一些有历史使命感的"老美的人"。"是谁给你的胆量，竟然想去中央研究院？"有些人想去中央研究院时，就曾遭遇来自人力资源部门这样的"灵魂拷问"。

"我觉得作为一名'老美的人'，应该有这样的历史使命感。"一位不愿透露姓名的"老美的人"说，"方总已经在全集团提出了'产品领先'战略，美的也来到了这个发展阶段，我们总该做点什么。"

在他看来，当时中央研究院最大的问题是，绝大多数都是"外来的和尚"。"如果这样下去，结局就已经摆在那里——虽然大家都了解建中央研究院的必要性，但每个人心中都有一个自己的美的中央研究院的样子。一个不能与美的其他机构、平台建立良好沟通机制的中央研究院，在美的是没有办法长期生存下去的。"最简单的例子是，在胡自强构建的四级研发体系中，中央研究院与事业部研发如何分工、如何合作？在建院初期，中央研究院自身能力还不够强时，又如何找到自己的定位并发挥价值？如果没有懂美的的中央研究院人去拉通，这些问题势必成为积累矛盾的节点。而类似的节点，很明显不止这一个。

更关键的是，胡自强的建院逻辑，是从家电产品的底层技术突破实现"产品领先"，这样的思路与当时刚刚从经营导向中转向的美的现状相去甚远。如何让中央研究院真正融入美的，嵌入美的这个庞大的组织运转之中，并有效地改变美的研发体系，践行"产品领先"的历史使命，是一个非常难的命题。

在这个命题之下，每个人都不知道中央研究院能存活多久。如果非要说有一个人知道，那这个人就是美的集团董事长兼总裁方洪波。方洪波对"产品领先"的渴望，对拥有一个高水平中央研究院的渴望，是中央研究院能够存活下来的最重要支撑。美的中央研究院的人回忆起过往种种，复盘中央研究院从求生存到求发展的过程，也都肯定地表示："集团的坚定投入，是最为关键的因素。" 2017 年，当美的中央研究院开始有一定规模的产出之后，方洪波才肯在一些内部场合承认自己承受的压力。"幸亏当时顶住了压力。今天想想都后怕。"方洪波说。

坚定的投入有一个前提，那就是要投给"对的人"。2012 年，方洪波找到胡自强加入美的，承担起美的为达成"产品领先"目标进行研发转型的使命。对此，一位曾参与美的中央研究院建设的"老美的人"说："建中央研究院，是美的集团最正确的决定之一。而胡博士作为中央研究院的创立者，也是当时美的独一无二的人选。"

"胡自强建立起了美的中央研究院的架构并让它长成大树，提升了美的的研发能力，改变了美的研发体系，成功实践了美的'产品领先'战略。在这一过程中，他为美的培育了大批人才，这些人才当中，有很多人被输送到美的各个事业部，发挥更重要的作用。"这位"老美的人"这样评价说，"更为关键的是，美的正在向科技集团迈进，并将业务分为五大板块。今后，每个业务板块的成长，都可以借鉴胡自强在家电板块建立的成功模式。"

在美的2022年1月举办的经营管理年会上，方洪波亲自为来美的10年的胡自强颁发了杰出贡献奖。这也是美的历史上第一次为个人颁发杰出贡献奖。颁奖词这样说："您播下的这颗研发的种子，在美的成长并坚定生长，感谢您为这棵大树注入源源不断、蓬勃生长的力量。"

（四）星星之火，照亮前行道路的"微芒"

在美的，能否生存下去，最为关键的因素是业绩。对于初建的美的中央研究院来说，首先需要的是通过研发成果获得各个事业部的肯定。

得到事业部的肯定这个过程，对于当时美的中央研究院材料负责人熊玉明博士来说，尤其艰难。熊玉明于2014年11月加入美的中央研究院。对于加入美的，他一开始就比别人多了一份忐忑——美的是熊玉明职业生涯中的第一个企业型单位。在此之前，他一直是澳大利亚一所高校的教授，教授和研究的方向是涂层材料，是全球涂层材料领域的顶级专家——他研究的航空发动机叶片的防护涂层，在航空母舰的舰载机发动机以及神舟六号宇宙飞船上都有应用。从未在企业做过研发的熊玉明，在入职美的时内心还有一些犹豫："我在高校的时候，别人告诉我，千万不要去企业做研发。因为在企业做研发就是背锅的，如果产品卖得不好，都是找研发人员来背锅。"基于这一认知，在美的之前，曾有巴斯夫和华为这样的企业向熊玉明抛出橄榄枝，他都没有答应，但内心那份到企业去的冲动一直还在。"事不过三"，当美的向他发出邀请时，他动心了。"试一下，大不了再回到高校搞研究。"熊玉明对自己说。他甚至跟他当时在澳大利亚的邻居开过半真半假的玩笑："过不了两年我就回来了。"事实上，没有企业从业经历的确大幅增加了熊玉明融入美的的难度。"第一次向胡（自强）总汇报项目进展时，我只知道讲技术参数等纯技术的东西，没有办法和产品本身结合起来。"熊玉明回忆说。

当然，让熊玉明没有想到的是，这次"试一下"，让他至今也没有回到纯研究领域。虽然最后他选择了离开美的，但在美的的四年，让他深深喜欢上了在企业做研发那种"脚踏实地"的感觉，至今他最为怀念的是胡自强对技术的热爱和执着。如今，他在另一家企业任研究院院长，他直言："胡（自强）总是我职业生涯的导师。我们现在研究院的组织架构、思维逻辑，都基本上继承了胡总当时建院的思路。"

熊玉明形容自己刚到美的时的状态只有两个字：很慌。让他"很慌"的原因有很多。一个是，在此之前他从未接触过产品。"在高校做研究，有时允许 99% 失败，只要 1% 的实验成功就可以发表很好的论文交差；在企业做研究却不然，实验和中试验证几乎要求 100% 的成功通过，否则就无法产品化，无法实现商业价值！"熊玉明说。第二个原因是，2014 年 11 月的美的中央研究院还没有实验室。对于研发人员来说，没有自己的实验室，就像上了战场的士兵，手上没有武器。第三个原因是，他在与各事业部接触的过程中，了解到各事业部对建立中央研究院的看法。"美的历史上几建中央研究院都是时间不久就'消失'了，人员不是分散到各个事业部，就是离开美的。他们认为，这一次建中央研究院，最终结果也逃不出这样的宿命。"熊玉明说，"如果真的是这样，我来美的干什么？"

好在结果并非如那些人所言。而这届美的中央研究院能够生存下来，离不开在建院初期加入的"熊玉明们"的努力，和他们取得的那些成果。在方洪波的支持之下，在美的集团的坚定投入之下，这些成果如"星星之火"，成为照亮美的中央研究院继续前行的"微芒"。

熊玉明接到的第一个项目，是电饭煲涂层的寿命性能提升项目，于 2015 年 4 月立项。彼时，美的中央研究院材料团队只有熊玉明一个人，没有实验室。项目背景是，十几年来供应商一直致力于提升涂层寿命的研发，但没有成功。在这样的现实条件下，他能够利用的是供应商的支持和美的电饭煲产品线的支持。"没有人相信你会成功。只有硬着头皮上。"熊玉明说。

2015年11月，熊玉明手下有了几名应届毕业生，可以帮着做实验了，但项目已经过去了7个月，还未适应企业研发节奏的熊玉明感受到更大的压力。"不干了，回去吧。"熊玉明对自己说，并对当时他的直接领导张勇博士吐露了这样的想法。张勇使了一个"激将法"，他问熊玉明："快一年了，什么都没干成，就这么灰溜溜地回去？"

2016年2月，熊玉明的项目获得全面突破，电饭煲内胆涂层寿命提高了5倍。2016年10月，美的电饭煲内胆涂层材料全面切换至熊玉明团队研发的"水晶涂层"。

做完电饭煲内胆涂层，熊玉明又开始了炒菜锅涂层的研究，并渐渐为家电用涂层规划出了研发方向，即耐用、健康、环保和智能化。他的突破路径，依然是电饭煲内胆涂层的成功经验——从底层的原理性技术进行突破。

与此同时，同样在艰难中起步的其他技术团队也开始有了成果。当时的流体技术团队支撑的大吸力吸油烟机项目、传热团队支撑的加热产品系统优化和固体团队支撑的噪声改善项目等都取得了创新性突破。这些如"星星之火"的成绩，开始让美的各大事业部逐渐认可了美的中央研究院的技术水平。

2016年2月，美的中央研究院搬入广东顺德北滘工业大道的美的全球创新中心（见图5-1），5月，熊玉明和他的同事们终于拥有了自己的实验室（见图5-2）。2017年8月，美的中央研究院因为迅速扩张而不得不再次规划办公场地。胡自强也开始真正利用这支正在成建制的、作战能力渐强的"正规军"，调兵遣将、谋局作战。

图 5-1　2016 年 2 月，美的中央研究院搬入今天的所在地——位于广东顺德北滘工业大道的美的全球创新中心

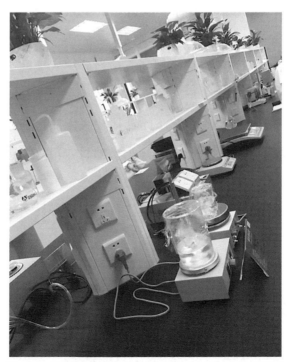

图 5-2　在美的集团的坚定投入支持之下，迁入新址的美的中央研究院迅速建立起高水平实验室

六、结果

2014年2月至2016年2月,从无到有建立美的中央研究院,是一个试水、试探和磨合的过程。

作为操盘手,胡自强在招兵买马的同时,也在进一步考察这些人才的能力,为他们提供了锻炼的机会,也在帮他们融入美的。

作为"外来的和尚",这些新来的人才不但要适应新建组织的各种不成熟,还要适应美的强大的故有文化。更大的挑战是,要快速做出创新成果,证明自己的技术能力。

很多"老美的人"不相信美的可以建成一个高水平的中央研究院,也有很多人希望美的在它的历史进程当中再一次主动跃升,成为更高层次的制造企业。

作为一把手,方洪波一手绘制了"产品领先"的蓝图,他期盼着变化,他期待着成功,他也承受了别人难以想象的压力。

七、案例总结

在融入阶段能取得成功,美的做对了几件事。第一件事,坚定地招聘高水平人才,并让他们快速融入、快速产出。当然,找对操盘手更加重要。第二件事,因为初建的中央研究院迅速展现了一定的水平和能力,得到了部分"老美的人"的认可和支持。实际上,得到更多的"老美的人"的支持,是整个新的研发体系在美的成功落地的关键。第三件事,如此大规模的研发转型说到底是一把手工程,一把手要坚定信心。而作为操盘手,要帮助一把手坚定信心。所谓帮助一把手坚定信心,其中很重要的一点是,虽然对于一个企业来说,建立中央研究院是立意长远,但一定要让一把手快速看到阶段性成果。只有这样，才能坚定一个企业在转型期间对于研发长期投入的勇气和信心。虽然这是一个悖论，但一个企业就如同一个人，让它（他）放弃过往的成功经验或者说"套路"，生起"空杯之心"，坚定改变，并不容易，成功者寥寥。但凡成功，都是了不起甚至是伟大的跃迁。

第六章
完善组织架构，建设持续创新能力

真正完成一次又一次的创新，推动美的实现"产品领先"，必须建设一套创新体系，"盘活"核心技术能力。这套创新体系以用户需求为引擎，围绕用户需求，以工业设计能力形成产品形态创意，再以自身的核心技术能力或开放式创新能力实现产品的突破和创新。在此过程中，要不断进行用户验证，确保创新的产品是真正满足用户需求的产品。建设这样一套产品创新体系，并以用户需求为引擎不断推动其持续运转，才能保证创新的持续落地。

一、关键点

如果中央研究院只有核心技术平台的搭建,整个美的研发体系就无法形成从研发到落地于产品的持续创新的闭环。从掌握核心技术,到核心技术应用的落地,进而在市场上推出成功的产品,需要将技术与解决市场需求精准对接。为此,胡自强在美的中央研究院建立了创新中心。创新中心包括三大平台,对应于产品创新需要的三大模块技术的协同和应用:用户洞察(用户研究)、产品形态创意(工业设计)以及突破性技术和工程实现(产品创新)。

用户研究的作用极为重要。它被看作产品创新的源泉和引擎,是实现"产品领先"的原动力。"围绕用户需求的产品创新才是真正的创新。"胡自强说。以用户需求为引擎,确定产品形态,再以突破性技术和工程实现创新,三大模块互为作用,形成完整的创新流程。

除了建设美的自身的研发和创新能力外,中央研究院还架设了开放式创新平台,将外部技术与美的需要的应用场景对接,实现这些外部技术在美的产品上的落地,形成全新的技术生态。

二、背景

在此之前,美的在市场上长期奉行"跟随"战略,并不太重视创新能力的建设,直至方洪波提出将"产品领先"作为美的集团的三大战略主轴之一,胡自强负责从研发端对这一战略的实施和落地,创新能力才得到应有的重视。

胡自强构建的是一个完整的创新体系,从跨界新技术的追踪到为我所用,从美的主营业务相关核心技术的底层掌握到产品创新,从洞察用户需求到围绕用户需求进行技术落地和创新突破。正是靠着这套创新体系,美的推动了核心技术在产品上的落地，推动了创新成果的产出，推动了全新的四级研发架构轰然运转起来，从而实现"产品领先"的战略目标。

三、诊断

除去核心技术研发外，胡自强将工业设计、产品创新和用户研究三大功能归总于创新平台。

当时的现状是，对于工业设计，每个事业部都有一定的能力，但整体上是一种水平参差不齐且各自为战的状态。从工业设计角度来看，美的在市场上存在着大量的"孤儿产品"，产品什么样，全看设计师的理念和思路，其中鲜有能够体现美的品牌调性或是连续性的设计思维。甚至产品内部的操作程序、与用户交互的屏幕和按键，都是工程师一手设计，没有专业的工业设计人员参与。另外，当时的工业设计水平还仅仅停留在外观设计阶段，没有进入场景化的体验设计和创意设计层次，更不要提参与到创新过程中。从用户研究角度来看，当时美的的产品普遍存在五感（触觉、听觉、视觉、嗅觉和味觉）设计差和使用体验不好的问题，还有些定位相对高端的产品，只是堆砌了很多技术功能，却没有解决用户的痛点，产品创新和用户研究能力则更弱。

在这样的基础之上，要提出工业设计与用户研究的合作与打通，提出技术成果通过工业设计和用户研究落实到产品，更是空中楼阁。

另外，虽然各个事业部都与外部研究机构有相应的技术合作，但在集团层面，还没有一个平台对此进行拉通和牵引，也没有在战略层面对先进的技术和创新方法进行跟踪和引入。

四、解决思路

在2014年4月出台的第一份《美的中央研究院工作规划》里，除基础技术规划和海内外研发中心布局外，还规划了一个非常重要的部分，即创新平台。而在2016年梳理规划的十大核心共性技术中，工业设计又被确立为核心技术之一。用户研究则完全嵌入美的的研发体系，是产品研发创新的重要流程。根据当时的实际情况，健康技术作为横向和跨界方向的探索以及未来产品重要的创新方向之一，被作为产品创新板块的最重要内容。

将工业设计定义为核心技术，胡自强有自己的考虑。"很多人认为工业设计不是'硬技术'，不能定义为核心技术。但我不这么认为。"胡自强说，"从产品创新价值的角度来看，工业设计非常重要。它能够在产品创新过程中给用户带来很直观的、冲击力非常强的差异化体验。是产品最早与用户交互的语言，我们需要向用户传递的很多东西，都需要通过工业设计来达成。更重要的是，很多新的技术、创新思维在产品落地的过程中，都需要工业设计进行深度创新，将被改变的产品形态更完美地体现出来。美的必须去强化、提升工业设计的水平和能力。"

胡自强决定，在现有水平的基础上，把美的中央研究院层面所建立的工业设计和用研创新能力，在美的中央研究院推动的"十大创新项目"中强力落地，同时让新建能力在实践中得到迅速提升。另外，也重点推动各大事业部的工业设计团队逐步转型为创新设计团队，让用户研究逐步融入产品创新过程中。

实际上，在胡自强看来，在拥有强大基础技术支撑的基础之上，这三大板块都将成为美的创新的利器，是美的打通"产品领先""最后100米"的有效工具。这也正是2014年他将这三大板块纳入美的中央研究院创新中心的直接原因。

正如前文所说，如果把四级研发体系看作一个饭馆推出创新菜品的过程，除去为饭馆输送自己地里种的蔬菜外，去别人地里寻找自己需要的蔬菜也是创新菜品过程中所需要的。那就是在中央研究院里搭建的开放式创新平台——美创平台。

五、实践

（一）以用户需求为核心驱动力，将用户纳入创新体系

在今天的美的四级研发体系内，无论是美的集团的中央研究院，还是各大事业部的研发体系，用户研究部门已经成为标配。胡自强在拉动美的收购的东芝白电业务（TLSC）进行研发协同时，对东芝研发体系提出的第一个要求，就是建立用户研究部门，这也在TLSC后来实现扭亏为赢的过程中起到了关键作用。

胡自强非常看重用户创新。"从广义上来说，用户创新也是一种开放式创新。但是，用户创新相比其他创新有着更不可替代的意义。"胡自强说，"用户是产品创新的源泉和引擎，是实现'产品领先'的原动力。围绕用户需求的产品创新才是真正的创新。"

"另外，做好用户创新，可以提高创新的成功率，把控创新的风险。本质上说，围绕用户需求进行创新，将彻底打破传统企业旧有的、封闭的产品开发模式，让创新变得更加开放，让企业拥有源源不断的创新源泉和动力。"胡自强把用户价值看作技术研发风险管控最重要的三个维度之一。这三个维度分别指用户价值、企业价值以及技术的突破性和成熟度。在他看来，处于三个维度交集的技术、研发方向大概率不会出错，是处于"主航道"的突破方向。

当然，对于美的这个企业来说，用户创新还有着更独特的意义。在此之前，美的在市场上长期奉行"追随"政策，这在事实上造成长久以来美的离真正的终端用户比较远。他们推出新品的思路，更多的是看竞

品，然后推出比竞品价格更低或是功能更多的高性价比产品。至于用户真正需要什么产品，并不是美的推出新品的核心诉求。但是，当美的要实现"产品领先"，必须首先了解用户需求，进行用户创新。这也是胡自强在为美的打造全新的研发体系时尤其注重用户研究团队建设的最主要原因。

美的推出的很多创新产品，都是从用户研究出发思考产品创新，不再局限于提高产品本身的性能要求。这些创新产品，是通过观察用户的生活场景和使用产品的习惯，洞察用户的潜在痛点，让产品的使用体验更好，满足用户的潜在需求。

以用户研究为牵引，改变的不仅仅是研发体系，产品的整个销售流程和营销模式都悄然改变。营销团队在向市场推出产品时，从与竞争对手的产品比功能、比价格到讲用户价值，讲创新给用户带来不同体验的场景故事，打通这个环节，美的才能真正意义上做到"产品领先"。从深层次看，这就是一次企业文化的转变。

今天来看，美的在将"产品领先、效率驱动、全球经营"的三大战略主轴升级为"科技领先、用户直达、数智驱动、全球突破"四大战略主轴时，其中的三大战略主轴都是在原有基础上的升级和聚集，唯有位列第二位的"用户直达"为全新的战略主轴，这体现了美的开始全方位重视用户，更标志着一种企业文化的转变。

实际上，用户创新在今天已经成为整个中国家电业创新的主要手段。位列全球三大家电与消费电子展之一的AWE，在AWE2023结束后，对外发布了一份《从AWE2023看十大行业发展趋势》的报告，其中明确提出："围绕用户需求进行创新，成为中国家电企业实现引领的方法论。AWE2023上，创新氛围浓厚，一种创新自信也扑面而来。从一枝独放不是春，到百花齐放花满园，中国家电企业正走在用户创新花满园的道路上。"

（二）用户研究，全面嵌入美的研发流程

在美的中央研究院成立用户研究团队之前，美的只有零星几个事业部有用户研究人员，并不能发挥重要作用。胡自强深知用户研究在实现产品领先过程中的重要价值。"用户研究就是创新的眼睛，它会为创新指明方向。"胡自强说，"在追随阶段，我们不需要用户研究，可以只研究别人上市的产品。但是在引领创新阶段，我们与用户的关系必须更加紧密，将真正的用户需求在产品上实现，这样才能保证我们的创新是有效的、能够得到市场认可的创新，而不是研发人员的'自娱自乐'。"

高伟于 2014 年 9 月 1 日入职美的中央研究院，任用户研究团队负责人。"我到岗时，中央研究院还没有几名员工，我的工作是从招聘开始的。"高伟介绍说。到 2018 年，这个团队的人数达到 20 人，各个事业部的用户研究团队也都发展为 10 人左右。"一切都是慢慢积累起来的。"高伟说。

在与事业部形成互动和牵引层面，美的中央研究院的用户研究团队依然采用了技术委员会这个平台。"首先是通过培训等手段，导入比较高效、有价值的用户研究工具和方法论，让用户研究人员形成比较系统的用户创新逻辑，贯通从用户研究开始到产品上市整个流程。"高伟介绍，"其次是在集团层面建立每个产品品类的用户体验标准。"2015 年，美的中央研究院的用户研究团队推出了美的第一本《美的消费者研究指南》，这本厚达 150 页的册子详细写明了消费者研究的工作流程、研究思路以及研究方法和工具。"当时，我们还在各个事业部为这本指南做了大量的培训。"高伟说。

最重要的当然是把用户体验嵌入整个研发流程之中，这也是胡自强最早提出组建用户研究团队的目的之一：让研发创新真正做到以用户为

中心。"从用户研究到形成产品概念，再到做出原型机，再到用户测试、产品上市，每个环节对用户体验的要求是不一样的。在形成产品概念之前需要用户研究，在做出原型机后需要做用户测试，在几款不同的样机出来后要做用户评价。另外，如果推出的是市场上的主打产品，对用户体验的要求标准也是不一样的。甚至对于产品的下市管理，用户体验也要嵌入下市流程。"高伟介绍，每隔一段时间，他们还会对各事业部的执行情况进行盘点和复查。

除此之外，美的中央研究院用户研究团队还承接了事业部的用户研究项目。据高伟介绍，在胡自强的指导和方向牵引下，通过向事业部提供项目服务的方式，用户研究团队一方面加强团队的项目实战能力，同时也能给事业部提供必要的技术支持，加强事业部的用户研究力量。一些事业部在产品创新的过程中，会委托中央研究院用户研究团队从用户需求出发，做产品概念的导出，自团队建立以来，已为各事业部提供了许多创新概念的支持，事业部已经将其中的部分概念推向市场。

当然，让高伟印象最深刻的，还是美的中央研究院联合各相关事业部的战略项目的创新。2016年3月的一天，正在开会中的高伟接到了胡自强的电话，胡自强向他提出了要做"未来厨房"项目的计划。"当时还没有'未来厨房'这个名字，只是说，要做厨房空间的创新。"高伟回忆说。这对美的又是一个巨大的挑战，因为"这不是某个厨房品类的单品创新"，而是围绕用户的需求，对厨房这个空间进行重构，要提出未来厨房的整体解决方案。这意味着，在美的中央研究院内部要联合工业设计团队，在外部要联合五个业务与厨房相关的事业部。

按照胡自强的要求，高伟提交了项目计划书，成立了联合项目组，在外部还联合了在用户洞察方面拥有丰富经验并可以实现深度创新的美国斯坦福研究院进行合作。

高伟回忆,整个项目的推进分为五个阶段。第一阶段是用户观察,项目组专家到用户家里,与用户一起使用厨房,从而发现用户的潜在需求。由于未来厨房定位于高端,他们特意观察了北京、上海、广州等一线城市用户使用厨房的习惯。第二阶段是密集的工作坊创新。项目成员与外部设计师团队以及超级用户一起,进行头脑风暴。"每场30~40人,组织了不下10场。"高伟回忆说。最终,在这一步,他们整理出未来厨房的概念。第三阶段是要把未来厨房的概念转化成可视化的演示产品。这一阶段是以美的中央研究院工业设计团队为主导。第四阶段是各个相关事业部承接项目,进行产品开发。第五阶段是产品落地,这一阶段需要各个事业部与美的中央研究院用户研究团队一起进行用户验证,然后再推出产品。虽然直到今天,很多当时形成的概念还没有完全落地、推出产品,但是这也为最近几年美的推出相关产品提供了思路和方向。

在2017年AWE上,美的"未来厨房"的可视化演示产品也就是"未来厨房"项目第三阶段的成果亮相(见图6-1)。"小美,小美,家里今天来两位客人,可以帮我推荐一桌菜吗?"现场的观众可以按场景需求与"未来厨房"交互,"未来厨房"中还嵌入了由产品创新板块也就是健康技术团队提供的健康云平台的软性内容,为用户提供个性化健康管理方案。用户研究团队形成概念,工业设计团队将概念可视化,健康云平台为"未来厨房"输出内容,当时这个"未来厨房"演示产品得到了业内外人士的强烈关注。在当时,它是美的中央研究院创新平台三大团队阶段性成果的展现,而"未来厨房"也是胡自强当时期望为美的打造的能够真正实现全球引领、站上全球家电业之巅的核心武器。

图 6-1　在 2017 年 AWE 上，美的"未来厨房"亮相

（三）工业设计，用设计驱动品牌建设，定义品牌的 DNA

在 2017 年 AWE 上，笔者曾在某企业展台上遇到正在观展的胡自强。他打开滚筒洗衣机的洗涤剂盒，来比较这家洗涤剂盒用的蓝色与美的用的蓝色有什么不同。胡自强对工业设计的重视非同一般，这不仅是一个审美层面的问题。对于工业设计混乱的产品，胡自强经常说的一句话是："它们都是孤儿产品，投放到市场的大海中，根本无从分辨它们是不是同一个企业的产品，是不是在使用同一个品牌。"

2012—2014 年，胡自强在担任小天鹅主管研发的副总经理时，已经深深了解到美的在工业设计方面的欠缺。在任职于小天鹅短短不到两年时间里，胡自强竟然组织了两届工业设计大赛，统一了小天鹅的工业设计语言，锻炼和提升了小天鹅的工业设计队伍，并将小天鹅的工业设计团队打造成美的集团的样板，很多其他事业部都到小天鹅交流学习。

初建美的集团中央研究院，胡自强下决心在集团层面统一设计语言，建立标准，提升美的的工业设计水平。因此，胡自强在美的中央研究院组建工业设计团队，在集团层面建立设计体系，从顶层搭建设计策略，做好家族化、系列化设计及创新牵引。

2015年3月，章哲从美的厨房电器事业部来到美的中央研究院，成为美的中央研究院工业设计团队负责人。当时的工业设计团队只有4个人，从零开始搭建标准体系。以CMF标准中的颜色为例，根据当时的统计，美的那时制造体系内使用的颜色超过200种，缺乏标准体系及规范指引。"后来，我们把自有品牌准许使用的颜色限制为40种以内。"章哲说。这种颜色管理标准的制定，当然会引发各种抱怨。为了确保标准执行到位，在完成实物色板的筛选、明确标准后，工业设计团队联合科技管理、IT部门，在内部线上系统建立标准颜色库，将颜色管理标准在系统内固化，通过编码绑定约束新品的颜色选择，并结合管理办法及线上流程约束新增频率，同时也有序淘汰旧有颜色及相应物料、编码。当然，后来随着美的旗下品牌及渠道的增多，根据业务需求颜色数量又有所增长，但对各个品牌专用色和通用色的管理依然严格。通过四年的持续努力，美的逐渐搭建起多品牌的PI、CMF、UI规范体系。

另一项重要的"打基础"的工作，是通过做套系原型来推动品牌家族化。美的在北美市场推出套系化产品"Big Swing"的过程中，除研发团队外，另一个发挥重要作用的团队，正是工业设计团队。从品牌在美国市场的定位，到与竞争对手的外观区隔化，再到凝练要向消费者传递出的品牌、技术、文化信息，这些都离不开工业设计，离不开胡自强在建立美的中央研究院之初就规划的工业设计团队。当时，恰逢美的决定开拓美国市场亟须完整的套系化解决方案，工业设计原型是整个套系化项目踏出的第一步。工业设计团队也由此开始转向接受产品套系设计的挑战，为美的在美国市场推出"Big Swing"设计套系原型。团队也由此进入胡自强在小天鹅时实践的"在实战中成长,在成长中实战"的模式,合作的外部工业设计团队也从小天鹅时期的韩国团队变为全球顶级工业设计公司——位于美国洛杉矶的宝马全资设计公司 Design Works。

一如在小天鹅一样,胡自强仍然"不仅仅要结果",要求美的工业设计团队与外部团队、各事业部开发团队、海外销售团队一起工作。这对还处于建设初期的美的工业设计团队的挑战极大,但这也是一个快速提升水平的过程。面对一个竞争激烈、容量巨大的海外市场,初次亮相的美的品牌究竟要给自己什么样的品牌定位?产品要以怎样的形象示人?要向市场传递出怎样的品牌内涵?这些都需要通过工业设计传递出去。

好在结果还是令人满意的。当"Big Swing"2016年在美的科技月核心展区展出时,在美的内部引起不小的轰动。这套产品在工业设计上结合了美式的肌肉感和欧式的平整感,是一种强调嵌入和平整的风格(见图 6-2)。这样的设计很符合美国消费者的审美,在美国当地市场的用户测评中广受认可,又能够在外观上与其他品牌的产品高度区隔。当

图 6-2 "Big Swing"套系,2016 年设计,2020 年在美国上市

地的渠道商 LOWE'S 也非常有信心将它成套呈现在连锁门店中。当然，除这一套产品外，通过这次"实战"，美的还锻炼了工业设计团队，首次在研发端尤其是工业设计上找到了行之有效的协同路径，也让团队更加自信，为后期美的在国内市场快速推出高端品牌 COLMO 的套系化产品以及美的品牌的套系化产品打下了坚实的基础。

2017 年，在国内市场上，其他企业已经开始推套系化产品，美的也在酝酿推出高端品牌。据章哲回忆，当时胡自强反复强调的是："无论高端品牌能否推出，我们都必须在研发端做好准备，要用设计去驱动品牌建设。"这里所说的"做好准备"，正是后来 COLMO 在市场上推出的第一代套系化产品"BLANC"（见图 6-3）。

图 6-3　COLMO "BLANC" 套系，2017 年设计，2018 年 10 月上市

这一套系化产品自 2017 年上半年开始着手准备，从套系化产品中要包括哪些品类开始讨论。当然，整个过程已经比"Big Swing"顺利很多。2017 年 7 月，胡自强把这一套"新鲜出炉"的样机摆在美的一次内

部高管会议的会议室门口,并在茶歇时间陪方洪波看了整套产品。这套灰金配色、可实现大屏交互的产品真实地摆在美的高管面前,在一定程度上促使美的管理层迅速布局,在当年年底成立高端品牌公司,协同各事业部全力打造首套面向国内市场的高端产品。

2017年10月,这套产品在美的科技月核心展区展出,又在2018年美的科技月暨成立50周年大会上作为COLMO第一套产品与COLMO品牌一起亮相,美的也自此开始在高端品牌上迈出真正的一步。

有了海外及国内的示范性套系原型,接下来2019年的东芝套系便相对顺利很多。胡自强非常关注收购后东芝白电业务的发展,也亲自协调研发资源,帮助东芝团队。2019年初,在国际市场需要迅速重建东芝品牌形象的背景下,胡自强与当时美的主管海外业务的副总裁王建国一起决定,让美的工业设计团队支援东芝,历时半年时间,为东芝量身设计了"SAMURAI"套系,并在当年德国IFA展上亮相,该套系获得红点、iF等多项国际设计奖项,尤其是在2021年获得了日本GMARK评委的一致认可。2022年5月,该套系衍生升级为"星琢"套系在国内市场上市(见图6-4)。

图6-4 东芝"星琢"套系,2019年设计,2019年9月在德国IFA展发布,2022年5月在国内市场上市

当时，美的中央研究院工业设计团队还有一项主要工作，就是组织各事业部工业设计人员一起交流、学习，开阔视野。其中有每年一届的工业设计大赛，这也正是胡自强在小天鹅时就组织举办的"传统项目"。除此之外，还有每年一届的工业设计周。"现在回忆起第一届工业设计大赛，能够非常鲜明地体会到这些年美的在工业设计方面真的是有非常大的进步。"章哲说。2022 年，美的的工业设计团队已经超过 400 人，其中外籍专家超过 50 人。在国际工业设计四大奖上，美的的获奖数量已近 500 件。

在发展过程中，美的工业设计团队意识到对海外资源的利用至关重要。"要主动打破无形的边界。走出去，利用好全球的设计资源。"章哲说。2017 年，美的中央研究院组建了意大利米兰工业设计中心。在美的四大海外研发中心中，意大利米兰工业设计中心的定位非常特殊——这是唯一一个以工业设计为初衷建立的海外研发中心。章哲回忆，当时他们也考虑过巴黎、伦敦这样的城市，但最终选择了在全球工业设计地位更加重要的米兰。对于美的来说，意大利米兰工业设计中心是与全球最前沿的工业设计相连接的触角，是美的掌握工业设计趋势的桥头堡，是美的与世界顶尖设计资源合作的枢纽，是美的实现跨界融合创新的摇篮。

另外，令章哲感受深刻的是，美的在意大利米兰的工业设计团队对工业设计的理解完全不同。"他们的设计更有深度。比如，他们可以把背后的交互功能与外观设计一起呈现，让人的感受更加直观。"章哲说，"他们在工业设计领域有很多复合型人才来支持深度创新的实现，这是值得我们学习的。回忆起来，当时美的坚持在米兰布局、投入，保持战斗力，才有了今天的诸多收获。"章哲说。

在这样的实战中，美的也逐渐建立起家族化工业设计的语言和规范。美的工业设计团队与销售终端一起，在国内市场上完成了美的、东芝等品牌的定义和区隔，在海外市场上完成了美的的品牌定位；另外还定义和推出了国内、国外的套系化产品，为未来智慧家居做好准备。

"要去播种，要去坚持别人不理解但自己认为正确的事情。"胡自强当时经常说的这句话让章哲印象深刻，"事实证明，这样的思路是完全正确的。无论后来美的推出多品牌的家电矩阵，还是新进产业的工业、医疗产品，强大的工业设计都是其中不可或缺的力量。"

（四）健康，实现弯道超车的未来技术

在建立美的中央研究院之初，胡自强就尤其重视健康技术。在他眼里，这是中国家电业能够从追随到引领、从模仿到创新的重要核心点之一。"比较中国家电业和全球家电业会发现，我们做很多的技术升级和创新，都是站在全球家电业这个巨人的肩膀上。唯有健康技术，可以带中国家电业走上前人未走过的真正的创新之路，可以在全球领衔下一个时代。"

胡自强的逻辑是，家电出现的早期，是满足了人们更便捷生活的需求；在随后的发展过程中，又围绕着性能、用户体验提升，满足了人们生活更舒适、更美观的需求。"下一步人们对生活的要求，就是更健康。"胡自强认为，真正的家电智能化，能够为用户提供有价值的服务，一定是与健康的主题相结合。"智能技术是建好智慧家居的高速公路，公路上跑的是个性化健康管理的汽车，家电智能化才能真正落地，用户也能体验到高水平的健康管理。"胡自强说，"你让空调、冰箱实现互联和对话，很难从中找到能够给用户提供的真正有黏性、有价值的服务。"另外，胡自强强调，由于智能化技术还在进一步升级过程中，家庭健康管理也是一个探索的过程，所以真正实现"需要时间"。

正因为如此，健康技术被胡自强定义为"实现弯道超车的未来

技术"。

2014年底，随着美的中央研究院建制的日趋完善，张智终于得以从繁忙的招聘工作中脱身，着手搭建产品创新平台。这个创新平台在当时的重心，就是专注于健康领域技术的探索。

这是从无到有的创新，不但本身过程艰难，能够坚持下来更加艰难。作为一家家电企业，美的在此之前从未在技术层面关注过健康，所以张智的团队甚至不知道用户的健康状况是指什么，科学的健康理念又有哪些，将健康技术嵌入家电产品更是无从谈起。

2015年春节前后，张智与团队一起着手做健康技术的规划，从数据端开始探索，最终将家庭健康管理的重心落在饮食、运动和睡眠三大解决方案上，并以此为核心搭建健康云平台。

健康云平台首先从获取相关数据入手。在硬件方面，美的自己开发了体脂秤、血压计等数据采集工具。同时，美的中央研究院还积极与三甲医院、高校等进行合作，建立自己的食材数据库、食谱数据库、运动数据库、健康知识数据库、个人健康数据库等。这其中就包括与美国加利福尼亚大学洛杉矶分校（UCLA）东西医学中心主任许家杰教授（Ka-Kit Hui）的合作。许家杰本人也对美的在健康技术上的战略布局有极高的评价。

在依托数据的基础上，将饮食、运动等健康管理手段嵌入家电产品，实现对人们生活方式的个性化健康管理。"大健康的最后100米，需要有工具和方法将'单点检测+治疗'转变为'连续的数据监测+健康生活方式的管理'相结合。"张智说。

健康云平台在理论上形成了闭环，但在2015年，人们还无法认清数据对于创新的价值，所以落地还是有相当的难度。但是，张智与团队不断努力尝试，并和相关事业部合作，以美的的产品为基础，推出一些健康周边产品，如养生壶上搭配的健康料包配方、电饭煲做杂粮饭的杂粮包配方，并通过事业部在产品上的烹饪曲线设计，实现了一些健康菜谱的落地。在2017年AWE上，美的健康云平台甫一亮相，即获得当年艾普兰智能创新奖，这也是艾普兰奖历史上首次设立智能创新奖。许家杰也从美国赶来参观AWE，重点观看了健康云平台在美的"未来厨房"的落地情况。作为一个云端健康管理体系的路演模型，它足以让人直观感受到可以预见的未来家居健康管理的模样。而将健康饮食部分融入同是在2017年AWE上推出的"未来厨房"，更加让人对未来家居健康管理充满憧憬。在这一届AWE上，美的中央研究院还联合相关高校及企业成立了精准健康合作联盟，期望以此为平台，快速实现为消费者提供精准健康管理的产品和服务。

2017年之后，美的中央研究院健康技术团队集中力量推进健康管理的落地，比如，将健康菜谱嵌入美的的产品，并希望能够以此为基础实现健康食材的销售。但由于美的相关事业部对数据和服务的价值的理解参差不齐，人们对智能技术在家电上的应用也在探索之中，各个产品推进的进程也各不相同，整个过程还谈不上顺利。

2018年，张智从美的中央研究院来到美的微波和清洁事业部，专注于在这一事业部的产品上落地健康技术和健康功能。"我知道在中央研究院时画出来的闭环和逻辑是没错的，现在来尝试推进一下如何落地。"张智说。不太为外人所知的是，美的微波和清洁事业部有一个"吃货研究院"，张智为首任院长。他与十几名员工每天都在研究营养健康烹饪技术和美味菜谱，再把这些技术和菜谱在产品上实现转化，无论在产品硬件端还是美的的"美居"App上，都有他们推出的菜谱。他们还拍摄视频发布到视频平台上，在推动健康饮食的同时，也推广美的的产品。更值得关注的是，美的微波和清洁事业部围绕"健康"这一核心，推出了一系列产品，如"燃卡"系列，可以让用户"肉眼可见"地比较出到底健康在哪里。

通过美的中央研究院与美的微波和清洁事业部两个阶段，张智与团队逐渐打通了健康管理的"任督二脉"——在居家环境中实现个性化的健康管理，无疑需要家庭内的各个电器终端在智能化的"公路"上联动起来，也更需要实打实的健康功能在家电产品上落地。

"自2017年开始，我就在中国家用电器技术大会的厨电分论坛上做有关健康技术的宣讲，连续讲了5年，这让我感触非常深。"张智说，"在2017年，健康这个概念在中国家用电器技术大会上只是零星出现。而在2021年的会议上，健康技术已经深入人心、随处可见。可以从中体会出，自2015年起，美的的坚持、我和团队的坚持都是有价值的，方向虽然难，但这是正确的事情。"实际上，在2021年和2022年（延期到2023年举办）的中国家用电器技术大会上，"健康"已经成为这个中国家电行业最优秀的技术类大会的四大主题之一。

（五）三大平台联动，创新无限可能

在创新中心建设的过程中，通过一个又一个项目的实践，在事实上已经形成了三大创新平台的联动和协同，产生了更大更强的创新力量。这也正是胡自强想要的结果。

除了前文中提到的"未来厨房"外，还有更多的创新项目是通过用户研究、工业设计与技术团队的联动推动了落地。通过推动这些项目，进而跑通了研发端的创新流程。

"一开始，三大平台是割裂的，后来通过推动创新项目，逐步形成了三大平台联合共创的模式。"当时在美的中央研究院负责用户研究的鲁薇回忆说。

在胡自强看来，三大平台的建设，并不仅仅是为了管理。比如工业设计，在集团层面统一设计语言，只是工业设计团队职能的一部分。真正能让三大平台发挥价值的，正是联合共创。这也是胡自强将三大平台统归于创新中心的真正原因。"工业设计团队的特征是具有超出常规的创新力，他们的思维是灵动、跳跃、发散、不受限制的；用户研究团队的能力是对用户需求、用户痛点的洞察；而技术团队是通过对现有技术能力的掌握和分析，将产品创新固定在成本可控、技术可达的方向上。"胡自强说，"更有效的创新，就是在创新过程中找到这三大能力板块的交集。而这个交集，一方面要对企业有重大价值，另一方面，技术层面是可突破、可实现的。"

"我们非常注意创新项目的风险管控。提出创意时可以天马行空，不受限制，但真正向产品概念阶段过渡时，一定要了解市场趋势、技术的可支撑性，保证项目的可落地性。"鲁薇说，"这就像放风筝。风筝飞得再高，手里都得有一根线拉住它。"

实际上，前文中提到的"未来厨房"项目，正是三大平台联合共创的成果。而让鲁薇印象深刻的还有美的中央研究院与当时的美的厨房事业部共创的洗碗机项目。美的洗碗机市场一直集中在海外OEM市场，其对中国市场的用户需求并不了解。"当时完全不知道中国用户对洗碗机的需求和痛点。"鲁薇说。美的中央研究院的用户研究团队进行了大量的用户调研，收集了大量独具中国市场特色的用户痛点和需求。比如，在中国人的厨房里，洗碗机应该放在橱柜上部、中部还是下部？现有的碗篮是否能满足中国用户的摆放和清洁需求？长时间的清洁程序是否符合中国用户的生活习惯？是否需要增加烘干和消毒模式？围绕这些痛点，用户研究团队与工业设计团队和相关技术团队不断进行头脑风暴，探索出创新方向。之后即进入概念创新阶段，由工业设计团队用最快捷的方式制作出产品原型，让产品可视化，并能够将产品原型放入使用环境中与用户进行交互，再次找到痛点并再次提出创新方案。此环节之后，即由产品设计师主导进入概念优化阶段。虽然这个洗碗机创新项目当时并没能实现产品化，但到了2019年，美的集团将洗碗机作为弱势品类拉动时，这个创新项目的很多成果都得到了应用。比如，模块化碗篮、快洗程序以及消毒等功能都在美的面向中国市场推出的产品上落地。

除洗碗机项目外，还有当时美的中央研究院已经作为重点项目推进的多功能料理机项目。在当时的市场上，仅有为数不多的几家国外品牌企业销售类似产品，美的中央研究院的用户研究团队结合中国用户的需求，并兼顾智能化技术的落地，完成了产品概念的创新。2023年，多功能料理机已经成为众多家电企业关注的创新赛道。多家企业在2023年AWE上都展出了自己的创新产品，部分企业的产品已经推向市场。这也从客观上证明了美的中央研究院当时创新项目的前瞻性和可落地性。

当然，用户研究、工业设计与技术团队三大平台的联动和融合，集中体现于中央研究院推动的"十大战略创新项目"之中（详见后文）。这是在美的中央研究院能力建设基本完备之后，第一次大规模的"练兵"。

在一个又一个创新项目推动的过程中，一批人得到了成长。这段经历让包括鲁薇在内的一批参与其中的人受益匪浅，为他们的职业生涯积累了宝贵的经验。后来，鲁薇又到美的环境电器事业部做用户创新，提出了将风扇、电暖气、净化器、加湿器集成在一起的产品，让这些只能一季使用、不能使用时就必须收纳的产品集成为可四季使用的产品。这些产品正是基于极敏锐的用户洞察提出的。

在研发过程中，美的还引入了NPS（用户满意度）衡量参数。比如，本书中提到的"静音战略"（详见后文），完全是站在提升用户体验的角度，利用美的已经掌握的底层静音技术进行技术攻关，全面为美的产品降噪。

（六）开放式创新，推进新型产品孵化模式，让外部创新能力为我所用

"开放式创新"一词最早于2003年由全球"开放式创新之父"亨利·切萨布鲁夫教授提出，并形成了一套系统的方法论体系。其关键是充分引入企业之外的创新能力，打破企业原有的以自身能力为核心的、封闭的创新模式，以内、外部能力相结合的形式推动更高效、更丰富的创新成果落地。

在实际项目落地的过程中，胡自强是非常注重开放式创新的，一直强调要引入高水平的创新能力进行合作，要推动内部好的创新项目以一种全新的方式落地产品上市。他认为，开放式创新作为美的自有创新能力的有效补充，可以将美的研发体系提升成为内外研发能力相结合的美的技术生态体系。

比如，在用户创新的过程中就是如此。"美的是一个成本意识非常强的企业，在对外合作时也是如此。"鲁薇回忆说，"但是，在做这些创新项目时，当时的美的中央研究院院长胡自强博士却让我们去与全世界最好的资源进行合作。这在以前，我们是想都不敢想的。"在工业设计领域，在小天鹅主持研发转型时，胡自强就引入了高水平的韩国设计公司与小天鹅工业设计团队进行合作，后来在集团层面，美的中央研究院的工业设计团队在为针对美国市场推出的套系化产品"Big Swing"做工业设计时，推动了与位于美国洛杉矶的宝马全资设计公司 Design Works 的合作。在这样的合作过程中，不但提高了项目水平，一批人才也得到了锻炼和成长。在美的的技术研发项目中，也有不少开放式创新的案例。

熊玉明来到美的中央研究院的第一个落地成果——电饭煲内胆涂层项目，也是与供应商合作完成开发落地的。

但是，这样通过美的自身的项目零星进行开放式创新，胡自强认为，对美的是不够的。"企业原有的技术研发流程需要改变。以前，家电企业的研发流程是比较封闭的，现在需要更多的社会资源来支撑发展。提升现有产品的竞争力，需要将用户纳入创新流程。这也是现在很多互联网企业和家电企业都在尝试的方法。另外，在新的产业上寻求突破，我们需要与外部合作，用更多的社会资源包括技术资源来支撑未来的发展。"胡自强说，"将外部资源纳入创新流程，不是用外部资源来替代企业内部原有的技术力量，而是通过两股力量的叠加来提升企业竞争力。从技术开发进阶到创新体系，开放式创新不可或缺。"

实际上，胡自强非常看重开放式创新的一点，就是"拿来主义"，自己闷头创新未必效率最高，也未必成本最优，因为很多技术研究别人也许能力更强，很多创新思路也许别人已经走过一遍，无论这些创新思路是成功还是失败，站在前人的成果之上再做创新，成功概率明显要大很多，效率也高得多。"开放式创新的核心价值，就是打破边界，让创新有更广阔的空间和可能性。"胡自强说，"工业设计的开放式创新可以打开创新思路，引进新的创新方法；与其他上游企业合作，可以打破零部件的边界，打开创新空间；与高校等研究机构合作，很多技术会挖掘得更深入，引入技术的速度也会随之加快。"

当然，胡自强也清醒地意识到，由于是与外界组织合作，开放式创新必然面临一个天然性的难题，那就是管理。对此，胡自强表示："一方面是沟通效率，做开放式创新的人要明白自己的需求，然后与合作机构进行对接。另一方面，我们自身也要对相应的技术有深刻的理解，有深入沟通、长期合作的平等对话能力，从而提高开放式创新的效率。想要用好开放式创新的资源，必须是建立在自有创新能力很强、可以与外界平等对话的基础之上。"

2014年下半年，胡自强开始着手在美的中央研究院引入开放式创新理念，从集团层面牵引开放式创新，这就是后来的美创平台。有意思的是，建设开放式创新平台本身，也是一次开放式创新——建设美创平台的项目，本身也是与浙江大学管理学院的合作项目。

2015年4月，美的集团与浙江大学管理学院团队成立了专门的项目小组，从开放式创新平台的理论与背景、外部对标、建设方案、推进与实施、风险与对策等方面进行了深入探讨，经过多次修改完善，于2015年9月正式上线。浙江大学管理学院的郑刚教授介绍："美创平台是面向全球大众的创业孵化平台，它主要分成四块。一块是在线上发布技术需求以及解决方案，将美的的优秀技术开放在平台上，使其能够与需求对接。一块是众创模块，它的功能主要是创意的发布、用户参与创新、研发及测评的全流程，实现用户端和原创端的对接。第三块是孵化器，主要功能是整合内外创新资源，就项目展开合作。第四块是社区，主要是测评和互动。"当时美的中央研究院开放式创新负责人张忠耀介绍，据当时的统计，到2018年，美创平台接入的战略合作机构超过100家。

另外，美创平台还吸引了10亿元的创投资金和1亿元的创业资金，支持孵化新品类产品，培育新产品，支持智能项目，一切都是快马加鞭的样子。2015年11月，美创平台创投资金孵化的项目"静净"净水机上市了。"静净"净水器是当时美的热水器事业部产品经理昂永程的一个个人想法。他认为，做一台不需要安装的净水器，在一些单身或是对净水器产品没有了解的用户群体中应该很受欢迎。但是，以当时美的的产品上市流程，这样的产品要么需要很长时间才得以上市，要么"活不到上市那一天"。美创平台成立后，2015年夏天，"静净"作为美创平台上第一批参与评审的项目之一,第一个拿到通过评审的通知。美创平台为"静净"项目投资超过 600 万元。美创平台上创业项目的模式让"静净"的成长异常迅速,仅仅几个月之后,"静净"就在电商平台上市了。上市两个月后,"静净"即实现销售收入 1000 万元。"正常情况下,这是不可能的。"昂永程说,"一个产品的诞生,要经过策划、工业设计、研发、生产、销售准备、上市等环节。在企业的常规运行机制中,这些环节并不是贯通的,而且每个环节的人员手中也不止一个项目。比如做研发的,他手里同时进行的可能有好几个项目。而且,各个环节的工作人员在整个过程中还会产生互相抱怨、互相推诿责任的情况,而'静净'不同,参与到这个项目中,就是要'全情投入',所有人每天都在这间封闭的办公室里,所有流程全部打通,所有热情都集中在'静净'身上。所有人都要互相配合,随时协调解决各种问题。"今天,在产品不断迭代之后,我们已经见不到"静净"净水器,但它带给当时参与者的初创精神、用户创新导向、互联网思维、全新的销售模式、快节奏的迭代方式,今天来看都是非常宝贵的经验。在今天美的推出的净水器产品上,还能看到"静净"的部分创新成果。

2015 年中,美的中央研究院与浙江大学管理学院合作的开放式创新联合实验室挂牌,其目的是探索企业开放式创新的理论与实施路径。为了形成长期深入合作的开放式创新模式,在加强深入了解的基础上进行深入合作,2017 年 8 月,美的中央研究院又聘请郑刚教授担任企业科技特派员。随后几年中,美的中央研究院还多次与浙江大学举办创新大赛。

除浙江大学外,美的还与上海交通大学、西安交通大学等国内高校建立了长期合作关系。其中,美的微波和清洁事业部与成都电子科技大学的合作已经超过 20 年,形成了长期的、深入的战略合作关系。美的中央研究院也与国外院校如普渡大学等在固体力学技术领域合作,与美国顶级医学院校加利福尼亚大学洛杉矶分校（UCLA）东西医学中心就居家健康管理进行合作。另外，还有与英国谢菲尔德大学诸自强教授自2010年合作创建的中国美的威灵电机上海研发中心，如今已经跨界至新能源汽车部件领域。

六、结果

现在回过头来看，对于当时仅仅成立三年的美的中央研究院来说，2017年是一个极其特殊、极其重要的年份。除了创新中心三大板块取得了国内第一个套系化产品、健康云平台、未来厨房等阶段性成果，同样是2017年，美的中央研究院在意大利米兰设立了工业设计中心，用户研究团队联合工业设计团队和各大事业部一起在上海设立了用户研究中心。也是在2017年，美的中央研究院基础技术板块走出"零星突围"阶段，开始了以启动十大战略项目为标志的集团军作战，拥有了成规模、成建制的创新能力。2017年，美的美国研发中心搬入现在的办公场所，高水平的建设、高水平的技术能力，使它成为美的在美国的窗口和名片，也为美的在美国市场研发出了Big Swing和U形窗机这样的爆款产品。同样是2017年，在美的中央研究院举办的第二届美的战略技术论坛上，美的喊出了"站在创新之上看世界"的主题，隐隐露出美的站上世界之巅的理想和雄心。

回望美的中央研究院的2017年，正是一派欣欣向荣的春日景象。

七、案例总结

三大创新板块基本都是从2014年底开始起步的。除了核心技术能力的建设外，它们是从技术到创新闭环的重要组成部分。用户研究是创新的眼睛，为创新指明方向；工业设计打造用户对产品的"第一印象"，体现的是用户接触产品的"第一接受度"和辨识度；而健康是通过创新产品为用户带来家电产品全新的用户价值。

当然，本章中提到的大多是在美的中央研究院层面的能力建设和落地过程。实际上，几大创新能力在事业部构建后，也为美的产品创新带来非常大的改变。

应该说，有了这些创新能力，美的为创新而生的四级研发体系，才是一个完整的、有效的、可以持续推动创新的研发体系，才是有能力贯彻美的"产品领先"战略的研发体系。

美的研发转型

技术创新的运营管理实践

第七章
长短结合,全面融入

研发战略和研发项目的长短结合是全新研发体系能够迅速融入美的运营并获得长久生命力的关键。一方面,从集团层面推动短期项目的落地,迅速支持企业经营。另一方面,要着眼于未来,从底层技术寻找创新突破,持续支持企业经营。

一、关键点

什么样的中央研究院才是适应当下美的发展的中央研究院？实际上，这是一个时刻需要检视的问题，并根据当时的实际情况进行相应的调整。它需要为美的现阶段的发展创造价值，更需要面向未来，拥有引领美的走向"产品领先"的能力。除去这些"功能性"价值，它也需要站在全集团的高度，带领各大事业部改变研发思维，确立作为一个科技集团应该具备的研发产出模式。

二、背景

2016年2月，迅速壮大的美的中央研究院搬入今天的所在地——位于广东顺德北滘工业大道的美的全球创新中心。陆续搬入的还有美的各大事业部的研发单元。虽然在当时整个大院还略显空旷，但今天这里已经寸土难求。

这里曾是美的集团总部所在地。在胡自强眼里，这是一个"庄严"又"充满灵气"的所在。在他的构想中，这里应该有类似于美国硅谷的气息——激情、投入、开放、平等、充满创造力。美的学苑和由方洪波亲自引入的星巴克，分列美的全球创新中心东门左右，与这块"充满灵气"的土地的文化氛围暗暗相合。原来用于运输制造材料的连廊被保留，成为连通每个研发单元的桥梁，早晨或是下午，如果有人换上跑鞋沿着连廊跑上一圈，长度刚好是2公里。除了办公场所和南方从不会缺少的丰富充沛的绿植，以及吃上1个月也不太会重样的食堂，这里还设置了拥有20余块场地的室内羽毛球馆——这也是一年一度举办美的科技月的主场地——每年10月，这个体育项目的竞技场就变成了美的研发实力的竞技场和展示平台。科技月期间，美的中央研究院和各事业部的研发体系都会把自己的研发成果在这里一一展示，当然，随着美的日新月异的变化，机器人、数字化、智慧楼宇、医疗、新能源等方面的成果也会在这里隆重展出。20多位科技明星的大幅照片高高悬挂在当年为满足车间制造需求建造的横梁上，方洪波也会在这里发表每年都让研发人员"集体空巷"的演讲。除了羽毛球馆，绿荫婆娑之中，还有健身房、篮球场、足球场和游泳池。唯一遗憾的是，当初规划的停车位已经远远不能满足需求。

刚刚搬入时，美的中央研究院位处这个大院的4栋，后因场地不够，有一部分迁入了10栋。刚刚迁入新址的美的中央研究院已经有150余人，位于美国路易斯维尔的美国研发中心已经成立，上海也已建立了研发力量。应该说，此时的美的中央研究院，已经给了胡自强谋局、排兵、布阵的基础，再也不是"打一枪换一个地方"的"游击队"。忆往昔，从成立至此，美的中央研究院能够生存下来，实属不易。但着眼未来，此时的美的中央研究院也迎来了能否持续生长的关键时期。

三、诊断

帮助事业部解决遇到的具体技术问题，是美的中央研究院的职能之一，也是美的中央研究院在初创期能够获得认可进而得以立足的方式。但是，这并不是美的中央研究院的主要职能，并不能让中央研究院得到美的集团的全面认可并借此得以长久生存。美的中央研究院更重要的功能，是通过一系列的研发项目布局，调动协同全集团的研发能力，让研发成果在市场端得到最大限度的认可，从而推动改变美的的研发模式。

四、解决思路

在美的成立中央研究院之前，美的的研发体系非常简单——只在事业部层面有一级研发体系。一方面，这样的研发能力只能满足即将上市产品的开发需求，无法推动研发战略的实施。另一方面，各个事业部之间的研发能力不能协同和互通有无，无法提高研发效率。还有，虽然能力相对强的事业部有"先行研究"的职能，但没有得到应有的重视，无法发挥更大作用。

经过两年的建设，2016年的美的中央研究院已经具备了核心技术能力，具备了跨领域协同的技术能力。同时，创新、用户研究和工业设计团队也已经具备一定的规模和能力。这些能力可以支持美的中央研究院做一些相对较大的创新突破。因此，胡自强决定，以中央研究院的平台为核心，在发挥中央研究院研发能力的同时，去"盘活"进而改变各大事业部的研发能力和研发体系的运转模式。

非常具有胡自强个人特点的是，他依然选择从实战入手，在实战中去贯彻他的转型思路，通过"战果"获得集团的认可和坚定的长期支持。

他相信，不仅仅是美的，任何一家以盈利为目标的企业，在做研发投入时，其核心目标都是通过研发体系的运转，获得如海浪般一波一波的研发成果，最终形成盈利。

五、实践

（一）短兵相接，十大战略创新项目出炉

如同在小天鹅负责研发时一样，胡自强在布局基础技术的研发方向时，仍然划分为支持市场的短期项目和谋求未来的长期项目。但与小天鹅时期不同，站在中央研究院的高度上，类似于当年小天鹅"510平台"这样的长期项目，在美的中央研究院的规划里已经成为短期项目。其中，最为典型的就是十大战略创新项目的出炉。

战略创新项目于2016年下半年启动,项目的设立目的非常明确,即支持5年之后产品的市场竞争力。据当时的战略创新项目牵头人鲁薇回忆,当时提出的最明确的量化目标是,"到2020年,通过战略创新项目的导入,实现新增年销售额100亿元"。可以看出,十大战略创新项目的确立,是以最终在市场上收获成功为导向的,这与之前胡自强在小天鹅制定三年研发战略时,提出最终市场占有率要每年增长两个百分点思路一致。

所谓十大,并不是严格意义上的"十大",这只是后来的一种说法。据鲁薇回忆,当时被纳入战略创新项目的肯定超过10个。"所有项目都是首先由事业部申报,再由各事业部总经理与中央研究院院长共同审批筛选,然后由事业部与中央研究院联合立项。"鲁薇说,"这些项目涉及很多产品,包括吸油烟机、洗碗机、洗衣机、热水器、微波炉、小型多联机、冰箱、空调以及集成研究等。它们绝大多数都是从用户需求出发,同时具有一定的挑战性和技术颠覆性。"

项目的推进采用共创的方式。即从用户研究开始,由用户研究、企划、研发、工业设计、产品经理等不同环节的人员共同参与,每推进到一个新的环节,就由这一环节的人员牵头推进项目。"这样做效率很高。"鲁薇说,"大家在一起不断讨论、修正、完善,目标越来越清晰,能够快速推进落地。"

美的厨房和热水事业部推荐的相变热水器技术和小天鹅推荐的OTT(一桶洗)洗衣机项目都在十大战略创新项目之列。

曲绍鹤是当时美的厨房和热水事业部(简称厨热事业部)的相变技术负责人。据他回忆,相变技术当时已经在厨热事业部推进了一段时间。"当时厨热事业部考虑突破相变技术,主要是因为十几年来电热水器整个行业的技术一直没有创新,我们想尝试从原理端突破,做出一些改变和创新。"但是，这样的技术突破由厨热事业部这样的经营单位去推动，的确非常困难。"事业部里，每个月都要进行技术进度汇报，可那个阶段我们总是遇到各种困难，在突破过程中四处碰壁，这让我们在每次汇报时都鲜有进展，所以压力越来越大。"

2016年下半年，相变技术成为在集团层面与中央研究院共创的十大战略创新项目后，境遇就改变了很多。不但能继续得到事业部的资源支持，还能够得到中央研究院提供的技术支持，以及此前从未有过的国内、国外大量的外部技术资源支持。"我们每个月向胡（自强）博士汇报一次，他会给予大方向上的修正和指导，并为我们提供资源。"曲绍鹤说。让他最为难忘的是从2016年底立项到2017年底相变技术结项，胡自强从未批评过团队，给予的都是方向指导和鼓励。

2017年底，相变技术作为十大战略创新项目之一结项，同时在美的厨热事业部进行产品立项。2018年，相变技术电热水器获当年AWE艾普兰创新奖；2019年7月，产品又在德国IFA展上展出，并获得展会颁发的产品创新金奖。2019年9月，产品正式上市，完成了从0到1的创新。采用相变技术的电热水器已经成为美的电热水器产品的一张名片。2022年3月，经过不断改善提升的二代产品也推向市场。回忆起这一过程，曲绍鹤说："从技术立项到产品上市，用了整整四年时间，这在美的是非常罕见的。"

小天鹅的OTT技术入选十大战略创新项目，是它的项目负责人周薇"从来没有想到的"，因为她自己也不确定这个项目究竟能不能成功。"这是一个巨大的挑战，我只是想做成。"周薇说。

实际上，胡自强看到的是这个项目能够给用户和企业带来的价值。"这么好的创意，不去做就永远停留在创意上。"胡自强说，"但是，没有一个创新是容易的。它有可能不成功，创新需要容错率。无论是不是达到了目标，在这个过程中，你都会有各种收获。"事实上，当年被列为十大战略创新项目的技术中，也的确有不成功或者说至今也未完成的项目，但在后来的产品创新中，也会借鉴到当时的创意或者技术路径。

2018年3月，OTT作为十大战略创新技术结项。2019年7月，OTT波轮洗衣机上市，8kg容量的机身，真正容量却做到了11kg；全新的更加平稳静音的塔式减震平衡系统；无外桶设计完全避免了脏桶隐患——这样的创新产品，是市场无法拒绝的产品——到2021年，OTT波轮洗衣机已经实现销量约为4万台。

在胡自强看来，这些项目的设立意义并不仅仅在于完成项目本身，更关键的是，可以拉通美的中央研究院与各事业部的合作，同时提高两者的创新能力和创新自信，从而为当时美的已经确定的高端战略打下技术基础。让周薇和曲绍鹤感受最深的，都是"工夫在诗外"的收获。周薇感叹于自己在这一过程中脱胎换骨的变化。"我毕业后做第一份工作时，整个研发团队根本不知道什么是创新，别人的图纸拿过来，想换其中一个螺钉的位置，都要鼓足勇气。而今天，我们已经懂得如何做创新。这是中国企业创新力的提升和进步。"曲绍鹤则想起在做项目时，美的中央研究院组织十大项目负责人和企划负责人去跨国企业的高端品牌交流、学习。"售价达几十万元的冰箱、几万元的洗衣机，对于当时的美的人，是无法想象的。可是今天，我们也有技术能力推出COLMO这样的高端品牌。"曲绍鹤说。

十大战略创新项目都是各事业部的长期项目。而支持各事业部战略项目的突破，是胡自强为美的中央研究院规划的短期项目，也是中央研究院与各事业部最重要的结合点和纽带。美的中央研究院自身的长期项目，则是当时胡自强规划的相关核心技术的底层突破，同时带动事业部的技术升级。这也正是胡自强为美的构建的四级研发体系的落地内容，随着美的技术能力的沉淀和提升，这些落地内容也将不断演变和重构。

（二）长距打击，寻求底层技术持续突破

在用十大战略创新项目拉通、支撑各个事业部创新需求的同时，胡自强为美的中央研究院规划出十大核心共性技术。十大核心共性技术是美的中央研究院的长期项目，目标是通过不断的技术积淀，从技术本身的机理出发进行底层突破，从而带动全集团对这些技术的理解和升级，实现四级研发体系的真正运转。

2016年，胡自强带领团队梳理的当时对美的未来发展有重大影响的十大核心共性技术，包括流体技术、变频技术、静音技术、工业设计、材料及涂层、传热技术、EMC技术、模具技术、人工智能和传感技术等。"这些技术并不是一成不变的。"胡自强说，"它是随着这项技术在美的应用的成熟度的提升和发展而不断变化的。"正如当年他对其中几位技术团队负责人所说的，在中央研究院的带动和拉通之下，终究会有一天，各大事业部都会掌握这些技术，这些技术的应用和创新也会随之下沉到各大事业部。"到那时，中央研究院这些技术团队，要么去事业部做产品应用，要么在多年的积累中寻找更基础的技术进行突破和研究，或者寻找到新的赛道，继续寻求突破和拉通。同时，为了适应美的自身的发展和一些前沿技术通过不断成熟进入应用阶段，美的中央研究院还会引入新的研发能力。"这也正是美的四级研发体系动态滚动提升的过程。

事实也是如此。2016年梳理出的十大核心共性技术，脱胎于2014年4月底出台的美的中央研究院第一份《工作规划》，但其内容和重心已经随着行业和企业的变化而有了很大不同。在2016年之后的两年，十大核心共性技术的内容也在不断变化，以适应美的不断发展的需求（见图7-1）。所谓十大核心共性技术，也如"十大战略创新项目"一样，数

量上不再是严格意义上的"十大"。再看今天的美的中央研究院,已经建设了支持美的新业务发展的医疗器械、新能源等方面的研发能力。原来的模具技术团队也从美的中央研究院单独分出,成为美的成立智能制造研究院的最初班底。

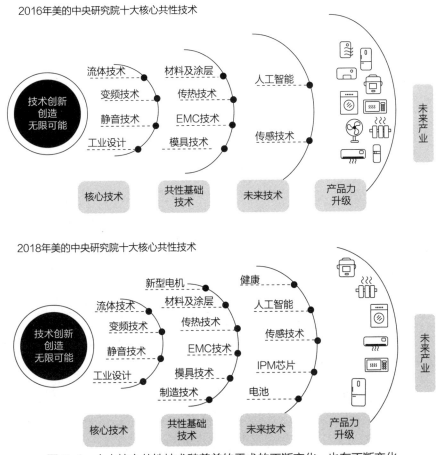

图 7-1　十大核心共性技术随着美的需求的不断变化,也在不断变化
（由作者根据公开资料整理）

协助十大核心共性技术的拉通、进步的平台,是技术委员会。据当时的科技管理负责人周海珍回忆,早在 2014 年 8 月,美的中央研究院

就牵头组建了技术委员会，并将其定义为"集团重大技术发展的决策组织"。技术委员会由各经营单位研发第一负责人组成，其职责是战略规划的制定及推动落地、创新性项目决策、科技体系建设以及交流分享平台的搭建等。

以不同的共性技术为核心，技术委员会下设 13 个技术分委会，每个分委会设一名统筹负责人，分委会成员为美的中央研究院和各事业部的相关技术负责人。技术分委会的主要职责为：组织本专业领域的技术研讨、市场走访、标杆学习、院校交流；组织专业领域技术方法论的提炼、复制及培训，总结沉淀知识体系；负责跨事业部技术成果的推广复制，实现技术成果共享及辅导应用，提升技术水平；组织本专业领域内的技术标准体系建设、复制及培训推广应用等。

李忠华于 2015 年 5 月来到美的中央研究院，担任固体力学团队负责人，并兼任固体技术分委会主任。他充分利用技术分委会平台，有效提升了美的产品的静音水平。"在分委会平台上，我全面执行了美的集团的静音战略。"李忠华说。静音战略的实施，主要是基于提升用户体验，要让用户"用得舒服"。固体技术分委会根据对电商大数据的分析建立起噪声差评的评价模型，梳理出 5 个与噪声相关的共性问题。在此基础上，美的中央研究院主要负责底层技术攻关，然后再落地到各相关事业部进行产品转化。2015 年左右，在静音水平方面，美的只有一个品类领先于竞品。在固体技术分委会 120 人的共同努力之下，2016 年，美的有 6 个品类领先于竞品；2017 年，这一数据变成 12 个；到 2019 年，美的已经有 16 个品类优于竞品。李忠华执行的静音战略从找出问题到解决问题再到落地于产品，所有环节都体现了"用户创新"的方式。这种创新方式，近年来已成为整个中国家电业产品创新的最有效方法。

更为可贵的是，在此基础上，固体技术分委会梳理出了美的集团的声品质标准，建立起声学设计仿真模型，并形成了中国家电行业首份静音设计大纲。在静音水平得到全面提升之后，美的中央研究院固体技术团队的主要方向也转向为面向未来产品技术的研发创新，正在完成胡自强所说的"找到新赛道，继续寻求突破和拉通"的升级过程。

2017年，李忠华成为美的集团的科技明星。他也是美的中央研究院成立以来第一位科技明星。随后几年里，美的中央研究院诞生了更多的科技明星，其中就包括当时的流体力学团队负责人张辉博士和热力学团队负责人岳宝。

岳宝于2014年从美的家用空调事业部来到美的中央研究院，任热力学团队负责人。这个团队是从"没人、没项目"的状态起步的，一步一步摸索出与事业部的合作模式，岳宝也成为传热技术分委会主任。"主要是靠仿真来拉通技术分委会的工作。"岳宝说。当时，美的中央研究院在热力学仿真上进行了大规模投入，赋能各事业部制冷与传热技术研发。在这一过程中，除了帮助事业部完成仿真需求，中央研究院热力学团队还可以从中找到创新的突破点。

流体技术分委会在成立后梳理了各事业部对风机风道的共性需求，对各类风机风道的原理和方法进行了研究，并建立了风机风道的设计规范和设计软件，促使各类产品的风机风道设计能力有了很大的提升，并大大提高了各类产品类风机系统的效率和静音水平。

熊玉明负责的材料学技术分委会的起步"非常痛苦"。"整整7个月，才开过一次会。"熊玉明说。"痛苦"7个月后，熊玉明"痛定思痛"，开始坚持召开月例会，主要内容是梳理各事业部的研发方向，再讨论、互通、聚焦。与此同时，以材料学技术分委会为平台，美的还与外部相关资源进行对接合作。"这样让我自己的团队定位越来越清晰。"熊玉明说，"也让我们与事业部的合作更加畅通默契。"实际上，在熊玉明离开美的之前，他已经在吸油烟机、灶具防油涂层上取得突破并进行了产业化，不但中央研究院的材料技术团队找到了升级道路，他本人也几乎完成了从纯技术研究到创业的完美转型。

除了这些较早成建制的技术团队，在发展过程中，电磁兼容、模具技术等研发团队也在不断成长壮大。2019年，自2017年开始建设、一期投入超过4000万元的EMC实验室首次对外"惊艳"亮相，即"技惊四座"。据当时《电器》杂志的报道，这个实验室每年可以为美的带来上亿元的成本节约。而模具技术团队是后来美的成立智能制造研究院的最初班底。同时，一些面向未来的技术也开始布局，健康技术、人工智能、传感器、芯片和电池都在未来技术之列。随着这些技术团队日趋成熟，技术方向日趋明晰，技术分委会的工作也在动态变化之中。2016年、2017年两年间，除了固体、流体、材料、传热技术分委会外，人工智能、传感器、用户创新、健康饮食等共计13个技术分委会陆续成立并开展活动。

随着技术分委会的工作日趋正常化，技术也得到了提升和沉淀。技术委员会开始有能力与外部最高水平的技术资源进行对接、合作，从而支持四级研发体系的动态滚动提升。最为典型的是2016年5月和2017年5月连续两年召开的全球技术战略论坛。

2016年5月13日，美的第一届全球技术战略论坛召开。"美的2025畅想未来"的主题，"暴露"了这次会议谋划十年布局的雄心。除各技术分委会组织的内部交流，这次会议还邀请了十余位国内知名院校和研究机构的专家，涉及人工智能、传感器、流体力学、模具、电气与电子等十几个领域。除技术分享外，美的还与这些专家达成了相关合作。

2017年的美的全球技术战略论坛变成了为期两天的会议，会议主题也不再仅仅停留在"畅想"层面，而是更有自信地喊出了"站在创新之上看世界"。上一届论坛邀请的绝大多数为国内专家,而这届论坛邀请的国外相关领域的顶级专家占到专家总数的 60%。包括加州大学伯克利分校传感器专家林立伟教授、伊利诺伊大学厄巴纳-香槟分校制冷专家 Pega Hrnjak 教授、麻省理工学院 Kamal Youcef-Toumi 教授、GE 全球研发中心总经理魏斌博士、普渡大学陈军教授、香港大学田之楠教授以及西安交通大学张楚华教授、西北工业大学谢磊教授、南京航空航天大学李华峰教授等,分享的主题除制冷、力学、电机、模具之外,还涉及 3D 打印、智能制造、机器人应用、用户体验创新、传感器、产品和技术创新方法等今天看来仍具有前瞻性的领域。会议期间,美的中央研究院还与这些专家就传感器、营养与健康、流体力学、固体力学等领域签订了合作协议。

"这是美的了解前沿技术的一次机会。我们会根据会议内容,重新把控技术方向,对美的现有技术战略和规划进行相应的调整。"在 2017 年美的全球技术战略论坛上,胡自强说,"另外,这样的会议平台,也可以让专家们更好地了解美的,不但可以让他们能够更多地与美的合作,让美的成为承接他们研发成果落地的平台,也可以让他们鼓励自己的学生来美的工作。"胡自强的目标,是期望通过这样高水平的技术论坛,打造出一个美的技术生态体系:"一方面可以持续提升美的内部的技术力,另一方面可以协同外部的技术资源,加大互动合作。"

六、结果

在美的中央研究院的牵引下,十大战略创新项目和十大核心共性技术相继落地。在这个过程中,美的强力地推动了研发单元按照全新的模式和体系运营,建立了新的、可持续的研发节奏。同时,也将初建的中央研究院咬合进美的集团的固有体系，加入这个庞大组织的运转之中。

在2017年美的科技月上，美的集团董事长兼总裁方洪波在面向全集团研发人员的演讲中说："技术创新和技术进步是美的发展的唯一路径。"让笔者记忆深刻的是，当笔者把这句话发在微信朋友圈之后，有一位业内人士在下边留言："大家都这么说！意外的是，他做到了！"

七、案例总结

胡自强主导的美的研发体系转型，并没有刻意去做架构、管理方式等形式上的改变，而是用项目牵引这样的方式，在实践中去敦促研发单元的转型。

这样做的好处显而易见。一方面，省去架构改造环节，可以非常迅速地见到效果。这不但规避了单纯架构改造环节会遇到的阻力，还可以提升整个研发团队的信心，也会增进企业领导层对全新研发体系的认可。另一方面，在这样的实践过程中，原有的研发体系为适应新的研发战略落地需求，开始自觉调整架构，这为后期全方面调整研发体系打下基础。当然，这也是初建的中央研究院快速融入一个固有体系的有效途径。随着项目的不断落地，胡自强构建的新的研发体系也逐渐形成。

这样做，对胡自强这个转型架构师的角色提出了非常高的要求。短期项目也好，长期战略也罢，必须能够切中事业部的需求，更要切中全集团未来的战略需求。这要求这位转型架构师不但要有实践经验，更要有技术高度和前瞻性。相对来说，逻辑严谨的管理理论本身反倒是次要的。

第八章
全球布局，研发出海

实施研发体系的全球布局，对于美的来说，有三个最为核心的价值：能够迅速了解当地市场并推出适合当地市场的产品，能够吸引当地人才的加入，能够与当地的前沿技术进行快速对接。研发体系在全球布局，美的是从最重要的海外市场同时也是全球人才高地的美国开始的。以美国研发中心为起点，美的又在德国、日本以及意大利建立了研发中心，"2+4+N"的全球研发布局得以建成。

一、关键点

毫无疑问，要支持美的当时的产品领先和全球经营战略，研发体系的全球化布局是必须要做的。但是，怎样的海外研发架构是适应当时美的需求的？它的定位是怎样的？它与总部的研发能力又如何形成配合？

二、背景

在此次布局海外研发之前，美的在海外没有正式的研发组织。对于海外市场，美的的产品基本以OEM为主，尤其是在欧美等发达国家和地区鲜有自主品牌的销售。建立海外研发中心在当时最重要的目标，就是支持美的自有品牌产品在当地市场的拓展。

三、诊断

美的需要从无到有建立海外研发组织。美的长期为海外市场提供OEM产品，并不缺少产品开发经验，但缺的是与当地用户的有效沟通，根据用户需求研发出自有品牌独有的创新性产品；缺的是对当地市场环境的理解，如安全规定以及其他标准等；同时，在市场端，用户和渠道缺少对美的品牌的认知和信任。这些都无法支持美的实现"产品领先"，也无法深度支持与"产品领先"同为美的三大战略主轴的"全球经营"。

对照"产品领先"和"全球经营"的目标，首先，要了解目标市场的用户需求，可当时美的所有的研发能力均在国内，仅仅靠员工出差，无法理解当地需求，更谈不上创新；与此相对应的是，海外市场的很多产品与美的现有产品差异巨大，不能把美的在国内销售表现良好的产品简单地复制到国外市场，如果开拓海外市场，必须首先针对当地的用户需求对产品进行重新定义和创新；另外，美的还没有与当地大客户进行沟通的渠道，也没有与当地研发资源对接和合作的平台。

四、解决思路

美的必须在海外目标市场建立研发能力，来实现"产品领先"和"全球经营"的目标。在了解当地市场、当地用户需求的基础上有针对性地定义产品。同时，海外研发机构作为"桥头堡"，是引入本地化人才团队的平台，也是美的与当地研发资源和新技术能力对接的平台，同时还是美的在当地市场的"一张名片"。

在美的中央研究院建立之初，在胡自强做的第一份《工作规划》里，除各项基础技术的布局外，还呈现了海外研发中心以及创新中心的发展规划。

在这份《工作规划》里，除位于广东佛山顺德的中央研究院，在国内还布局了上海全球创新中心，在国外布局了美国、德国和日本研发中心。目前，这些研发中心均已成立并运营，另外还有2017年在意大利米兰设立的工业设计中心，虽然不在2014年的《工作规划》内，却与美国、德国和日本研发中心同为今天美的的四大海外研发中心。

"擒贼先擒王"是胡自强布局美的海外研发中心时的基本思路。"美国是全球除中国以外最大的市场，市场成熟，竞争激烈。另外，美国也是全球顶级人才的聚集地。"胡自强说，"美的想做全球化，美国市场是必须首先拿下的高地。同时，美国研发中心的成功设立也会对后续全球研发布局有示范效应。"

2014年底，在美的中央研究院初步具备研发能力后，胡自强即着手建设美的美国研发中心。今天来看，美的美国研发中心依然是美的最成功的海外研发中心（见图 8-1）。

图 8-1　美的美国研发中心外景

五、实践

（一）布局海外，从最重要的市场入手

在 2020 年 10 月举办的美的科技月上，胡自强曾提到，做好海外研发中心，最首要的是找到好的带头人。"除技术水平和对本地市场的了解外，他需要有领导力，有很强的沟通能力。他需要取得总部的信任，拉通双方的需求，合理利用双方的资源，为当地市场服务。"

要同时满足这些条件，胡自强找到了自己的老朋友、老同事 Mark Wilson。胡自强在 GE 中央研究院时，Mark Wilson 是当时 GE 家电事业部制冷系统负责人，与胡自强多次在项目中进行合作，双方都非常认可对方的研发能力和职业精神，并积淀出深厚的友谊。"当时美国要实施新的能效标准,所有的冰箱都需要重新设计。我们与 GE 中央研究院胡自强的团队一起合作,开发冰箱新平台的风机风道系统优化项目。后来,胡自强又来到 GE 家电事业部,我们一直在一起工作。即使他后来离开 GE,我们的联系也一直非常紧密。"美的美国研发中心负责人、在美的内部被亲切地称为"马大爷"的 Mark Wilson 说。

2014 年底,正在休假中去打猎路上的"马大爷"接到了胡自强的电话。"他说,美的准备在美国大干一番,并问我想不想加入。""马大爷"清楚地记得,当时自己的回复是"这很好。但我并不认为我会加入。"多年以后,"马大爷"评价自己的回复时这样说:"我当时的感觉是,美的发生了什么,但是我不认为这会跟我有关。"

事实上,在当时,"换工作"对 Mark Wilson 来说是一个从来没有过的想法,更无从去谈这个决定是否艰难。"职业生涯一开始,我就在 GE,30 多年从来没有换过工作。"Mark Wilson 说,"我在 GE 的工作也非常愉快。"但是 Mark Wilson 也承认,他内心一直燃烧着"想要去创业的小火苗"。他更承认:"很显然,胡自强知道我一直都有'初创之心'。他认可我的专业能力,更知道我会享受从无到有到发挥价值的初创过程。"

所以,一段时间后,"非常懂 Mark Wilson"的胡自强给他打了第二个电话。电话里,胡自强邀请 Mark Wilson 到中国的美的总部来看看。基于对胡自强的信任,Mark Wilson 同意了。"不同的国家,不同的企业,不同的文化,不同的技术背景,都是我担心的,但是胡自强对美的非常有信心。"Mark Wilson 说。

2015 年初,Mark Wilson 来到中国。这是一次让人难忘的旅行。不但美的在面试 Mark Wilson,Mark Wilson 也在考察美的究竟有多大决心来开发美国市场。"整个过程让人非常兴奋。"Mark Wilson 说,"我见到了方总,见到了集团的高管,见到了事业部的总经理。大家都在谈论一件事情,那就是美的如何做好全球化和本土化。我知道,这个战略是全集团的共识。这让我非常激动!"

2015年2月,Mark Wilson正式出任美的美国研发中心负责人。第一个月,他一个人在家办公。在这个月里,他思考了美的美国研发中心的方向,并做出任务目录。他思考在符合当地法律的基础上如何构建研发中心并充分利用当地扶持政策。

一个月后,Mark Wilson带着自己的这份规划再次飞到中国。这次旅行的目的,一方面,是要与美的总部讨论确定这份规划;另一方面,是要找到一个美国研发中心与美的总部的拉通协调人。

很显然,这个人选非常重要。他要了解美的,要有足够的国际视野,还要擅于沟通。当然,懂技术是最根本的要求。对于这个人选,胡自强也非常重视。他要求每个事业部推荐三个人,并与Mark Wilson一起面试,最终确定了时任美的厨电事业部共性技术负责人的张国君。当时,张国君在美的已经三年,在此之前,他在一家跨国公司中国区负责几类家电产品的研发和企划。

确定人选之后,张国君随即就投入新的工作当中。无论张国君还是Mark Wilson,都清楚地记得,在胡自强的办公室里,他们与胡自强和时任美的国际事业部总裁的张克宇一起,激烈地讨论,并在白板上写下达成共识的规划。美的的美国研发本土化梦想,就在这块白板上正式启航了。

(二)从初创到成为美的在美国的"窗口"

一切从零开始,难度可想而知。找办公地点,建团队,找项目。从中国回到美国后,Mark Wilson就马不停蹄地开展工作。

不久,美的美国研发中心的第三个人,也就是烤箱平台负责人到岗了。但是,办公地点还没有确定,Mark Wilson 只能与烤箱平台负责人一起在星巴克上班。2015 年 6 月,美的美国研发中心租到了 300 平方米的临时办公室,成员也扩大到 10 个人。

"办公室的卫生都是专家们自己搞定的。"张国君回忆说。"这完全就是一个初创公司,我很享受这个过程。"Mark Wilson 说,"更让人踏实的是,我知道,这个'初创'的背后,是世界 500 强的美的,是美的对研发体系的坚定投入,是美的坚定的全球化战略。"

"决策、组织、预算、从无到有组建安规团队,考虑实验室建设,考虑美国研发中心的规划与总部结合,我自己也在学习过程中。"Mark Wilson 表示,同时,还要在美国本土找到高端专家人才。"他们都同我一样,要说服他们离开已经工作很多年的大公司,我需要让他们相信美的的战略和愿景。"他说。事实上,招人的确很难。"美国消费者对于美的这个品牌非常陌生。"张国君说,"Midea? Media?'媒体'牌?很多人都分不清,更不要说吸引专家加入。"即便是已经加入的专家,对美的以及美的的美国战略也有一种客观评判的心理。如何让这些专家全心投入工作中,也是摆在 Mark Wilson 和张国君面前的难题。

自 Mark Wilson 入职起,胡自强每年去两次美的美国研发中心。一方面,胡自强要给这个团队讲一讲美的的现状、美的的全球化战略以及美的在美国市场的潜力,让他们感觉到在美的美国研发中心的工作非常有价值。"美的是不是真的有决心拓展美国市场?在这一过程中,美国研发中心的定位是什么?这都是专家们异常关心的问题。"胡自强说。另一方面,美的美国研发中心在与中国团队打交道的过程中,也会出现各种各样的问题,胡自强会与 Mark Wilson、张国君一起,帮助他们沟通和解决问题。

更为重要的是，胡自强也在催促他们加速投入，尤其是各个实验室的建设。"我从不怀疑美的美国研发中心团队的水平和能力。唯一的要求就是需要加快建设。有了这些高水平的设施，才有可能出成果，有了成果，才有可能在美的被认可。"胡自强解释说。

2017年4月，美的美国研发中心的办公地点搬迁到现在的所在地。这一研发中心的建筑面积为3000平方米，实验室占用了其中的1800平方米。到2022年，建成投入使用的实验室共有10个。张国君介绍："除空调、冰箱、洗碗机、洗衣机、干衣机、热水器、电烤箱等产品实验室外，还有创新实验室和安全实验室。其中，3个实验室具备升级为UL自认证实验室的能力。"除实验室外，美的美国研发中心还配备了可以制作手板和加工部件的工坊，拥有3D打印以及专家们自己搭建的钣金和塑胶加工区。"整个办公区的风格都是我们自己设计的，很多地方都是专家们自己动手。"据张国君介绍，"风格绝不奢华，但是非常有科技感。"（见图8-2、图8-3）。

图8-2 美的美国研发中心办公区

图 8-3　美的美国研发中心工坊一角

"当人们能在谷歌地图上搜索到美的美国研发中心所在地,当这些高水平的硬件设施实打实地摆在人们面前时,人才招聘就变得相对容易了。这也让美国研发中心承担起另外一个职能,就是美的在美国的窗口和名片。"据张国君介绍,2021年底,美的美国研发中心的团队规模扩大为40多人。除各大产品平台技术团队外,还有专门的法务人员。当然,人员数量还在持续增加之中。实际上,美的美国研发中心的下一步扩张计划已经提上日程。"更大的投入,更优秀的团队,更多的产品,更多的创新。这些都在我们的计划之中。"Mark Wilson 透露说。

作为美的在美国的窗口和名片,功能显然不只招揽人才。"比如我们与美国几所大学联系实施的实习生项目。"张国君说,"我们通过这样的项目与美国高校合作,让高校的学生到美的美国研发中心来实习。"这样做的好处显而易见。一方面,可以在此基础上展开更深入的校企合作;另一方面,可以让更多的人了解美的,还可以在实习生中寻找合适的后备人才。当然,启动这样的项目,对美的美国研发中心本身的建设水平也有很高要求。"我们与普渡大学、肯塔基大学、路易斯维尔大学等学校有着深入合作,他们的招生与就业办公室很愿意把最优秀的学生推荐到我们这里实习。"2021年,美的美国研发中心的工程师中,有四名来自这样的项目合作。"让更多的本地大学服务我们,快速融入当地社会,这是美的本土化战略的重要组成部分。"张国君说,"眼下,美国研发中心里有很多实习生。人数会越来越多。"

另外,美的美国研发中心的高端专家人才,也可以在很多国际场合代表美的甚至代表中家电业发声。美国家用电器制造商协会(AHAM)有两个技术分委会主席来自美的美国研发中心。在美国市场冰箱制冷剂切换问题上,美的美国研发中心的专家也站在客观、科学的立场发声并发挥了重要作用。冰箱制冷剂切换,源于1987年9月签署的环境保护公约《蒙特利尔议定书》,其目的是避免工业产品中的氟氯碳化物对地球臭氧层继续造成恶化及损害。当时冰箱中使用的制冷剂及发泡剂均在《蒙特利尔议定书》的淘汰范围之内。包括中国在内的很多国家和地区都选择了天然工质异丁烷(R600a)作为制冷剂替代方案,不但实现了对臭氧层的保护,也达到了减缓气候变化的目的。但美国市场与其他市场情况有所不同,选择了高GWP值(全球变暖潜能值)的R134a为替代方案。直到2011年,美国环境保护署才做出规定,允许将其他市场上广泛应用的R600a用于替代制冷剂,但充注量限值只有57g。与此相对应的是,其他市场上的充注量限值为150g。这也导致只有在小容积冰箱上才能使用R600a制冷剂。所以，在相当长的一段时间里，美国家用电器制造商协会都在为提高R600a的充注标准而努力。直到2017年12月，美国环境保护署才将家用电冰箱R600a的充注量限值提高至150g。此后，美国家用电冰箱制冷剂替换政策多有反复，但在包括美国家用电器制造商协会在内的多方的不懈努力下，R600a终于成为家用电冰箱应用的主流制冷剂。实际上，这些专家与美国相关政府部门以及测试机构有非常紧密的日常沟通和合作。

当然，美的美国研发中心的高水平构建，对美的在美国市场的扩张起到了非常强有力的支撑作用。除了技术支持，更是一个沟通平台，也是让美国市场了解美的的最好窗口。

"美的要想进入美国市场，就必须进入美国最大的家电销售商LOWE'S的渠道。"Mark Wilson介绍说，"但是对于美国市场来说，美的是全新的，LOWE'S心里没有底。"经过沟通协调，美的美国研发中心邀请LOWE'S来到办公室交流走访。"我们不但介绍现在的产品，还介绍了下一代产品和我们正在储备的未来技术。"Mark Wilson说，"我让他们知道，美的在美国是认真的，我们有迭代的产品，有长期战略。这非常打动他们。"在那一段时间里，LOWE'S主管全球采购的副总裁前后到访美的美国研发中心两次。"我们让他们看到了未来。这是建立战略合作伙伴关系的根基。"张国君说。2019年，美的品牌的洗衣机、干衣机在LOWE'S美国西海岸的300多家门店亮相。美的正式敲开了LOWE'S的大门。

（三）业绩才是硬实力

其实，无论窗口也好，金名片也罢，都是锦上添花。美的美国研发中心对于美的的本质意义还是业绩。

2016年3月，胡自强与张克宇、Mark Wilson、张国君一起，在胡自强的办公室里讨论美国的未来产品战略。最后，胡自强在白板上写下"套系化"三个字。这就是今天已经得到LOW'S力推的美的套系化产品"Big Swing"的萌芽。

"如果从一个产品开始进入一个市场，在中国是完全可行的。但在美国行不通。"Mark Wilson说，"美国市场的70%被几大终端连锁机构控制。对于他们来说，如果你不能提供套系化产品，他们不会认为你是家电企业。如果只做单品，就没有任何机会进入主流渠道。同时，在消费者端，很大一部分人的购买习惯是先去店里感受一下并做一个决定，然后在网上实现购买。"因此，在Mark Wilson看来，美的能不能坚定地在美国市场推出套系化产品，也是美的是否坚定实施研发本土化战略的一个体现，更是美的能否在美国市场坚定扩张的标志。而这个套系化产品之所以被美的美国研发中心命名为"Big Swing"，也寄托了他们对这一套系产品的美好愿望："Swing是棒球挥杆的挥动方式。Big Swing，含义是用全力打出一个Home-run（全垒打），即做出一个很成功、很完美的项目。"胡自强解释说。

然而，事情的另一面是，美的集团的大事业部制，让套系化产品的推出异常困难。"做套系化产品，要协同，要创新，要做相同的外观。这对美的是不寻常的。"Mark Wilson说。"在此之前，美的没有在市场上推出过真正意义上的套系化产品。"胡自强说。当时，美的对以自有品牌开拓美国这样的高端市场还没有足够的信心。在此之前，美的品牌更多的是出现在发展中国家的市场上。同时，对于新成立的美的美国研发中心的能力和水平，很多人也会在心里打一个问号。

当时，美的中央研究院已经着手准备在国内市场推出套系化产品，但过程极为艰难。面对美国市场对套系化产品的"硬需求"，胡自强决定率先在美国市场迈出美的套系化产品的第一步。

在美的，经常会听到一个在别的地方不太常听到的词——"拉通"。拉通的重要作用，是打破各事业部之间的壁垒。做套系化产品，很明显首先就面临漫长而艰巨的拉通工作。Big Swing 的工业设计由美的中央研究院工业设计团队牵头，各事业部工业设计负责人、美的美国研发中心及美国销售团队参与，与外部的工业设计公司也就是位于美国洛杉矶的宝马全资设计公司 Design Works 一起合作开发设计。"美的美国研发中心在路易维尔，美的美国销售总部在新泽西，合作的设计公司在洛杉矶，再加上中国总部——多地联动，多语言沟通，每组织一场会议都异常痛苦。"当时美的中央研究院工业设计团队负责人章哲回忆说。会议效率不高只是表象。最根本的是，大家对套系产品的风格和视觉语言的理解都完全不同，很难达成共识。组织了几次效率不高的会议之后，章哲被胡自强"骂到了"洛杉矶，他带着所有成员与 Design Works 一起做了一星期的"工作坊"。除了中央研究院和各个事业部的工业设计人员，还有美国研发中心的专家和美的在美国的销售负责人。大家在 Design Works 的一间办公室里，一个产品一个产品、一个细节一个细节地去磨、去讨论。"冰箱把手的截面设计、Range（大烤箱集成多头灶）面板设计，再到整套产品的视觉语言，所有的问题都是现场讨论。"章哲说，"一条弧线一条弧线地去推敲，一寸一寸地反复改。"章哲回忆，在一些关键时刻，都是胡自强拍板做决定。例如，除工业设计本身外，它还需要承载和传递更多的信息。Big Swing 是美的在美国市场上的亮相产品，它究竟应该如何进行市场定位？一切都要从头考虑。另外，

Big Swing 系列中的冰箱、Range、洗碗机和 OTR（微波炉集成吸油烟机），从研发到工业设计，完全是全新的产品平台。"尤其是 Range，是美的真正意义上推出的第一个北美平台。"张国君说。

2016 年 10 月，这套产品在美的科技月不对外开放的核心展区亮相。但这只是万里长征的第一步。有些事业部看到 Big Swing 后第一反应是：为什么没有我们的产品？而有些事业部还没有下决心用 OBM 产品拓展美国市场，因为担心会影响到原本非常不错的 OEM 销售。

这时候，"拉通"的作用再次显现。"考虑到各个事业部对美国市场的不同理解程度，我们决定从洗衣机产品开始突破。"张国君说。在美的收购小天鹅之前，小天鹅在 2005 年就已经开始为 GE 家电贴牌生产大滚筒洗衣机，对美国市场的理解相对深刻，也比较容易"拉通"。张国君介绍，2019 年，Big Swing 洗衣机、干衣机产品在 LOWE'S 300 多家门店面市，拉开美国市场的序幕；2020 年 4 月，洗碗机产品推出；2020 年底，冰箱、Range、OTR 开始量产。

2021 年，Big Swing 全系列产品在 LOWE'S 超过 1700 家门店全线推出，美的自有品牌产品在真正意义上敲开了美国市场的大门。而这时，距美的最初提出做 Big Swing，已整整过去了五年时间。很显然，LOWE'S 对与美的的合作是满意的。2021 年 7 月，当 Big Swing 洗衣机 2 代产品推出时，LOWE'S 还为它做了大量的宣传。

美的美国研发中心另一个亮眼的业绩是 U 形窗机。美的国际产品总监杨连运说："美的的 U 形窗机重新定义了北美窗机。"据介绍，这一产品突破性地解决了窗机固有的无法开窗、高噪声问题，实现了超过 35% 的节能、远达 20 英尺的送风距离以及手机和语音控制。另外，安装只需简单三步，适应了北美地区因人工成本高而无法实现售后服务人员上门安装的市场特征。这种创新型窗机一经面市，即得到了市场的广泛认可。虽然售价是普通窗机的两倍，但很快就成为美国电商渠道销量 TOP1 的产品。

2020 年，Big Swing 全系列产品和 U 形窗机在 10 月举办的美的科技月大众展区隆重展出，这是美的在国内首次展出海外 OBM 产品。

在 U 形窗机和 Big Swing 之后，美的持续向北美市场推出创新的自有品牌产品。

2021 年，美的美国研发中心完全主导创新的 3D 绕流波轮洗衣机在美国上市，它将传统波轮洗衣机"二维"洗的方式进行了突破式创新，升级成"三维"洗，让洗衣机的洗涤性能得到大幅提升。这一创新因为抓住了美国消费者更注重产品基本性能的特征，一上市即得到市场的认可。

Mark Wilson 本人还对"小方物"（Cube）除湿机的未来市场表现充满期待。"我们一直在找下一个'U 形窗机'，我期望小方物除湿机就是。"Mark Wilson 说，"它与 U 形窗机一样，并不是从技术底层进行突破，而是从用户痛点出发进行创新。"Mark Wilson 介绍，它巧妙的创新结构，解决了除湿机在北美市场运输难的问题。实际上，美的的同类产品在中国国内市场推出后，还解决了中国用户在使用中的一个痛点：由于小方物除湿机在不使用时可以只占用很小的空间进行收纳，从而解决了中国家庭居住空间相对较小造成的收纳难的问题。

另外，Mark Wilson 还透露，美的将向美国市场推出拥有多个创新亮点的空气炸锅，这是美的以自有品牌推出的对标美国市场空气炸锅第一品牌的产品。

Mark Wilson 本人也成为 2020 年 18 位美的科技明星中的一员。他是在美的科技月举办到第 25 届时，首次通过评审答辩选出的海外研发人员中的科技明星。2021 年，Mark Wilson 又成为美的集团的专利十大发明人之一。在 2022 年举办的第 27 届美的科技月上，Mark Wilson 又获得美的研发体系的最高荣誉，成为当年美的研发体系的三名卓越技术贡献人才之一。

实际上，面对未来，美的美国研发中心所做的远不止这些。2021 年底，美的美国研发中心收到美国国家专利局的律师事务所的邮件。邮件中，一位已经从事相关工作几十年的律师说："在这几十年的职业生涯里，我从未见到过一个企业在专利和战略布局上如此优秀。通过你们的专利，能看到你们对未来的理解、布局和方向。"让 Mark Wilson 骄傲的是，通过与美的总部专利及法务部门配合，截至 2022 年底，美的在美国申请发明专利已经超过 300 件，其中有 180 多个获得授权。而在此一年前，也就是 2021 年底，美的美国研发中心在美国申请发明专利超过 240 件，当时已经授权的发明性专利超过 120 件。在美的美国研发中心成立之前，美的在美国发明专利的申请几乎是一片空白。

"来到美的，我从来没有后悔过。这是我个人人生经历的一次华丽转身。"Mark Wilson 开心地这样总结。而另外一位美的美国研发中心的重要角色张国君，则用了一种非常欣慰的语气："我很欣慰，能够坚持把正确的事情做对。"

（四）美的海外研发体系的标杆

美的美国研发中心的成功，无疑对美的研发体系的全球布局具有重要的示范意义。

胡自强认为，对于像家电产品这类区域属性很强的产品来说，全球研发中心的本土化布局尤为重要。"它承担了至少三个职能，即产品的本土化研发设计、本土化技术人才资源的利用，以及本土化技术生态资源的构建。"胡自强说，"不少海外公司在进入美国市场初期都犯过很多错误，如产品不适合美国家庭习惯、出现安全事故、专利侵权等。一个高水平的当地研发团队，可以有效地避免这类问题的产生，也补充了丰富的产品经验和本土化能力，并对美国消费者、渠道商、行业组织和监管机构以及当地技术资源起到了一个重要的桥梁作用。"然而，胡自强也深知，要做到这些其实非常难，"做不好的话就会让公司内部对全球研发中心的作用产生怀疑，最后导致失败。"以胡自强本人多年的经验和全球化的视野，他曾经得出的结论是"跨国公司的海外研发机构大多数是失败的"。这里所说的"失败"，有可能是指海外研发机构只能流于表面，难以发挥真正的研发的作用，也有可能是指无法与总部进行高效沟通，造成组织不稳定，难以真正产生价值。

但是，胡自强一直期盼着美的美国研发中心的成功。这里面有煎熬，更有急于验证的期待。"从成立到出成果，美国研发中心花了五年时间。回头看，你会发现它的成长速度还是非常快的。但当你身处这个过程中时，你就会总觉得太慢了、太慢了。"胡自强说。这里的"慢"，当然不仅仅指的是美的美国研发中心自己何时能够"开花结果"，还有着一个更重要的期望，那就是希望美的美国研发中心能够摸索出适合美的的、在全球范围内可以复制的模式。

"在2015年成立之初，我们就希望美国研发中心的模式能成为全球可复制的模式。"胡自强说，"第一个海外研发中心的成长过程，总归是会非常痛苦的，但是，我相信美国研发中心可以成功，可以为美的创造真正的价值。"胡自强的这种自信，来自多年前他带领GE团队与小天鹅的团队通力合作，成功打造了为美国市场准备的全新大滚筒洗衣机平台。

"美的美国研发中心完全可以复制类似的模式，创造出超过大滚筒洗衣机项目十倍、百倍的效益。"胡自强说。

"很重要的是，作为一家企业的海外研发中心，如何给自己定位。"张国君说，"美的美国研发中心给自己的定位，是介于美的集团总部研发体系与当地市场中间的平台，是在有美的中央研究院做支撑、各事业部研发联动的基础上，介于研和发之间的平台。"实际上，美的美国研发中心的创新，偏向于更贴近产品升级、更贴近市场需求的创新。"应该说，我们已经完成的创新，至少有八成都已经应用在量产产品上。"张国君介绍说。

美国研发中心的工作流程，已经全部共享给美的德国研发中心和日本研发中心。德国研发中心和日本研发中心会在此基础上形成更适合本地化的流程。据了解，美的美国研发中心的专利管理流程，已经被美的集团法务部门认定为美的海外研发的专利流程标准。

另外，美的美国研发中心还致力于与美的其他海外研发中心的拉通、协作和联动，通过项目来形成技术共享甚至是合作。例如，美的美国研发中心会把美国市场的流行趋势共享给美的设在意大利米兰的工业设计中心，进而体现在美的的产品设计上。

"美的要定义、运行、管理海外研发中心，美国模式会给我们带来非常宝贵的经验。"胡自强强调。

六、结果

美的美国研发中心的成功建设和运营，强有力地支持了美的在北美市场的 OBM 业务。2021 年，美的自有品牌产品在美国市场实现超过 10 亿美元的销售额。2022 年的销售额也保持了持续增长。

美的美国研发中心的成功，支持了美的当时的"产品领先"和"全球经营"战略的实施和落地。

七、案例总结

美的美国研发中心成功的关键，是真正做到了以当地用户需求为中心，其中最为关键的是人才的本地化。人才的本地化让美的在开拓北美OBM市场时避开了美的擅长的以成本控制为主要手段的操作方式。正如Mark Wilson所说："成本是中国企业成功的重要因素，但是'成也萧何，败也萧何'，只靠成本想在北美市场成功是行不通的。美国用户对产品品质、操作的便利性、功能的真正实用性以及安全等方面都特别看重。要想打开北美市场，在这些方面，围绕用户需求做好创新是非常必要的。"

实际上，首先做到了解用户需求，再围绕用户需求做创新，以创新产品打开美国市场，也正是Mark Wilson运营美的美国研发中心的基本思路。

当然，人才的本地化带来的一个问题是与总部的沟通协作。这其中涉及美的美国研发中心的定位，以及与美的研发总部的拉通。"美的美国研发中心发挥的主要作用是产品推向市场的最前端和最后端。最前端是指围绕本地用户需求做创新概念，验证可行性；最后端是指把产品推向市场。中间的产品开发阶段，更多的是需要美的集团和各大事业部的研发力量。"一句话，美的美国研发中心聚焦于"重创意，轻技术"，真正的技术攻关靠美的研发总部的支持。这种与美的总部的合作方式，也增加了海外研发机构与总部的黏性，将海外研发机构成功引入美的研发体系之内。同时，这符合美的务实的企业文化，可以做到投资少、见效快，进而也容易得到美的的认可和接受，并取得足够的信任，形成良性循环。

正如 Mark Wilson 所说："一方面，需要美的集团和各大事业部对美的美国研发中心有足够的信任，这样他们才有可能投入资源支持，让美的美国研发中心的创新概念产品化。另一方面，美的美国研发中心是美的集团的海外研发机构，只有在美的美国研发中心对美的集团充分信任的基础上，我们才能吸引更多的专业人才全身心投入其中。"

第九章
事业部研发体系升级，
推动"三个一代"创新模式"运营"

在四级研发体系中，有两级是在事业部构建的。一方面，美的集团的整体构架是"小集团、大事业部"，在事业部内构建新的研发体系，需要得到事业部的支持和认可。另一方面，四级研发体系构建的是研发架构和研发能力，如何让架构和能力发挥作用，研发体系需要一个高效的运营模式。这个运营模式，就是"三个一代"。

一、关键点

从一级研发体系到四级研发体系，美的这次研发转型的终极目标，是实现"产品领先"。而美的各大事业部才是产品的"主体"，是"产品领先"最终实践的平台。所以，四级研发体系的建设除了建设集团层面中央研究院的二级研发体系外，还有更为关键的，就是事业部内的二级研发体系的建设。在四级研发体系建设相对完善的基础上，推动"三个一代"创新模式在研发体系内的成熟运转，整个研发体系转型才算完成。

二、背景

众所周知，在这次研发转型之前，美的只在事业部层面有一级定位于开发的技术平台。无论是从组织架构上来说，还是从能力上来说，这样的技术平台都不足以支撑美的的"产品领先"战略。用足够的研发资源投入去建设有效的组织架构、高水平的研发能力，推行全新的研发运营体系，是这次研发转型的核心。

在完成美的中央研究院从无到有再到实现正常运营过程的同时，胡自强也对美的研发体系进行了完整的逻辑梳理，他为美的重新构建的四级研发体系，要想在企业中获得长久的生命力，最为关键的是要能够给事业部的研发体系带来革命性的变化，实践研、发分离，并能够让美的中央研究院代表的二级研发体系和事业部的二级研发体系互相啮合，形成完整的研发创新产业链。

三、诊断

多年来只有一级开发平台，造成的事实上的弊端是显而易见的。一级开发平台只能针对市场变化做出被动应对式响应，做不到用好的创新产品去主动引领市场。另外，长期处于被动应对状态，导致整个研发体系没有技术积累，甚至在团队去完成被动式应对时会出现应对速度慢或者无法解决的问题，更不要提产品创新。除此之外，由于产品平台概念的缺失，不但在开发产品时没有体系和逻辑，更深层次的弊端是开发效率低下。

这些现实状况都让"产品领先"无从谈起，因此在事业部推动二级研发体系的转型势在必行。

值得关注的是，随着二级研发体系在事业部的落地，研发体系的架构变得相对复杂。如何让二级研发体系能够高效运转，研究和开发两级体系的人员如何区隔？应该各自为他们提供怎样的环境和条件？又如何让两级体系相互配合，实现高效创新？这些都是架设新的研发体系时需要全面考虑的。

从只有一个开发层级，到实现研、发分离，在事业部推动二级研发体系的转型，最难的不是框架的搭建、人才的招聘，而是企业文化和人们思维方式的转变。它需要事业部能够坚持对研发尤其是"研"层级的持续高投入，更需要人们建立从追随到引领的自信心和行为方式。

四、解决思路

从一级开发到"研、发分离"，最直接的效果，就是可以在事业部层面实现研究和开发的并行研发模式。这样做一方面可以有效地规避方向性的技术风险，另一方面也让技术货架更丰富，应对市场变化的速度更快、能力更强、创新底蕴更加厚实。当然，并行研发模式可以做到以自己的节奏向市场推出创新型产品，从对市场的被对式应对向主动式引领转型，进而保持市场的领先性，做到"产品领先"。

当然，与以往只有一级的开发体系相比，"研、发分离"之后，资源投入、组织、团队、工作方式、产出节奏都有很大变化，也需要与以往完全不同的模式和考核机制去管理。最明显的问题是，研究和开发两个组织之间会逐渐产生"部门墙"，沟通和协调会随之产生障碍，针对这一点，胡自强意识到了做产品战略规划的重要性——产品战略规划起到了明确两个组织之间的分工、促进协同和拉通的作用，它可以让两个组织在一个战略规划目标之下进行分工协作。

另一个关键问题是，如何让四级研发体系落地并获得长久的生命力？胡自强的做法与从无到有搭建研究院的核心思路是一致的——就是在实践中让人们感受到全新的四级研发体系的能量，确立"它能高效为企业战略达成服务"的核心思想，在企业内部得到更多人的认可和支持，也让更多的相关人士积极主动地推动、加入研发转型的过程之中。当然，前提是，要明确在实践中推动哪些工作才能够为建设全新的研发体系的战略核心服务，把握项目推进的节奏也至关重要。

五、实践

（一）搭建事业部研发体系，实现研、发分离

美的中央研究院的二级体系是从无到有创建出来的，整个过程实属不易。而从事业部层面来说，则是在原有的基础上实现研、发分离，破旧立新的过程，更加艰难。

时任美的家用空调事业部研发负责人的邱向伟亲历了事业部研发体系的巨大转型。在美的集团的几大事业部中，家用空调事业部的研发基础相对较好。在2014年之前，有着基本的研究和开发分离的布局。"但是，由于人力严重不足，在市场要新品、开发压力大时，研究团队就并入开发团队中，一起完成开发任务。"邱向伟说，"这会打乱研究人员的节奏。研究人员不可能安心去做本来就需要长时间探索的研究项目。而这样的研究

项目恰恰是最需要全身心投入的。"这种状态带来的一个很大弊端是：一方面，很难留住真正的高端研发人才；另一方面，由于整个研发团队都在应对眼下的市场需求，很难做到为未来产品做技术储备。"这种状态，很难满足美的当时提出的'产品领先'的战略要求。"邱向伟说。

实际上，在当时，更多的事业部连家用空调事业部这种简单的研、发分离都做不到，只有开发一个层级。"那时候也有不少研发费用，但是我们不知道应该怎么去花这笔钱。"美的一位研发人员说，"多年来，我们只是模仿别人，突然要'产品领先'，一方面，我们不知道应该怎么去创新，另一方面，也没有创新自信。"

"当时就是处在快速跟随状态，只能跟着别人跑，'产品领先'还无从谈起。"对于研、发分离之前的状态，美的厨房和热水事业部工业设计负责人李建平说。

2014年，美的在事业部层面实施研、发分离，把研究和开发彻底分开。"其实做起来没有那么容易，因为美的所有的投入都要有产出。一般情况下，投入一两年后，都需要看到产出。"胡自强这么说，"研、发分离，有一个大家都可以预见的结果，那就是研究层级的产出需要时间。从建立研究组织，到团队能力的建设，再进行研究转换，最后到产品开发和上市，这是一个漫长的过程，这还不包括过程中的纠错（人、组织、技术和产品）。"当然，研、发分离，更意味着研发投入的大幅增加。这并不是简单地把原有的开发层级一分为二，而是要在原有的基础之上再造一个研究组织，要引进大批的研究人才。

美的集团科技与标准负责人李猛说："一直以来，美的都是以产品、以市场为导向，这造成了刚开始时，研究层级得不到应有的重视。"刚开始，一些事业部仅设置了为数不多的研究人员，研究层级拿不出更多的成果，或者即便有了一定的成果，与开发层级的衔接又不顺畅。"没有足够的研究储备,就无法贯彻当时集团提出的'产品领先'战略,如果不能贯彻'产品领先'战略,也就没有今天的'科技领先'。"

李猛认为,从提出事业部研、发分离,到真正的构建完成、发挥价值,大概用了2~3年的时间。而在李建平看来,这个时间会更久一些。"大概4~5时间。"她说。

无论是"2~3年"还是"4~5年",其实都是一个"非常煎熬"的过程。"在美的内部,很多人也会质疑——招来那么多博士,他们能做什么?"李建平这样回忆。实际上,即便是今天,当外部的人去看美的研发体系,也会提出这样的疑问。但是随着时间的推移,美的慢慢看到了四级体系在发挥越来越强大的作用,美的研发体系开始能够产出自己独创的产品,在"三个一代"创新体系中,慢慢有了储备,美的开始有能力做核心技术的迭代研究。

"研、发分离后,在家用空调事业部,我们设立了开发中心和创新研究院。"邱向伟说,"两大平台的组织架构完全不同。开发中心是以产品品类设立组织架构,如按产品分为分体机、柜机等部门。创新研究院是以技术为核心搭建组织架构,分为健康、智能、变频等部门。"除此之外,美的家用空调事业部的研发体系中还有单独的用户研究团队和工业设计团队。另外,在美的四大海外研发中心,美的家用空调事业部也都配备了自己的研发人员。"在此之前,家用空调事业部的研发人员大概有500人,现在这个团队有1400人,开发与研究比例大致为7∶3。另外还有用户研究和工业设计团队各70人左右。每年的研发投入为20亿元。"邱向伟介绍说。

有了这样的架构、投入和人员,美的家用空调事业部开始能够真正推动"三个一代"的落地。"做真正的技术,做不一样的产品,做未知的事情。现在,我们完全有这个能力。"邱向伟说。事实证明这并非虚言,美的近年来面向市场推出的无风感空调、AIR 空间站以及为 COLMO 打造的高端产品，都让人耳目一新，按照邱向伟的说法，这背后"都是产品力的提升"。

在与美的中央研究院二级研发体系的衔接上，邱向伟介绍，美的中央研究院是专注于 3~5 年甚至更长时间的技术研究，所以他们会有一些技术项目在成熟时与事业部对接。同时，如果事业部有研发需求，也可以与中央研究院联合进行技术攻关。在对外合作上，美的家用空调事业部也强调与高校、院士团队进行合作。"每一次合作，都有实实在在的项目。"邱向伟说。

（二）规划落地，推动体系有效运转

无论胡自强的建模逻辑多么完备严谨，如果不能让这个体系有效运转，一切都是纸上谈兵。今天来看，胡自强推动整个体系有效运转的抓手，无疑是推动规划切实落地。只有规划落到实处，体系才能发挥作用，才能真正完成"产品领先"的核心战略。当然，毫无疑问，这对规划制定的可落地性和规划的实施过程都是很大的考验。

从 2015 年起，美的坚持每年更新、制定中长期产品技术规划。"头几年，由于积淀薄弱，其实规划还形不成体系。"周海珍说，"做规划时只能靠头脑风暴。大家在一起聊市场趋势、聊产品趋势，再回过头来看自己有哪些技术可以应用，还有哪些技术可以在当时的基础上做突破。"

真正在规划里形成体系，能够完整清晰地体现未来 3~5 年技术路线，是在 2017 年以后。也正是在这个时期，胡自强开始酝酿在全美的集团提出"三个一代"创新体系。2018 年正式提出后，胡自强又在机制上做了很大努力，以保障在创新过程中能够真正实现"三个一代"的创新节奏。"从保障机制上来说，'三个一代'最大的问题就是资源投入和评价问题。

所以，也要去拉通集团的人力资源部门和财务部门，在年度预算中明确研发投入占比、研究投入占总研发投入的比例等，还要对研究人员的评价制度进行改革，以适应研究人员出成果需要较长时期的工作特征。这些都从组织氛围和管理制度上保证了创新的容忍度，体现了长期主义。"周海珍说。

"在产品技术规划里，要明确各个事业部未来三年的产品、平台规划和技术路线。"李猛介绍，"制定这份规划，需要研发团队与销售、制造、供应链等多个部门的人员一起来讨论，一方面要在事业部所有层面明确技术路线，另一方面要与事业部所有层面达成共识，大家共同努力。"每年的第二季度，美的科技管理部门会在集团内部进行更广范围的分享和交流，同时明确产品技术规划的落地机制。

"其实做规划的过程就是一个达成共创共识的过程。"周福昌在2017年任美的中央研究院科技管理负责人，他回忆说，"市场趋势、消费趋势、技术趋势，然后再对应自己技术库里的技术，看哪些地方还需要补足，最后形成规划。""如果销售、企划、研发等几个相关方不能达成共识，技术不能在产品上得到很好的转化和呈现，或者技术本身无法迎合市场趋势，那么做规划就没有意义。"周福昌强调。他引用著名管理学家彼得·德鲁克的话说："A plan is nothing, but plan is everything。"

2018年，"三个一代"创新体系的模板完成，周福昌开始走访事业部，推动各个事业部按照"三个一代"布局组织体系、做技术规划。"其实事业部都有技术积累，只是需要按照'三个一代'去理清楚，再进行'填平补齐'。"周福昌回忆说，"如果有问题，大家共同探讨，探讨哪些技术需要落在规划的项目里，哪些技术需要集团层面的支持。"周福昌认为，这个过程就是把"三个一代"变成"群体语言"，形成持续的、规模性的创新突破。

"'三个一代'思路在美的最早的体现，是2014年在洗衣机事业部的先行技术陈列室，陈列室里有技术的实物呈现，也有'三个一代'的技术演进地图。当时方总去看了以后，曾在集团高层会议上说，每个事业部都应该有这样一个陈列室，有这样一张图。"周福昌说，"'三个一代'创新体系在整个美的集团的落地，达成了方总的要求和期望。"

（三）深入事业部，推动"三个一代"落地

作为CTO，胡自强经常深入美的各大事业部，了解他们的需求和存在的问题，并推动解决这些问题。在深入洗衣机事业部的过程中，胡自强发现了一种"怪现象"："洗衣机事业部的先行研究、开发和市场、销售都很强，但市场表现有一段时间差强人意。'三个一代'成功落地的核心是实现用户人群的创新需求和技术研究项目的拉通和协同。洗衣机事业部是在这个关键环节出了问题，也就是我常说的'配菜'环节出了问题。"

胡自强所说的"配菜"，正是出自他把从技术研发到落地产品这一过程比喻成"餐馆运营"的过程。"研究的技术和项目就是地里种的菜。不同的餐馆是不同的品牌。你要了解不同的餐馆有什么拿手菜，这些餐馆的消费者是哪些群体，再为他们配不同的菜。配菜的过程就是企划的过程。"美的洗衣机事业部遇到的问题是：种菜的很强，餐馆的厨师也很强，前台的销售也很强，但因为配菜弱了一些，所以餐馆推出的菜品不能完全满足消费者的需求。

2020年8月，张进从美的厨房和热水事业部调到美的洗衣机事业部任企划部长，正赶上胡自强密集走访洗衣机事业部解决"配菜"问题。"他每个月到洗衣机事业部1~2次，大概用了大半年时间，问题得到了根本解决。"张进说，"2021年4月，美的整个研发体系召开技术规划会议，我把成果向胡博士进行了汇报。"

"当时最明显的问题就是，是技术驱动产品而不是市场需求驱动产品。"张进说。美的洗衣机面向市场推出三个品牌的产品，即美的、小天鹅和COLMO。由于三个品牌的定位主线不够清晰，造成哪些技术落地于哪个品牌的过程相对"随意"。这样做的后果是，单品实力很强，但整体形象在市场上比较模糊，消费者在购买时很难在三个品牌当中做出选择。"如果一项技术，在COLMO产品上有，在小天鹅产品上也有，消费者的选择就变得很困难，更何况市场上还有竞争对手。"张进说。

在胡自强的推动下，张进拉着当时美的洗衣机事业部开发部部长王海峰和内销产品管理负责人黄一峰一起，开始从技术端和市场端梳理主线。他们首先在市场端将三个品牌进行严格的区隔，用张进的话说："要找到它们核心的'心智'。"这也正是我们今天看到的三个品牌洗衣机产品的不同主线：在满足用户基本洗衣需求的基础上，COLMO突出的是"轻干洗"，小天鹅突出的是"专业洗净"，美的突出的是"便捷"。有了这三条主线，再梳理技术平台，看哪些技术应该落地于哪个品牌，再把相应的产品布局梳理清晰。在这个过程中，张进一直在心里对自己强调的一句话是"好的技术要用在刀刃上"。

为了把这些技术在每个品牌的主线上清晰地展现出来，张进甚至一直把技术"拉通"到产品上市。"怎么呈现，怎么展示，怎么包装，在交到市场端的时候，这些我们都要做好。"张进说。让张进欣慰的是，他与王海峰和黄一峰三人之间的配合"非常给力"："大家没有明确去区分哪些事应该谁做，都是非常坦诚、积极主动地去推动。"

解决"配菜"问题后，COLMO的"轻干洗"系列上市仅1个月就实现了1亿元的销售额，这多少有点出乎张进的预料。同时，小天鹅的"本色"系列和美的品牌的洗衣机也都取得了不俗的业绩。在2021年美的科技月上，COLMO星图"轻干洗"套装还获得了产品创新银奖。

在此基础上，美的洗衣机事业部又实现了从市场端驱动来影响研究和开发的规划梳理，即"种菜"环节变得更加有目的性。"三条主线出来后，研究和开发人员都可以围绕三条主线做技术规划和储备，再不断把这些技术落地到产品中。"张进说。

这样的循环贯通，正是胡自强"三个一代"创新模式的落地推动过程，也是产品创新不断迭代升级的过程。

实际上，在胡自强看来，在美的集团"三个一代"创新模式下，每个业务单元都应该有自己的"三个一代"，才能够保证四级研发体系做持续不断的创新产出。"比如，从中央研究院对技术的跟踪、研发，到能够在美的的产品上落地，这是美的中央研究院的'三个一代'，然后再与事业部的'三个一代'对接，是从技术到产品创新的转化。"胡自强说。

据周海珍统计，近几年，所有在美的科技月获奖的产品创新，均来自3~4年前的储备一代、研究一代项目。如前文提到的2021年获美的科技月产品创新银奖的星图COLMO"轻干洗"套装，其核心技术"Midea New Combo美的新洗干平台"在2019年美的科技月上获研究创新项目银奖。

（四）从服务到赋能，创新设计实践的"三个一代"

随着美的研发体系的构建，大批研发人员融入体系之中。身处美的构建四级研发体系过程之中的李建平，也慢慢感受到发生在自己身上的蜕变和成长。李建平是"老美的人"，是美的厨房和热水事业部工业设计负责人。在她的职业生涯里，除专注于工业设计之外，在美的厨房和热水事业部，还先后涉及产品企划和用户研究。这样的从业经历，让她在做产品创新时除了拥有工业设计本专业的能力，更能够从用户和企划的角度去考虑创新的价值和可落地性。胡自强强调的"工业设计、用户研究、技术实现"的创新三大核心能力，在李建平一人身上形成交集。她组建的创新团队也有意识地兼顾了工业设计和用户研究的能力，并与研发团队形成跨部门拉通。

产品企划的工作经历，让李建平慢慢形成自己的工作逻辑："如果想把创新设计做得更好，首先必须了解市场和用户，形成经营思维和战略思维，这是保证设计出来的产品在市场需求主航道上的基础。"其次是工业设计人员的用户思维，这样的思维方式，使李建平在推动创新设计时，会首先关注用户需求，并在了解用户需求的基础上基于经营和技术现状对自己的产品进行设计、迭代。

2014年之前，李建平的设计团队还基本停留在"服务经营"的思维方式上，工业设计方向还主要以"功能性＋外观迭代"为主。2014年，李建平的团队在用户调研中发现，为节省橱柜空间，大部分购买净水器的用户都要求对产品进行侧装。然而，当时的产品的显示和操作界面都在正面，这就造成了用户使用中的极大不便。基于这样的用户洞察，李建平的团队大胆提出侧装、侧显净水器产品。产品一经推出，即得到市场的认可，并引领了当时整个净水器行业的产品升级。

在净水器产品创新的过程中，李建平也渐渐形成自己的用户思维概念。即，她的用户思维并不仅仅体现在终端用户上。技术人员、生产线上的工人、售后服务人员，都是她创新设计的用户。"我们在对上门服务的安装人员进行跟拍的过程中发现，当用户要求对净水器进行侧装后，就给安装人员换芯的过程提高了难度。所以，我们又开始考虑推出'侧抽换芯'的产品。"李建平介绍说。基于前一代推出的侧装、侧显产品，2017年，李建平的团队又通过概念发布会提出滤芯侧抽概念并推动研发人员加速对侧抽换芯的技术研究，解决售后服务换芯不便的痛点，最终实现产品的进一步升级。"侧抽换芯"同样带动了整个净水器行业的升级，成为如今净水器市场的主流产品形态。

随后，2020年，李建平又创新推出集成水路净水器产品。"2020年，我在净水器生产线上支援一线生产，所在的工序正是用软管和卡扣对净水器管线进行连接的工序。我看到为了安装卡扣，每个工人手上都绑着胶带，手指上都有新伤旧痕。我就开始思考如何让工人在生产过程中体验感更好。"带着这样的用户痛点，李建平进行产品迭代创新时开始思考推出集成水路净水器。虽然当时在技术层面还有一定难度，但产品推出后，不但工人再也不会在生产过程中弄伤手指，产品也没有了原来的漏水风险，而且，采用集成水路后产品体积变小，也让外观设计有了更大空间。

有了这样的产品创新迭代思路，李建平的工作思维也发生了极大的改变。最早，李建平把自己的工作职能定位于"服务经营，通过设计创新协同研发将技术外显，通过敏捷设计迭代更好的协同经营体应对同质化严重的市场竞争"。但在2019年，李建平提出"从服务向赋能经营转型"的团队发展理念，在集团"产品领先"的战略方向下，创新设计在开发链路上需要更加前置，思考如何将创新设计团队打造成事业部创新发动机。也正是在这个背景下，也是在2019年，当时的美的厨房和热水事业部总经理徐旻锋决定将用户研究团队并入创新设计团队，并给李建平提出了下一阶段的组织发展目标。为此，创新设计团队必须打破专业领域的边界，触及更多前后端知识链，更加主动地从流行趋势、社会和行业发展趋势、品类技术发展趋势、住宅空间研究、生活方式研究、用户需求演变等出发去洞察创新机会，正向和反向推动事业部各品类相关技术的迭代与革新及设计创新。同年，她完成了适应"三个一代"创新节奏的组织架构调整，将美的厨房和热水事业部工业设计中心更名为创新设计中心。

2018年底，当胡自强在美的集团提出"三个一代"创新模式时，李建平突然得到了启发。"2019年，当我所在的厨房和热水事业部把用户研究并入我负责的工业设计中心时，我就在考虑，能不能在工业设计层面，构建自己的'三个一代'。"李建平说。

从2013年开始，美的厨房和热水事业部的设计团队每年都以内部创新设计发布会的形式，将趋势研究、用户洞察、技术储备及市场发展进行有效融合，通过可落地创新概念成果展示出来，与事业部的开发端进行对接和碰撞。每一届发布会上，创新团队会有意识地将一些基于未来产品的思考形成的工业设计思路展示出来。"这其实就是储备一代和研究一代。"李建平说。

"2018年，胡博士在集团层面提出'三个一代'创新模式后，又启发我基于'三个一代'的创新闭环做组织变革，用多元化、多学科背景的团队去对应不同代级的需求。"李建平的"三个一代"，前提是首先要与集团、事业部大的"三个一代"同频，再通过自己的"三个一代"去影响或是拉动集团、事业部大的"三个一代"。在李建平的"三个一代"中，所谓的开发一代，是指对已经上市的经典产品平台，通过工业设计敏捷迭代，延长产品的生命周期，提高经营效率。而储备一代是把工业设计团队的"服务"属性提升到"赋能"属性。"我们的创新端应该有能力给研发端提供一些方向和点子，他们推进研发后，再反过来推动设计的创新，这样可以跑出来一些全新的、行业没有的产品。"李建平说，"打破'部门墙'，让设计、研发、企划进行共创，这会产生巨大的创新力量。"研究一代也是如此，在能力不断提升的基础上，李建平要求工业设计团队要跑到更前面。李建平认为："如果从市场端到研发端，你对整个过程都是熟悉的，又有创新思维和创新方法，以创新团队主导的未来创新方向，有非常大的概率在主航道上能达到行业引领。"

从"侧装侧显"到"侧抽换芯",在净水器的工业设计上,李建平实现了"三个一代"模式的创新,工作思路也实现了从服务到赋能的转型。然而,如何保证这种创新是持续的?2018年,胡自强在整个美的集团提出"三个一代"创新体系后,激发了李建平在自己的团队中划分对应"三个一代"需求的组织架构。"如何保证这样的创新是持续的?必须用相应的组织架构去匹配需求。"李建平说。在相应的人才招聘上,李建平开始注重人才如何与新的组织架构相匹配。外籍专家、全球布局、跨领域人才、培训机制、人才储备机制……李建平的"三个一代"组织架构逐渐成形。"组织的变革带来了更高层次的思维创新,"李建平说,"它让团队的成长打破了边界,也让整个创新过程更加有趣。"

"创新设计是纽带,"李建平说,"它必须跨部门走出去,与技术、市场相连接,也要考虑创新产品的成本。要考虑从创新到在市场上推出产品每一个环节的需求,并将这些需求在创新过程中加以考虑,同时推动研发落地。"

在这种思维方式之下,李建平要求自己的团队要理解市场数据和产品。李建平认为:"在这个基础之上,创新才能真正给企业带来价值。"同时,李建平也开放了自己的"储备一代"。在每一年的发布会上,李建平都会面向包括研发在内的所有相关方讲解自己的创新会给用户带来什么。"让研发人员能够从中感受到互动,可以给他们带来力量。他们在得到这些信息后,可以坚定创新方向。"李建平说,"所有的创新,都需要共识。""苹果之所以强大,是因为这个企业从顶层就有创新思维。"李建平说,"创新就是生产力。"

(五)强调数字化,实现"三个一代"项目的高效管理

站在CTO的角度,在考虑企业数字化转型时,胡自强非常注重产

品本身的数字化和研发体系的数字化。研发体系的数字化包含研发体系的资源和项目管理、用户趋势的研究、产品创新过程中数字化工具的应用等。

具体到数字化管理，胡自强说："'三个一代'体系里，滚动推进着那么多项目，只有数字化，才能对这些项目进行高效管理，也才能对用户的变化趋势做出更快反应，让创新更接近用户。"

"所有的项目都在集团的 IT 系统里。在 GPM（项目管理系统）上，可以很清楚地看到这些项目的推进情况。"李猛介绍，今天，美的研发项目的在线化比例已经超过 95%，这也让美的研发管理进一步做到了透明化。另外，在系统中也实现了项目评定参数数字化，为每年 10 月美的科技月期间的项目评审打下重要的基础。

研发的数字化企划平台还能够搜集、分析用户行为数据、用户评论数据，进行用户舆论搜索等，并建立用户画像和研究模型。据李猛介绍，美的研发数字化系统（GPLM）于 2015 年上线，期间不断优化、固化，形成美的独有的优势。"今天，其中一些数字化管理工具已经被美的提升、总结成商业化软件，再去服务中小企业。"李猛说。

贯穿于研发全流程的用户研究同样进行了在线化、数字化管理。"规范里规定了哪些项目的哪些环节需有哪类用户参与，也明确了用户样本数量以及用户研究内容。"李猛说，"包括我们的海外研发中心，也使用这样的用户研究规范。"2018 年，美的集团科技管理引入了客户满意度 NPS（Net Promoter Score），当时美的产品的 NPS 值约为 30。2021 年，这一数值已经提升至 60 左右。

张进在美的洗衣机事业部任企划部长期间，还构建了数字化企划的能力。"2019 年 8 月，我刚到洗衣机事业部时，还没有这个部门。"张进说，"搭建这个平台，对我们快速进行产品分析、快速抓取市场趋势发挥了重要作用。"另外，通过跟踪智能化产品，他们也可以看到用户在哪个时间段使用产品更频繁、哪些功能被使用得最多，不同市场区域的用户在使用产品时有哪些不同习惯，最多的异常操作有哪些等，这些都有助于企业对产品进行快速优化和迭代。除此之外，张进还强调："我们还可以利用这个平台，去合理分析市场数据，为新产品制定合理的销售目标，并帮助事业部合理安排生产和采购计划，从而大概率避免大幅度供不应求和库存过大的情况。"这就解决了"拍脑袋"的经验主义带来的弊端，并提高了效率。美的洗衣机事业部的这个数字化企划平台曾在2020年获得美的内部大数据平台的一等奖。

六、结果

当然，从实战层面来回顾，胡自强做的远不止以上提及的这些案例。从只有一级开发体系到形成四级研发体系，从在市场上只能快步跟随到"三个一代"的持续创新，对于其中的巨变，李建平说："这为美的构建了持续创新、不断续航的能力。"

"他（胡自强）是我们的引路人。"李猛说，"除去四级研发体系和'三个一代'创新体系本身，他在构建研发体系的过程中，为美的的研发团队赢得了发展的环境，为美的研发体系打造了浓厚的科技氛围，这些都是为了'产品领先''科技领先'在美的的真正落地。"

七、案例总结

在前面的章节中，我们已经提到，对于当时仅仅成立三年的美的中央研究院来说，2017年是一个极其特殊、极其重要的年份。因为在2017年，胡自强推进的由美的中央研究院牵头、与各大事业部联合的各个大大小小的项目，都开始落地、开花、结果。现在我们可以看到，随着这些项目的落地，美的全新的四级研发体系已经悄然建成。它不但有逻辑模型，还进行了适应美的当时发展的全球布局，而保障四级研发体系高效运转的产业链、"三个一代"创新体系以及管理制度，都已经建设完善，一支已经在"百战"之中得到锤炼的队伍正呼之欲出。

从一级开发到四级研发体系，从理论到实践，四级研发体系已经在美的落地生根，开花结果。美的形成了强大的研发能力，以支持企业短期和长期的经营。四级研发体系是美的实现"产品领先"战略的关键途径，也为美的把"产品领先"战略升级为"科技领先"战略打下了坚实的基础。

正是在这样的背景下，2017 年，在美的中央研究院举办的第二届美的战略技术论坛上，美的喊出了"站在创新之上看世界"的主题，隐隐露出美的站上世界之巅的理想和雄心。

胡自强为美的建设全新研发体系的过程，几乎是独一无二的。他既没有高高在上进行革命性的架构改革，也没有深陷具体项目不能自拔。相反，他是在推动具体项目的过程中去完善、实施研发体系的建设，在体系建设中又以推动项目落地为标准。这样的做法，一方面，不断地推进项目落地，符合美的"效率优先"的企业文化；另一方面，在研发体系的建设中不断去调整，让全新的研发体系更好地融入美的这个已经运营多年的企业之中。

当然，这样的做法，对胡自强这位美的新研发体系的架构师有着极高的要求，他不但要胸中有丘壑，还要能俯身落地。能做到这些，与他本人在之前的职业生涯中不断有意识地去探索和积累是分不开的。可以说，美的全新研发体系的建设过程，是胡自强之前职业生涯积累的完整复盘。

第十章
推进各业务单元的研发协同，
拉动弱势品类

推进各业务单元的研发协同，是提升研发效率的重要手段。一个业务单元好的做法、好的技术，其他业务单元只需简单的"拿来主义"并进行落地转化，即可完成一次创新。从技术层面支持弱势品类的提升，扭转在市场上的被动局面，也是实现"产品领先"的重要内容。

一、关键点

2017年,美的的四级研发体系逐步完善,运营步入正轨。从研发架构层面,中央研究院基本结束创建阶段,事业部的"研、发分离"也已经完成,推动每年迭代三年战略规划开始步入正轨,研发能力得到明显提升,从集团到事业部对于研发的持续高投入已经达成共识。

但在实际操作层面,美的各大事业部的研发能力提升速度并不完全一样,有些事业部、有些产品会出现一些这样那样的问题,这也需要深入到事业部去了解问题、真正解决问题。

有两点是需要特别关注的。一个是美的渐强的研发能力,如何与TLSC进行协同提高双方的研发效率。对于几乎每一个大型企业来说,并购融合都是一个必答题,更何况美的并购TLSC是跨国并购。其中无论是市场融合还是本书中涉及的研发融合,都不是件容易的事。另一个需要关注的,就是如何利用研发体系重点拉动美的弱势品类的提升。

二、背景

2016年6月30日,美的以约514亿日元收购东芝白色家电业务主体东芝生活电器株式会社(TLSC)80.1%的股份,美的也因此获得东芝企业品牌40年的全球许可证和5000多件白色家电相关专利。胡自强本人也参加了这场交割仪式。TLSC是日本北方的老牌工业技术企业,整个企业的文化以技术为导向,没有用户创新思维。根据当时的报道,TLSC当时一直处于亏损状态,市场份额不断下降,投入也不足以支持创新。而与美的的融合,双方表现得也并不坚决。

2019年7月,美的集团董事长兼总裁方洪波开始着手解决美的弱势品类的问题。2019年9月,在一次高层经营分析会上,方洪波点名把拉弱势品类的任务放在了胡自强的头上。同样是2019年的科技月上，方洪波面向美的集团全体研发人员，提出了"要么第一，要么唯一"的要求，拉动弱势品类迫在眉睫。

三、诊断

从技术底层打通TLSC与美的集团的融合通路，主要困难在于TLSC的融入意愿。一直以技术为导向的TLSC技术底蕴深厚，而美的的高水平研发能力刚刚形成。因此，虽然TLSC当时处于亏损状态，但作为被并购方，TLSC是否能够认可美的研发能力是融入的关键。而与TLSC的研发协同，只是胡自强推进各业务单元研发协同的一个典型案例。实际上，推进不同业务单元的研发协同，是胡自强提升研发效率的重要手段。

对于弱势品类，需要具体到每个品类的具体情况，找出该品类成为"弱势"品类的具体原因，再对症下药。

四、解决思路

作为美的集团的CTO，胡自强一直聚焦于通过在战略层面推动研发体系和产品创新持续升级，不断解决转型过程中机制、体系和资源问题，为实现美的集团"产品领先"战略建立完善的研发体系和高水平的研发能力。同时他也深知，想要做到在研发层面真正贯彻集团战略目标的落地和实现，必须"一只眼睛盯住事业部"。所以，在推进各业务单元进行研发协同时，让TLSC融入美的研发体系，是胡自强一直计划要解决的问题。而方洪波认为弱势品类所存在的问题，胡自强也都了然于胸。

2017年下半年，胡自强着手推动TLSC与美的集团的技术融合，将美的研发体系当时已经落地的新技术赋能TLSC。比如，美的冰箱当时推出的"微晶一周鲜"、美的洗衣机推出的"自动投放"技术、美的家用空调推出的"无风感"、微波炉烤箱表面的涂层技术等,都与 TLSC 进行了技术协同,再结合 TLSC 目标市场的真正用户需求,用技术协同支持 TLSC 推出创新产品。

作为技术专家,胡自强了解 TLSC 的技术能力。作为 CTO,他也懂得如何打动 TLSC 的研发团队,让他们认可美的的研发体系和研发能力。正如胡自强所说:"尊重日本文化,尊重 TLSC 这家百年企业,首先建立相互的信任感和认同感,是 TLSC 全面融入美的研发体系的基础。"

2019 年下半年,方洪波亲自将吸油烟机、灶具、洗碗机和吸尘器定义为弱势品类,胡自强开始花大量的时间深入事业部,逐个解决每个弱势品类研发层面的问题。

五、实践

(一)推动美的各业务单元的研发协同

以研发协同提高研发效率,是胡自强在架设美的中央研究院时为美的中央研究院确定的主要功能之一,成立的技术委员会是承接这一职能的主要平台。美的作为一个超大型企业,主要产品品类近 30 个,做好这些产品品类之间的研发协同非常重要。由各技术委员会组织的各事业部研发体系的走访交流,三年研发战略规划的讨论制定过程,以及美的中央研究院产出的技术在不同事业部的落地,都是技术协同的重要内容。很多项目都是通过不同业务单元的技术协同来完成的。其中最为典型的是胡自强一手推动的美的与 TLSC 的技术协同。

2017 年,也就是美的收购 TLSC 共 80.1% 股份的第二年,美的国际从销售层面调整了 TLSC 的组织架构和运作模式。同样是在 2017 年下半年,胡自强开始着手从技术层面拉通,促进技术融合实现共赢。

一开始并不顺利。"戒备和骄傲,双方都是存在的。"胡自强回忆说,"作为全自动波轮洗衣机的首创者,TLSC 有着深厚的技术底蕴,但同时,他们也要面对亏损的现实。"而此时,美的完善的研发体系已经建成,正是风帆高启、初露锋芒之时。

2017 年,胡自强要求 TLSC 首次参与美的一年一度的科技月。TLSC 的现任 CTO 冈本武久当时任 TLSC 冰箱研发负责人。他回忆说:"但那真的只是参加一下而已,并没有全面融入其中。"也正是在那年的科技月前,冈本武久第一次见到了胡自强。那次会面让冈本武久记忆深刻:"那是我第一次向他汇报 TLSC 冰箱的中长期产品技术规划,"冈本武久回忆说,"当时,东芝冰箱在日本市场一直是不温不火的状态。我也正在为如何提高冰箱在日本市场的占有率而苦恼。"胡自强非常冷静而严肃地点评了冈本武久的汇报,同时又非常温和地跟他讨论,如何导入美的冰箱的技术,为 TLSC 带来创新性的产品。"他态度非常温和地告诉我,如果在技术层面与美的做好协同,那将非常有意义。"在胡自强的推动下,2019 年,冈本武久主持导入了美的冰箱的"微晶一周鲜"技术,通过与日本市场的本地需求相结合,采用该技术的产品在日本市场大获成功。这也是 TLSC 导入的第一项美的技术。

实际上,让 TLSC 全面融入美的科技月,每年按照美的的流程推动中长期技术规划的落地,是胡自强让 TLSC 与美的全面拉通技术协同的重要抓手。2019 年 6 月开始,冈本武久就任 TLSC 的 CTO,他也更加深刻地意识到了这一点。"参加科技月,不但能够全面了解美的的创新产品和在研技术成果,还有更重要的一点是,美的集团和事业部的所有研发负责人都在科技月上,可以与他们充分讨论开展哪些合作、导入哪些技术。另外,我们还有机会面对面地与方(洪波)总汇报交流。在 TLSC 方面,也不只是我一个人代表 TLSC 参与到美的科技月中,而是我带领所有的产品研发负责人都来到美的,与自己对应的事业部做深入沟通,推进产品开发项目。"他说,"这样做非常有意义,也坚定了我们与美的一体化的决心。"

另一方面,从2018年开始,胡自强开始密集走访TLSC。"平均每季度一次。"冈本武久回忆说。密集的亲身走访,让胡自强非常准确地把握到TLSC的研发体系需要做哪些调整和补充,也让他有机会亲身感受日本市场。

有了对TLSC研发体系的准确把握,胡自强开始要求TLSC对研发体系进行调整。调整的核心是将"技术驱动创新"转变为"以用户为中心的创新",从而改变在市场上的被动局面,逐步提高市场占有率。具体手段就是与美的的技术体系进行深度融合和协同。重点主要包括:建立与美的先行技术的协同机制,确立以"三个一代"为牵引的创新流程,导入美的中长期研发战略的规划和落地流程,以及建立胡自强一直以来都非常重视的用户研究团队和工业设计团队。

在冈本武久看来,最让TLSC受益的是美的先行技术的协同机制和用户研究团队的创建。"美的先行技术已经是TLSC在日本市场上推出产品不可缺少的一部分。"冈本武久非常坦诚地说,"而建设用户研究团队,导入美的用户研究的方法和流程,让我们有能力去洞察日本用户的真正需求。将先行技术与用户需求相结合,就能推出市场上真正需要的产品。"

"比如在中国,消费者买肉都是买很大一块。但是在日本,肉都是切好的,放到冰箱里既要保鲜还不能被冻。所以,在引入微晶一周鲜技术的基础上,必须对产品结构进行调整,结合日本本土的需求导入技术。"冈本武久举例说,"还有洗衣机产品,我们引入了美的的Micro Bubble技术,同时又结合了TLSC自有的Ultra Fine Bubble技术,有效提高了衣物上污渍的被祛除率。"据了解，采用两种技术相结合的洗衣机产品，还计划应用在东芝品牌的海外线产品上。对此，冈本武久表示："所以，我们做的，不只是导入美的技术，我们也会结合日本市场的需求，把美的的技术与 TLSC 的原有技术相融合，再通过技术改善和创新，推出全新的产品。"

除了前述的冰箱微晶一周鲜技术以及洗衣机 Micro Bubble 技术，还有空调的无风感技术、微波炉烤箱表面的涂层技术、洗衣机的洗衣液自动投放技术以及电饭煲的 IH 对流技术，都被 TLSC 成功引入日本市场，并得到了用户的肯定。其中，同时采用了 Micro Bubble 技术和 TLSC 的 Ultra Fine Bubble 技术的洗衣机和微蒸烤一体机都在日本市场取得了市场占有率第一的不俗业绩。

在冈本武久看来，胡自强密集走访 TLSC 还有一个莫大的好处，就是为 TLSC 研发体系创造了与美的集团 CTO 面对面交流的机会。"团队里不是每个人都可以随便出差的，胡博士每次来 TLSC，都要与研发体系各个平台的负责人进行全面交流。"让冈本武久印象深刻的是，胡自强先后两次从 TLSC 总部所在地的川崎出发，用 3~4 个小时的车程到很偏僻的爱知事务所，与研发人员进行交流，并对整体的开发环境提出意见和建议。

"这些都是在线上无法体验、无法看到并提出解决方案的。"冈本武久说。胡自强还专程去 TLSC 的爱知事务所参加每年一次的名为"我的创意"的内部技术展。2019 年底，胡自强把美的整个研发体系都拉到了日本，在日本召开了美的集团研发体系年终会议，也让全体人员都参观了"我的创意"内部技术展，这更为 TLSC 与美的研发体系全面拉通提供了宝贵平台，也让美的研发体系对 TLSC 有了更加直观的了解，全面提高了美的与 TLSC 的研发协同效率。

"严格"是在采访过程中冈本武久多次用来形容胡自强的一个词,但是在"严格"之后,总是跟着另外两个词,即"温和"和"真诚"。"虽然他要求严格,但是你一旦做到了他的要求和期望,他总是非常坦诚地表扬你。"除了工作之外,胡自强很喜欢利用私下的时间与 TLSC 的研发人员进行沟通。"他总是想把大家都融合在一起,利用私下的时间,与大家吃饭、聊天,与大家交心、交朋友。"冈本武久还特意提到,在 2020 年 CES(美国拉斯维加斯消费电子展)期间,胡自强主动约他共进晚餐,就 CES 交换意见,进一步增进了两人之间的友情。冈本武久说:"这也让大家在工作时交流更加顺畅,双方也更加互相认可和信任。"

回忆起与胡自强的交往,冈本武久开心地笑了。"承蒙关照,"他说,"由于他是技术出身,他对 TLSC 研发工作的点评非常专业、准确,我总是可以全盘接受。他提出的意见,他推动的与美的研发体系的融合,对 TLSC 的贡献非常大。"

2021 年,TLSC 一举扭转了在市场上亏损的局面,提高了在日本市场的占有率,并开始营利,TLSC 也因此获得了美的集团的经营改善奖。对此,冈本武久表示:"如果要谈研发体系对这个奖项的贡献,我认为,TLSC 在研发领域一直坚持以用户为中心,以解决用户痛点为目标进行产品开发,推出了与用户需求相吻合的产品,因此得到了用户的支持。"

(二)洗碗机:改变团队思维,创新定义中国人的洗碗机

哪些品类是美的的弱势品类?在方洪波的定义中,包括吸油烟机、灶具、洗碗机和吸尘器。在胡自强看来,这些品类虽然在市场端的表现都不尽如人意,背后的原因却不尽相同。

胡自强开始集中深入事业部,解决实际问题。他的日程安排基本是:每个月吸油烟机、灶具一周时间,洗碗机一周时间,吸尘器一周时间,

如此每月循环往复。

洗碗机被定为弱势品类的时候，时任美的厨房和热水事业部洗碗机产品总监的许平平正在德国出差，他带着一帮同事去走访德国客户。刚听到这个消息时，他很失落，也很沮丧。当时，美的洗碗机出口量占中国总出口量的85%。"全世界的标准，我们都懂。我们可以为每一个客户生产出符合他们标准要求的洗碗机。"许平平说。但是，同时他也知道，在国内市场上，美的洗碗机一直没有打开局面。对于这个状态，方洪波曾经用一句诗来形容——"病树前头万木春"。想到这些，正开着车在德国的高速公路上奔驰的许平平难免有些沉默。

回国后，许平平与胡自强有了第一次"碰撞"。"虽然胡博士也是干技术出身，但具体到洗碗机产品的技术，我很自信。"许平平说。然而，让他意外的是，胡自强在与他沟通的过程中没有提到过一次技术问题。"他只跟我讲，用户是怎么用洗碗机的。他强调的是用户，对我采用的是'攻心'战略。"今天说起这些，许平平的语调里有一些调侃的意味，但是，谈到当时与胡自强几次见面前的感觉，他说："站在会议室外面，我每次都汗流浃背。"

"我当时心里是非常认可洗碗机团队的技术能力的，"胡自强回忆说，"他们缺的是用户思维，缺的是可以满足持续创新需求的组织架构。"

事实也正是如此。由于长期专注于海外OEM业务，美的洗碗机研发团队最擅长的是解决客户抛给他们的各种难题，却无法贴近用户需求，再从用户需求找到创新路径。"我们就像是孜孜不倦的答题者，一直在解答别人给我们的各种问题。"许平平说。

但与此同时，高度的自信也让洗碗机研发团队没有把国内市场"放在眼里"，很随意地把一些在海外市场表现不错的产品拿到国内市场销售，却没有能在国内市场掀起任何波澜。

许平平至今记得，在美的集团的一次高层会议上，美的集团科技与标准负责人李猛用一个PPT文件，将美的在国内销售的洗碗机产品上用以表示产品功能的图标展示给现场的美的集团高管，并问他们有谁认识这些图标代表什么功能。"这些图标，国外消费者是司空见惯的。但是，对国内消费者来说是完全陌生的。"许平平说，"当时，我们连把这些图标改掉再进入国内市场的意识都没有。"

这场高层会议对许平平造成了"足够的心理打击"。随后，胡自强又请许平平吃了两顿被他定义为"鸿门宴"的晚饭，密集开了几次会，讨论的话题都是如何从用户需求角度去定义产品。

几次"汗流浃背"之后，许平平开始学会以用户思维去研究洗碗机。他发现，"世界变了"。随后，这个研发团队的思维方式也开始改变。

"在足够的心理打击之后，是胡博士对我们团队的足够支持。"许平平说。在事业部和胡自强的支持下，许平平构建了适合"三个一代"创新体系的组织架构，强调了先行研究、用户研究和产品企划体系。2019年，美的洗碗机的研发团队人员数量是110人左右，到2021年即扩大到260人。美的厨房和热水事业部洗碗机的实验室也从3000平方米扩大为超过1万平方米。另外，胡自强还调用了美的中央研究院的研发能力支持洗碗机的研发。"我们不但要做标准的解题人，还要走到更前面，根据用户'懒'的天性，做更基础的研究，然后做到去影响、制定标准。"许平平在思维发生重大改变后，突然有一种"登泰山而小天下"的感觉，"之前，我们可以做出能效最低的洗碗机，也可以做出最便宜的洗碗机，但是，什么才是用户体验最棒的洗碗机？"

洗碗机研发团队开始从用户需求的角度来定义、开发产品。比如，中国人的餐具复杂，碗篮必须做出改变。想在洗碗机上增加消毒和存储功能，就要考虑塑料件的安全可靠性。有了解决用户痛点的目标，加上在做"标准解题人"时就磨练出来的"遇到困难就必须拿下"的决心，美的洗碗机团队逐渐拨开迷雾，找到了方向。

"我想，胡博士从来不担心我们做不出来产品，他是要教会我们如何去定义产品。"许平平回忆，最初，胡自强与他们一起去定义产品，"在实验室里，洗碗机都是放在地上。每次去实验室讨论，都能看到胡博士坐在地上，研究产品，与我们一起讨论。现在想起来，都是满满的感动。"

在与洗碗机研发团队一起定义产品的过程中，胡自强还有意地教会他们如何定义产品，如何从用户调研开始去输出开发一代、储备一代、研究一代的技术，保证产品一代一代地持续创新迭代，然后再在组织架构上去保证整个创新体系的流畅和有效。

第三方数据显示，2021年，中国洗碗机市场来到关键节点，销售额一举突破百亿元大关。也是在这一年，包括美的、COLMO和华凌三个品牌在内，美的系洗碗机在线上、线下销售额排名已经来到第一和第二的位置。至此，美的洗碗机已经稳固在市场头部品牌的地位。在2021年美的集团经营管理年会上，美的厨房和热水事业部洗（洗碗机）消（消毒柜）产品经营体获经营突破奖。

（三）吸尘器：重整研发团队，构建核心能力

与洗碗机相同，美的吸尘器也是更专注于海外OEM业务。而在2019年，国内清洁电器市场正在步入快速发展阶段，美的也急需在国内市场提升地位。但与洗碗机不同的是，吸尘器的研发团队相对弱了很多，产品也主要集中在低端产品上，对比市场上的头部企业还有很大的差距。

如何缩短差距并快速赶上？胡自强为拉动吸尘器这个弱势品类，选择从构建研发能力入手。在胡自强与事业部的共同努力下，美的微波和

清洁事业部把 2019 年和 2020 年的技术人才招聘名额全部倾斜给吸尘器产品，以保证能够快速建立起研发团队。

在研发能力中，胡自强首先构建的是先行研究的能力。2019 年，面对高端产品，美的吸尘器的研发能力还很不足，形不成体系。从 2019 年开始，随着加大投入、推进系统研究以及美的中央研究院加大支援等，这些基础能力很快建立起来。

在建立先行研究能力的同时，胡自强牵引团队做先行产品研究，包括扫地机器人和当时正在市场上初露锋芒的洗地机。同时，也布局了蒸汽、厨房地面污渍清洁等先行技术研究，确定先行研究方向。另外，胡自强还牵引导入创新方法论，构建了创新能力的研究。人员、技术、场景、方法论，构建美的吸尘器的先行研究能力，胡博士都是从最基础的做起。

胡自强做的另一项重要工作，是强化工业设计和用户研究的能力，并把工业设计和用户研究嵌入研发流程中。在胡自强的指导下，研发团队突破大吸力、高转速电机、长续航、高效率分离等吸尘器技术，陆续推出大吸力推杆吸尘器、蒸汽产品、洗地机产品、布艺产品等。美的中央研究院在研发力量方面给予了吸尘器很大的支持，包括下一代风机设计项目等。很多时候，胡自强甚至会亲自去讲怎么解决遇到的具体技术问题。

在那段时间，即使他本人不在美的清洁电器的工厂，也在不断思考产品。"只要实验室做出来新品，无论是洗地机还是扫地机器人，他都拿到家里去试用，几乎天天用。"当时一直跟随胡自强推动弱势品类的周海珍说，"如果发现问题，随时找研发团队沟通解决。那个时候，我们都管他叫清洁电器的 VIP 体验官。"

截至 2022 年，美的吸尘器品类共申请专利 3000 余件，在欧美、日韩、俄罗斯等数十个国家和地区进行海外专利布局；拥有有效专利共1300余件，其中发明专利300余件。还有多项专利成果获奖，比如，2019年获得江苏省专利优秀奖，2020年获得中国外观专利银奖等。另外，美的吸尘器产品还获得20余件国际设计大奖，其中X10洗地机获得德国红点奖和美国IDEA设计奖，FC9、WD40洗地机获得国际CMF设计奖。

两年过去，美的的产品发生了很大变化，各类清洁电器产品的市场地位都在不断巩固之中。在日本市场，美的为东芝品牌量身打造的轻量型产品在2020年底推出时，是市场上最轻的产品，在日本市场得到了广泛认可，这也奠定了美的开拓日本吸尘器市场的轻量化技术路线。与洗碗机团队一样，在2021年美的集团经营管理年会上，美的微波和清洁事业部吸尘器经营体获经营突破奖。

（四）烟灶：确立高端产品技术路线图

时任美的厨房和热水事业部烟灶产品负责人的刘小文用"一穷二白"来形容2019年之前美的烟灶产品的状况。"没有人才结构，没有技术沉淀，没有自己的技术路线。"刘小文说，"核心零部件没有自制能力，甚至电路板自己都做不了。"在这种情况下，加上烟灶市场的传统头部企业多年来一直地位稳固，美的要想突破非常艰难。

与拉动洗碗机和吸尘器两大弱势品类的打法不同，胡自强亲自带领团队，为烟灶产品系统梳理了技术路线图。

2019年10月，在方洪波指定胡自强挂帅拉动弱势品类1个月后，在美的科技月筹备期间，胡自强将重点精力放在了烟灶品类上，他和烟灶团队在展厅一起讨论下一步美的烟灶产品如何布局高端市场，并在中途叫来了当时美的厨房和热水事业部工业设计负责人李建平。

李建平匆匆赶到时，看到胡自强正坐在展厅的地上，非常认真地注视着挂在展柜上的烟灶新品——那是美的对标竞争对手开发的一套传统的侧吸式烟灶产品。他看了李建平一眼，问："建平，如果把这套产品作为美的品牌的烟灶高端形象产品，你觉得如何？""不好。"李建平清晰简单地表达了自己的想法，"首先高端烟灶的形象必须与现有品类的形态有差异化，高端烟灶消费者可能并不完全是产品的使用者，但他们是产品购买的决策者，高颜值、差异化是打动他们购买的第一要素。对于使用过程来说，吸油烟效果及噪声问题是他们加速决策的第二要素。除此之外，我们还需要关注基于生活方式变化带来的烹饪方式及产品使用习惯的改变。中国家庭的厨房已经开始变为社交场所，这些都是我们考虑美的高端形象产品应该设计成什么样子时应该关注的重要因素，它不是传统的侧吸吸油烟机和传统灶具形态，而必须是一套兼顾吸油烟性能、静音效果更卓越、产品体验更极致、外观辨识度足够强却又能融于环境的产品。"

李建平认为的高端烟灶形态，正是今天美的已经全面推出的"新近吸"形态。而在当时，市场上已经出现了类似的产品形态，"白牌"烟灶套餐售价低至 2000 元左右，因此，烟灶团队认为用这一产品形态定位高端不太可行。但是，李建平的用户思维打动了胡自强。"就是它了。"胡自强从地上站了起来，用最简单的话做了最明确的决定。胡自强心里认为，虽然产品形态已经出现，但是他相信美的的研发创新能力，能够在这个产品形态上把用户遇到的问题真正解决掉，并打造出高端产品。事实也正是如此，几乎在同一时间，其他一些品牌在市场上陆续推出"更干净、更安静"的高端吸油烟机产品，也正是同样的"新近吸"产品形态。

"就是它了"这简单的四个字，让李建平内心非常感动。很少有机会与胡自强近距离交流的她，突然发现自己所在这家企业的 CTO 这么懂创新。接下来的春节，李建平和她的团队没有休息，春节复工后，她就拿出200多页的美的烟灶高端化设计策略报告，这些报告一次通过，并陆续落地转化。当然，研发过程也是可以预料的艰难。胡自强虽然内心也非常焦急，但还是在不断地安慰研发团队："烟灶作为弱势产品，已经弱了近20年了，说明它不好干，也不是'一日之寒'，大家只要认真去做，就会成功。"胡自强告诉大家，一个弱势品类，提升到技术慢慢能够与别人持平，再到产品持平、超越，再到在市场上得到认可，需要一个客观发展过程，这需要所有人耐住性子，静下心来，全身心投入，去成功穿跃这个周期。但是，走"华山一条路"的全身心投入路线，尤其是近千万元的模具投入，对于刘小文来说压力非常大。2020年4月，经过几个月的"全身心投入"，代表着美的烟灶高端路线、以MK品牌推出的悦家烟灶套系X9终于面世了。它对于美的来说意义非凡。"它让整个团队变得非常自信。现在，我们对推出下一代的技术，如新的风机系统，都非常自信。它也能让用户、让行业更相信美的。"刘小文说。李建平说："X9一经推出，我们大家的心里的话都是'哇，原来我们也可以干出这么棒的产品'。它是一个里程碑。产品做好了，它就会说话，就会发声，能证明美的的创新能力和技术能力。"实际上，X9套系让美的收获发明专利39个、实用新型专利4个、外观专利4个。X9套系更是将德国iF奖、红点奖等四大国际工业设计大奖收入囊中，是名副其实的"大满贯"。

另外，它还为美的烟灶确立了高端产品的技术路线图。随后，美的又推出X3S、X5，COLMO又推出SV8、SS8两套高端烟灶产品，都是以研发悦家套系X9时的技术积淀为核心，在针对用户群做产品定位和转化后推出的。"胡博士为灶烟产品系统梳理了技术路线图，基于用户需求做出核心主线。"刘小文说，"在这个过程中，他投入了大量的精力。"

通过悦家套系 X9，胡自强让美的的烟灶团队学会了如何做精品。"从技术、工艺、CMF 等各个方面，去倒逼团队做到高标准、高要求。"刘小文说。周海珍记得，2020 年初，疫情还很严重的时候，胡自强就提出要到美的烟灶生产所在地的安徽芜湖出差。2020 年 3 月 19 日，周海珍与胡自强一起来到芜湖。"当时工厂正在搬迁过程中，他要亲自去看一看，新的生产线是不是能够真正按照高要求生产出高端产品 X9 系列。"

有了好的产品，市场也终将回响。以 X9 为基础扩展到加上微蒸烤和冰箱的美的厨房悦家套系，成为美的套系化的主打产品。美的 X3 系列和 COLMO 的 SV8 系列也进入市场销售的前 20 和前 10。在由于工厂搬迁造成下半年严重缺货的情况下，2021 年美的烟灶产品仍取得了不俗的业绩。2021 年上半年，美的烟灶产品在国内市场销售额增长 40%，在外销市场销售额增长 60%。

六、结果

让 TLSC 全面融入美的研发体系无疑是正确的，这一点也通过后来东芝品牌产品在市场上的表现得到了验证。至于各个弱势品类的拉动，虽然由于各个品类的基础和具体情况不尽相同，所以提升的高度和方法也不太一样，但是，每个弱势品类都有了明显的进步，甚至有些品类一举进入国内市场的前列。

七、案例总结

在推动 TLSC 融入美的研发体系时，美的的研发能力刚刚建立。此时，最难的莫过于对双方的研发能力有清醒的认知。面对研发积淀深厚的 TLSC，不妄自菲薄，也不盲目自大，同时尊重对方的企业文化和研发能力，是成功的基础。

拉动弱势品类时，则需要洞察每一个弱势品类的具体情况，找到各自成为弱势品类的根本原因，再对症下药，才能事半功倍。但是，拉动每个弱势品类的提升，背后都有一个统一的逻辑，那就是，产品改善也好，产品创新也罢，都要围绕满足用户需求这个核心去提升，甚至是补足能力。

如果说构建四级研发体系、推动"三个一代"创新模式是大的架构工程，那么推动 TLSC 融入美的研发体系以及拉动弱势品类就是解决整个研发体系上"点"的问题，将具体的弱点填平，构建强有力的研发能力。

美的研发转型

技术创新的运营管理实践

第十一章
所有变革的核心都是文化的变革

任何一场变革或转型,都是一个破旧立新的过程。"破旧"就是打破旧势力,不但要打破旧的研发体系,更要打破旧的思维方式,打破旧的企业文化。"立新",不但要建立新的研发体系,还要建立新的思维方式,新的企业文化。新旧交替,会造成转型前进和后退之间的反复。新的研发体系要真正获得认可并能成功融入企业整体运营,必然是建立在文化变革的基础之上。文化变革,是让涉及企业变革的每个人都从骨子里认可变革本身,认可企业变革的方向,认可企业变革能够带来的价值,从而愿意去参与甚至是推动企业变革的进程。值得强调的是,文化变革也需要一个过程,在最开始只有少部分人能够支持。在这个过程中,需要通过成功的案例扩大支持范围,实现真正的变革。

一、要变的不仅仅是研发体系

至此，对于美的这个超大型企业的这场轰轰烈烈的研发转型，已经基本上全景呈现。从规模驱动到技术驱动，从短期利益到长期主义，从跟随模仿到引领创新，从经营导向到产品领先，对于美的来说，这是一场翻天覆地的变化，说这是一场"革命"也毫不为过。从2014年到2020年，胡自强亲手设计的美的研发体系、建设的研发能力，全力支持了美的当时三大战略主轴的核心——"产品领先"，也支持了美的在2020年把三大战略主轴升级为四大战略主轴，核心也从"产品领先"升级为"科技领先"。

这次研发转型的核心目标是支持美的"产品领先"战略的落地。而要做到"产品领先"，不仅仅需要研发体系本身架构的改变，还需要体系和机制的改变、资源配置的调整、能力的建设等，更重要的是，仅有研发转型是不够的，"牵一发而动全身"，从研发到市场整个体系都需要做出改变，才能全面支持"产品领先"。

在这里，我们重新梳理一下其中的几个关键。

（一）研发转型是企业变革的一部分

研发转型是企业变革的重要组成部分。只有在企业有转型愿望的基础上，才能做研发转型。

以美的为例，2012年提出的"产品领先、效率驱动、全球经营"三大战略主轴，为美的研发转型指明了方向。尤其是"产品领先"是这场研发转型的最终目标。四级研发体系，"三个一代"创新模式，各种能力的建设，都是紧紧围绕"产品领先"这一目标来实施的。

每一次变革，包括企业的整体变革，以及针对研发体系这样的局部变革，都是一把手工程。实际上，有了"产品领先"这面旗帜，这场研发转型就已经成功了一半。因为它代表了美的集团的决心，代表了美的集团董事长兼 CEO 方洪波的决心。

当然，最重要的是，在转型过程中，绝非一把手有了决心就可以解决一切问题那么简单。很多具体问题或是阻力，其实本质上正是来自不利于变革或转型的旧的体系、旧的管理方式、旧的思维方式。需要得到一把手的理解和支持，最终帮助研发体系解决问题。

举一个简单的例子，在建设美的四级研发体系初期，美的招聘了大量的高水平研发人才。但是在人力资源的考核上，美的当时执行的是人才的"金字塔"结构政策，即顶级人才的比例受限。这与招聘大量高水平人才的需求是一对矛盾。如何突破这对矛盾，改变旧有的人力资源政策？如何建立新的人才政策，以支持"产品领先"战略？

当然，这只是其中暴露出的问题之一。本质上说，如果要支持"产品领先"战略顺利落地，要改变的不仅仅是研发体系，而是要以研发变革为牵引，从供应链、制造到产品企划、上市策略等每个环节都需要做出改变。研发出来的创新产品，从实验室到生产线，需要高品质的供应链和制造来支持。好的产品推向市场，需要好的市场营销结合用户需求对创新点进行包装，才能取得好的市场效果。一句话，产品从研发到上市的整个链条都需要改变以往追求低价、追求性价比的运营方式，这样才能支持研发转型推动"产品领先"战略的落地。

另外，"产品领先"的战略目标，最终是由美的各大事业部来落地实施。所以，研发转型不是孤立的，它要与各大事业部的其他环节拉通、紧密配合，要得到各大事业部总裁或总经理的认可。实际上，在这场研发转型过程中，每个事业部推动研发转型的力度和决心并不完全相同，这也造成了变革效果的参差不齐。

（二）为什么是四级研发体系

并不是所有的企业或者所有的制造企业都要建四级研发体系。四级研发体系完全是为了适应美的此次研发转型的需求。2012年，在方洪波的带领下，美的开始践行"产品领先、效率驱动、全球经营"三大战略主轴。在这三大战略主轴的指引下，自2012年起至2019年，美的没再新增一亩土地、一间厂房，还卖掉了大量的工业园。应该说，美的主动放弃或者说主动中止了以往的成功模式——规模优势，转而向研发要收入、要利润。对此，方洪波曾说："美的必须要从一个靠规模成本驱动的企业变成一个靠真正的科技和创新能力驱动的企业。也就是说，这个企业的发展，要靠独有的科技创新能力。"

美的是一个超大型企业，要实现"产品领先"的目标，其中有三个关键点。

首先，研发体系可以实现规模创新。只有创新形成规模，才能够满足美的这样的超大型企业的发展需求。

其次，创新要有可持续性。只有可持续的创新才能给企业经营提供源源不断的支持。

最后，研发体系要有扩展能力或者跨界能力。美的自身是有实力进入全新领域的，对于如何进入全新领域，需要研发体系首先进行探索和孵化。

对研发体系提出的要求是：在对市场短期经营实现支撑的基础上，还要有能力覆盖企业的长期经营。这就要求研发体系能够在技术的掌握方面有广度、有深度，形成成熟的研发节奏。

四级研发体系即在事业部层面实现研、发分离，形成产品开发和个性技术研究两级体系。其中，产品开发层级主要应对需要上市的新品开发需求，个性技术研究层级主要聚焦下一代平台储备和再下一代核心模块技术的突破。中央研究院同样分为两级。第一级聚焦中长期共性技术和基础技术研究，为3~5年内推出的产品做技术突破，第二级专注于前沿技术研究和颠覆性技术突破，以期5年以后在产品上实现技术落地。

可以看到，四级研发体系滚动运转，持续落地创新成果，支持企业短期和长期经营。

最重要的是，将研发分成不同的层级，解决了对技术掌握的高度和深度的问题。在研发层级中越高层的研发层级，它们的研究越聚焦于基础技术本身。一方面，它们是推动产品创新能够从底层技术进行突破的能力；另一方面，对于技术成熟度相对较低的研究项目，可以长期研究攻坚，最终可以形成更大的突破和创新，从而为本企业形成较高的技术壁垒，最终形成竞争优势。

而在研发层级中相对低层的研发层级，更多是聚焦于直接满足目前市场上的创新需求，它们具备技术成熟度高、风险相对小的的特征。

当然，两者的环境和机制也是完全不同的。相对低层的研发层级更贴近于市场，需要快速反应。而相对高层的研发层级需要聚焦于技术本身进行长时间深耕，从技术底层寻求突破。

所有企业都适用于四级研发体系吗？不是的。如果不是美的这样的超大型企业，有事业部两个研发层级即可满足企业发展需求。另外，产品生命周期短、需要不断迭代满足市场需求的企业，也不适用于四级研发体系。四级研发体系的创新产出节奏分明，适合生命周期长的新品。这类产品在推向市场之前，要不断验证，追求完美，才能在市场上形成良性循环。

（三）美的中央研究院的核心使命是什么

在四级研发体系中，承担其中两级研发的美的中央研究院是从无到有建设的。它的核心使命是什么？

美的中央研究院是一个技术平台，它的使命是要完成事业部不能完成的东西，同时需要为未来创新甚至企业跨领域发展做好技术积淀。

所以，美的中央研究院的核心能力，第一是实现重大技术突破和创新。将多个基础技术能力聚集在一个大的研发体下，就有机会将各个技术融合起来，形成大的创新。如果将这些技术能力放置到事业部中，一方面事业部很难长久支持基础技术的研究，另一方面也不能形成多个技术的融合创新。

第二，提升核心共性技术能力，提高产品竞争力并解决各个事业部需要解决的共性难题，提高整体技术能力和研发效率。

第三，美的中央研究院还是一个机动部队或是特种部队，能够快速帮助事业部解决问题。

第四，它还应该是一个新产业、新市场支持和孵化平台。它可以支持和孵化美的可能进入的新产业，或是孵化企业需要建立的其他方面的能力，如支持机器人、医疗新产业的发展；或是培育其他技术平台，如模具团队，在一段时间的培育和能力提升后，即成为美的智能制造研究院的初始团队。

第五，中央研究院还需要承担一项责任，即研发协同。通过技术分委会这样的平台，中央研究院需要从更高层次、更有深度地掌握各个事业部需要的共性技术，并协同事业部进行技术落地；中央研究院还需要协调跨事业部的技术转移，如果有需要，则可以把一个事业部掌握的技术转移应用到另一个事业部的产品创新中。

（四）为什么要在实践中推动研发体系的建设

从理论到实践是最难的，古往今来，很多变革都受困于此。但在胡自强主导的这次研发转型中，美的却做到了理论与实践很好地结合。虽然遇到了种种困难，但胡自强主导的四级研发体系还是融入了美的的运营体系之中。

胡自强的四级研发体系和"三个一代"创新模式，早在他负责美的洗衣机研发时就已经形成思路。但在2014年4月，胡自强调任美的中央研究院院长之后，他并没有急于搭建完善的研发体系，而是通过项目的推动和规划的落地，让美的逐步接受全新的研发体系。

这样做的核心原因，是方洪波对本次研发转型提出的高要求："要在高速飞行的过程中换发动机"，即不能影响企业的正常运营。实际上，由于企业本身是一个经营体，所以这几乎是每个企业在进行转型或变革时都希望做到的。而要做到这一点，转型和变革就不可能是朝夕巨变，而是需要在实践中逐步完成。在实践中尤其要注意的是，首先要换掉相对容易换掉的零部件，再循序渐进对其他零部件进行更换，让飞机进入不断加速的进程，避免因为换发动机而导致飞机突然失速的后果。"这实际上就是一个把旧飞机改装成更先进的飞机的过程，这个过程其实比重新造一架新飞机更困难。"胡自强在解读方洪波这个"高要求"时曾说，"这要看企业自身当时的研发能力和对于换零部件的承受能力。"

另外，客观上说，"产品领先"战略下的研发转型，需要推动企业运营方式和企业文化的改变，这种改变也不是一朝一夕就能完成的，而是需要在实践中慢慢渗透。

最后，着眼于研发能力本身，一方面，在研发转型初期，新招来的人才对企业和产品并不熟悉，自身研发能力也参差不齐，需要在实践中去锻炼和提升。另一方面，新建的研发团队在美的集团内部也没有相应的信誉，别人不知道这个团队的能力如何、能做什么。所以，在建设中央研究院的初期，首先是要快速招人，再让这些人去事业部找项目，帮助事业部解决他们迫切需要解决的问题，对企业经营产生直接影响，也让新建团队迅速了解美的并熟悉产品，建立信誉和自信。

推动事业部层面的研、发分离也是如此。要让事业部首先尝到研、发分离带来的好处，他们才能加大投入，支持研、发分离的层级建设。

（五）研发转型没有标准答案

中国很多制造企业都在进行研发升级，但是研发升级的路线却没有标准答案。在一个企业走得通的道路，放到另一个企业里未必走得通。反过来也是如此。作为一场企业内部的变革，虽然研发转型背后的逻辑和方法是相通的，但是研发转型能否成功，取决于是否能够结合企业自身的实际情况，不断地摸索和实践。照搬别人的路，一定是走不通的。

（六）最重要的一点是，所有的企业变革最终都是一场文化变革

变革或转型都是一个层层剥茧、直抵核心的过程。在这个过程中，需要将最终目标不断分解成逐步推进落地的小目标，不断解决层出不穷的问题，而不是仅仅流于口号或是一个逻辑圆满的理论，抑或是一份漂亮的PPT文件。这是一个打破旧势力又建立新势力的过程，是一个系统工程。

所谓文化变革，是让涉及企业变革的每个人都从骨子里认可变革本身，认可企业变革的方向，认可企业变革能够带来的价值，从而愿意去参与甚至推动企业变革的进程。

当然，这是相对极致的理想目标，但争取更多的人参与到企业变革中来，是成功的关键。因为变革并不是一朝一夕的事，过程也不可能一帆风顺，它需要所有人坚定信心，持续推动，在推动过程中去解决不断遇到的问题。

很多旧有的政策和企业管理模式，是适应之前的企业发展逻辑的。

比如前文中提到的人力资源政策，以及一些旧有的财务管理政策，很多规定条款都是为效率优先的旧有的企业运营模式而设立的。当一个全新的研发体系需要快速融入企业运营时，不但考验研发体系本身的能力和价值，也需要企业其他体系或运营平台打破旧的管理方式，建立新的管理方式，帮助研发体系全面融入企业运营当中，推进转型的顺利进行。当这一切变成"顺理成章"之时，也就是新的企业文化形成之日。实际上，文化的变革正是在企业变革得到越来越多人的支持之后，潜移默化而实现的。所以，文化的变革需要一个过程。在这个过程中，需要用不断成功的案例，去获得越来越多人的支持和肯定，实现对变革的统一认知，进而形成文化变革。

当然，这其中最为关键的是两个人的信念和定力。一个是企业变革战略制定者，也就是"一把手"，他持久的支持不但能让更多的人加入支持变革的队伍中来，更能成为变革过程中的"旗帜"，让变革的过程更加顺畅；另一个是企业变革的操盘者，有了操盘者的持久推进，变革才有成功的可能。同时，如何争取更多人的支持，如何让别人持续看到变革的成果进而转向支持变革，对操盘者的智慧是莫大的考验。

二、美的研发转型的结果

2014年4月，胡自强调任美的中央研究院院长，开始带领美的全面践行美的集团董事长兼总裁方洪波提出的"产品领先"战略。如今，他构建的美的四级研发体系已经完全步入正轨、成熟运转。其中，美的中央研究院两级研发体系已经完全嵌入美的研发流程当中；美的已经建成全球范围内"2+4+N"的全球研发体系框架；技术能力得到不断充实和提升；持续的研发投入已经成为美的集团上下不争的共识，"三个一代"创新模式以及每年迭代三年产品战略规划推动美的研发体系不断创新。

基于此，美的研发体系已经建立起自己的创新自信，"三个一代"创新体系正在不断产出成果，在美的内部已经形成一种激情、投入、开放、平等、充满创造力的研发氛围；研发人员从2014年的不到7000名增加到2021年的超过18000名，其中拥有博士学历的员工数量增长超过3倍；2020年底，美的已经拥有8个国家级企业技术中心和工业设计中心，近40个省部级企业技术中心、工程中心或设计中心；2021年底，美的的国家级企业技术中心、设计中心及博士后工作站达到10个，同时还拥有19位长期合作的院士和8个院士工作站（室），省部级企业技术中心、工程中心、设计中心或重点实验室超过60个。

市场方面，美的的产品在内销市场上的占有率已经从2014年的18.5%增长到2020年的27%，位居行业第一的品类数达到17个，位居行业第二的品类数达到7个；在海外市场，在不断推出适应本土化需求产品的前提下，美的自有品牌的销售业绩不断提升；同时，美的还面向全球市场推出了微晶一周鲜、相变热水器、OTT（一桶洗）、U形窗机等全球首创技术和产品。2014年，美的集团的营业收入为1416.68亿元，归属于上市公司股东的净利润为105.02亿元。到2021年，营业收入增长为3412.33亿元，归属于上市公司股东的净利润为285.74亿元。其中，营业收入增长到2014年的2.41倍，利润增长到原来的2.72倍。这意味着，在"产品领先、效率驱动、全球经营"三大战略主轴的指引之下，美的集团取得了巨大进步，而利润的高速增长，则代表了经营质量的变化，是"产品领先"的重要体现。

也正是在这样巨大变化的基础上，在2020年底，方洪波提出，将已经实施8年的"产品领先、效率驱动、全球经营"三大战略主轴，进一步升级为"科技领先、用户直达、数智驱动、全球突破"四大战略主轴。在2021年美的科技月上，如同当年强调三大战略主轴中"产品领先"为核心一样，方洪波再次强调，在全新升级的四大战略主轴中，"唯一的红花"是"科技领先"。

2020年底，美的研发体系在安徽黄山召开年终总结暨科技领先战略研讨会，胡自强又带领全体研发人员对"科技领先"战略进行落地分解，全面推进实施。

在2022年1月举办的美的经营管理年会上，方洪波亲自为在美的集团效力十年的胡自强颁发了"杰出贡献奖"。这也是美的历史上第一次为个人颁发"杰出贡献奖"。对此，胡自强说："我很高兴，也很欣慰，能够看到今天的美的研发体系日渐成熟，技术突破和创新正在开花结果，以技术创新作为企业发展原动力的文化正在形成。感谢每一位研发人员的付出。研发体系的建立，离不开企业自身的发展战略。对于美的来说，没有'产品领先'这朵'战略红花'，就没有今天美的的研发体系。未来也是如此。日新月异的美的，已经形成了极具想象空间的五大业务板块，'战略红花'也从'产品领先'升级成'科技领先'。我相信在已经开启的'科技领先'时代，我们会取得更大的创新和突破。对于每一位研发人员来说，从'产品领先'到'科技领先'的战略升级，意味着机会，意味着比以往更加广阔的发展空间，意味着你们找到了美的这个可以圆梦的舞台。所以，相信自己，相信美的！"

Midea

人才篇

具备哪些能力
才能指挥一场
成功的研发转型

——

美的研发转型
技术创新的运营管理实践

第十二章
如何从研发人员向研发管理人才进阶

如果你是一名研发人员,能够成长为优秀的研发管理人才,肯定是你希望达成的职业目标之一。从研发人员向研发管理人才进阶,需要做哪些准备,完成哪些积淀,完善哪些能力,从胡自强的个人职业生涯中,我们能找到答案,也能找到实现的路径。每个人的个人经历不可复制,但是,有些能力和方法,通过努力和学习,是可以达成和掌握的。

一、关键点

美的第三次变革背景之下的这场研发转型,支撑了"产品领先、效率驱动、全球经营"三大战略主轴的实现。正因为如此,在2020年的美的科技月上,方洪波才宣布,三大战略主轴将升级为"科技领先、用户直达、数智驱动、全球突破"。在这次研发转型中,有两个至关重要的人物。一个当然是美的最高指挥官方洪波,另一个,则是这次研发转型的操盘手、总架构师胡自强。

作为总架构师,胡自强指挥美的这样一个超大型企业进行研发转型,成功不易。美的研发转型的实践,几乎凝结了胡自强职业生涯中所有的经验。是时间和经验的淬炼,才成就了胡自强在美的的厚积薄发。

随着中国家电业甚至中国制造业在做大、做强、引领的道路上不断突破前行,我们需要更多的胡自强来指挥研发转型。

二、背景

如今,中国家电业的研发队伍已经人才济济,与胡自强当初下决心进入中国家电业之时已经不可同日而语。2006年,当胡自强出任苏州三星电子有限公司副总经理兼中国家电研究所所长时,能从航天航空领域为家电行业引入几个研发人员,都非常不易。

但是,今天的中国家电业依然缺乏像胡自强这样的研发管理人才。在为数不少的企业研发体系中,还是外行领导内行,这也给推进工作造成一定的障碍。尤其是对研发能力还在建设当中的企业来说,这种障碍尤为明显。"实际中,很多跨国企业和中国企业的研发管理岗位的主要工作内容和需要解决的主要问题是完全不同的。"胡自强解释说,"在跨国企业,即使对技术的掌握没有那么深入,也不妨碍一个人走上研发管理岗位。因为在跨国企业里，无论是研发、流程、体系以及标准等业务单元都是完善、成熟的，研发管理人员不太需要关注到技术研发本身，他的工作重心在于管理、战略和沟通等方面。而在很多中国企业，由于研发能力本身也在建设过程中，研发人员的水平和能力参差不齐，研发管理人员的工作重心是解决技术问题。当企业处于这个发展阶段时，必然对研发管理人员在技术水平上提出更高要求。"也正因为如此，在研发体系中由外行领导内行，出现一些难以解决的障碍或问题几乎不可避免，更不要提这样如何去指挥企业的研发转型。需要特别强调的是，这里所说的研发管理人才，并不是指在研发领域经验丰富的专家。除了专家所具有的素质之外，他还需要了解企业自身的状态以及企业未来的发展战略和布局，了解未来产业拓展的机遇。在此基础上，他还应具备技术布局能力，能推动研发体系进行转型；他需要拥有站在更高格局上的战略思维，指引方向；他要能够为研发人员提供更纯粹、更安全的研发空间保障；他需要能够与研发之外的其他体系进行沟通协调；他还需要有能力得到老板以及其他体系管理者的信任；他也需要和其他岗位的管理人员一样，有优秀的领导力。

很显然，相对于纯粹的研发人员或是专家，优秀的研发管理人才更加重要，也更加稀缺。实际上，越来越多的中国企业尤其是制造企业，都会在不远的将来面临一场不可避免的研发转型。因为越来越多的中国制造企业来到了靠对技术的把握来实现企业升级的关键阶段。在这样一个时间节点上，研发管理人才变得更加重要。

我们相信，越来越多的研发管理人才应该出自今天中国家电业实力强劲的研发队伍中。他可能会带领家电企业的研发团队，帮助企业完成用技术创新带来价值的跃迁；他也可能走出家电行业，为其他领域企业的研发转型赋能。

机遇总是垂青有准备的人。我们从胡自强个人的成长经历中，能够借鉴到非常有价值的东西，为你、为他、为有志于成为研发管理人才的每个人，在成长过程中提供经验和帮助。这当然并不仅仅局限于中国家电业，甚至不局限于中国制造业。近段时间，我们总是看到其他制造行业到家电业来"挖"研发人才。在不久的将来，更多行业也会如家电业一样，意识到研发管理人才的重要性。

三、实践

（一）概述

胡自强个人的从业经历，是典型的从研发人员向研发管理人才进阶的过程。他从一名普通工程师做起，一直做到世界500强企业之一美的集团的副总裁兼CTO，主导美的集团实施"产品领先"战略下的研发转型，为美的搭建四级研发体系，推动"三个一代"的创新模式。

这样在研发体系中成长起来的研发管理人才，是最优秀的研发管理人才，也是很多中国企业在面临研发转型时最为需要的研发管理人才。他懂技术，懂研发流程，能够与研发人员共情，同时，他又拥有管理者所具备的各种素质。

当然，没有任何两个人的人生路径是完全相同的，每个人的人生经历都不可复制，每个人的人生经历各不相同，所处的时代、环境和际遇各异，但是，在完全不同的人生经历中，我们还是能够去总结和概括，要想成为合格的研发管理人才，需要具备哪些能力，为具备这些能力，又要做出哪些努力和准备。

胡自强的从业经历，值得每一位研发人员学习和借鉴。在面临每一个选择时，他做对了什么？又克服了哪些困难？为了下一个目标，他学习、积累了哪些知识和经验？这其中，一定有章可循。

（二）做好每一次选择

过去的 10 年，家电业作为中国最有魅力的制造产业之一，吸引了不少海外归来的研发人才加入，但是，真正持之以恒、专注于深耕研发领域、一心以技术带动家电行业向上的人，几乎只有胡自强一个。"研发是我最熟悉的领域。在最熟悉的领域才能把个人能力发挥到极致。"一直专注于研发领域的胡自强对自己的职业生涯有着异常清晰的定位。这句话也体现了胡自强的"选择逻辑"："每个人在做自己的职业规划时，核心是首先要了解自己，了解自己的长处和短处，了解自己喜欢什么、适合做什么。围绕这个核心确立职业目标，再围绕这个职业目标去做每一次选择，职业规划基本就成功了一半。"

胡自强对自己的认知，是喜欢技术，享受每一次攻克技术难关的过程；也喜欢挑战，喜欢不断给自己设立攀登的目标。实际上，早在学生年代，他就树立了"学习实业技术"的理想。这个理想指引着他的职业生涯从美国转回中国，也指引着他选择了中国家电业作为发挥个人价值的平台。

作为一名研发人员，胡自强在全球包括美国、加拿大、中国等国家拥有 35 项专利技术。在服务于美国 GE 期间，他曾主持 GE 航空项目的研发，获得美国 NASA 颁发的 AST 项目奖；两次获得 GE 中央研究院惠特尼科技奖。2011 年 11 月，他获得母校普渡大学颁发的杰出机械工程师奖；2018 年 11 月，获得由中国家用电器协会颁发的中国家电行业精英奖；2019 年，获得普渡大学杰出工程学校友奖。

他是第一届中国家用电器协会技术委员会委员，第二届中国家用电器协会技术委员会副主任。期间，他参与编撰了《中国家用电器产业技术路线图》（2011 年版），并主持编撰了《中国家用电动洗衣机产业技路线图》（2011年版和2015年版）、《中国家用电冰箱产业技术路线图》（2019年版）。这些技术路线图为中国家电行业在由大向强转型升级的关键时期指明了技术路径。

他是美的集团副总裁并曾兼任CTO，是现今美的中央研究院的第一任院长，为美的实现"产品领先"战略，主持整个美的集团的研发转型。作为美的研发转型的总架构师，2014年4月，美的中央研究院成立伊始，他就承担起打造美的大研发体系的重任，为美的构建全球一流的研发体系。在高研发投入的支持下，美的集团今天拥有研发人员超过2.2万名，建立起完整的、运转健康的、能战斗且富于成效的四级研发体系。客观上说，美的强大的研发能力也成为促进家电行业技术进步的重要推手，从客观上推动了全行业在研发上深入基础技术，在底层筑基，同时在市场端也推动了全行业在以技术为支撑的高端产品上实现良性竞争。

与其他归国学子相比，他身上也许没有更耀眼的光环，但这正是他的个人魅力所在。胡自强曾经说："作为一个研发人员，我的经历其实很简单——基本上就是一个项目接着一个项目。"在他眼里，在美的建立四级研发体系、做全球研发布局，都是一个又一个的项目。可以看出，胡自强的人生目标，总是围绕着"做事"这样一个核心，而不是去谋求更多的荣誉、更高的职位或是更优厚的薪酬。以"做事"为核心，总能让人删繁就简，让人更加专注。这高度契合了中国道家"大道至简"的朴素真理。今天，包括美的在内的中国家电企业在市场上源源不断地推出创新型产品，一浪高过一浪的迭代开发，以创新型产品不断开拓全球市场，中国家电业在"十三五"期间基本完成"由大向强"的跃升，所有这些，都有胡自强的不懈努力并刻下的烙印。

胡自强的职业生涯与家电业发生联系，始于他供职于GE中央研究院时。GE中央研究院是设于GE总部的研发机构，为家电、医疗、航空、内燃机等 GE 所涉及的所有业务提供技术支持。

1994 年，胡自强加入 GE 中央研究院，曾为 GE 航空、医疗、内燃机等业务领域做过研发项目。从 1998 年开始，胡自强陆续主持了几个 GE 冰箱有关降噪的研发项目，并由此得到了 GE 家电事业部的认可。胡自强本人也因此从 GE 中央研究院调到 GE 家电事业部任职。很多年后，当他指导美的的研发人才做个人职业规划时，也会强调在美的中央研究院和到各大事业部的经历的重要性。"这样的经历，让你理解怎么做技术研究、怎么拓展技术研究的深度、宽度以及如何做战略规划，也让你去体会、去实践技术研究怎么落地和市场化，以及战略如何落地。"胡自强说。

2003 年，胡自强代表美国 GE 来到中国，主持 GE 与小天鹅合作的大容量滚筒洗衣机项目。这一项目无论是对 GE 还是对小天鹅，甚至对于中国家电业，都有标志性意义。它不但让小天鹅拥有了高端滚筒洗衣机的研发、设计和生产能力，也让 GE 在美国大容量滚筒洗衣机市场拥有一席之地。在当时，全球范围内拥有大容量滚筒洗衣机技术和生产能力的企业，只有惠而浦等为数不多的几家。而中国高端滚筒洗衣机市场的主流大容量产品为 5kg，全洗衣机行业的技术突破口还聚焦于节水。2005 年，项目研发成功。由小天鹅为 GE 生产的容积为 4.2cft（约为 14kg）的大容量滚筒洗衣机在美国上市，得到市场的高度认可。当年，小天鹅大容量洗衣机出口额即达到 1 亿美元。在当时，1 亿美元的出口额意义非凡——当年的统计数据表明，2006 年，中国家电企业出口额超过 5000 万元的企业仅有 7 家，其中大多数还都是外资品牌。

GE 与小天鹅的这一合作项目，得到了 GE 董事长兼 CEO Jeff Immelt（杰夫·伊梅尔特，美国 GE 第 9 任董事长兼 CEO）的高度评价。他说："小天鹅是一个很好的例子，一方面可以说明 GE 和中国企业能够建立很好的合作关系。从另一方面说，小天鹅可以为美国 GE 生产更好的洗衣机，填补了我们产品群的空缺。在很多方面，这一项目给我们带来了双赢。"

在主持 GE 与小天鹅合作的大滚筒洗衣机项目期间，胡自强看到了中国家电业在全球崛起、领先的机会，决心将中国家电业作为自己施展抱负的平台。

2006 年 2 月，应三星"现地化"研发的战略需求，一心要留在中国的胡自强出任苏州三星电子副总经理兼中国家电研究所所长。在这里，他像进行了一场"沙盘演练"，从无到有搭建了三星中国的家电研发架构。在这里，胡自强意识到人才的重要性，有意识地去高校为中国家电行业招收高级人才并进行培养。如今，还有很多当时进入苏州三星的研发人才活跃在中国家电业。有了人才和架构，胡自强开始指挥大规模的研发和创新工作。仅 2006 年，苏州三星的专利申请量就达 106 件，其中发明专利 26 件。

也正是在此时，胡自强开始出现在中国家电业公共平台，为中国家电业提高技术水平和能力添砖加瓦。

2006 年 11 月，胡自强首次出现在由中国家用电器协会主办的中国家用电器技术大会上。面对急需找对研发发展路径的家电企业，他在这次会议上做了"建立以消费者为中心的新的产品开发流程"的演讲——即便是 17 年后的今天，这一提法仍具有先导意义。实际上，围绕用户进行创新，正在成为中国家电业实现突破和引领的重要方法。此后，他连续多年出现在中国家用电器技术大会的主讲台上，每次都带来他个人以及所在企业在研发上最前沿的思考和实践。同时，他也希望能够以自己的践行为全行业研发体系带来互相竞争、互相促进、互相学习的开放之风。

2012 年，在美的集团董事长兼总裁方洪波的盛情邀请下，胡自强来到美的洗衣机事业部任副总经理，主管产品技术研发。为了那个更大的梦想，胡自强在无锡进行了人生的第二次"沙盘演练"。从人才引进、研发架构建设、产品开发平台建设到实验室完善，他勤勤恳恳地专注于让自己的梦想在现实中开出花来。"我要给中国企业建造全球最好的实验室。"在小天鹅供职期间，他曾经这样说。

从发电、航空航天、医疗设备领域到家电业，从工程师、项目经理到首席工程师，再到美的集团副总裁兼CTO，他从2000年开始在GE中央研究院涉足家电行业，到2012年加入美的，并将自己平生所学倾注于为美的建立全球一流的研发体系，每一步都面临着不断的选择，但围绕着在研发领域不断挑战、在实业领域发挥价值的核心，他每一步都迈得清晰、果断。

 点评

每个人在职业生涯中都面临着很多次选择。做出选择是困难的，因为选择同时意味着要有所放弃。但是，当确立了人生目标，选择就似乎变得相对容易了。总结胡自强的个人职业生涯，其实有一个非常简单的核心，那就是在实业领域发挥价值。这个核心，也是胡自强客观分析了自己的长处、短处和喜好之后确定的。胡自强不善于表达，喜欢攻克技术难题，又喜欢给自己挑战。这些都促使胡自强确定了围绕技术研发、在实业领域发挥价值的职业升级路径。

今天来看，胡自强做出选择时似乎很简单，但实际上，这建立在了解自己的长处、短处并以此为基础确立人生目标的前提下。很多人在面临选择时做出决定并不容易，正是因为他们并不完全了解自己，或是在面临诱惑时迷失了方向。

从某个角度来说，不失初心，坚定方向，也是一个优秀的研发人员必备的素质之一。在面临研发难题时，这也有助于研发人员坚定信心、穿越困境。

"把复杂的事情做简单,是一种能力。"这是胡自强经常说的一句话。其中的要领,首先要能够提纲挈领、抓住核心,其次要坚持、坚守自己抓住的核心。

"首先要知道自己要到哪里去。然后为实现这个目标做好准备。面临机会时,要敢于挑战自己,为自己争取到那些可以实现目标的机会。"胡自强说。

(三)学习生涯——学习实业技术是目标

1977年,中国恢复高考的第一年,胡自强参加高考,并成功考入大学重启学习生涯,研究生毕业后又留校任教。正是在这一时期,他为自己的人生树立了"学习实业技术"的理想。

1988年,胡自强踏上了赴美国求学之路,但第一所学校以及专业并不能帮助他实现"学习实业科技"的理想。他跑到二手车市场,花了对当时的他来说可以称为"天价"的500美元,买了一辆二手车。用几天熟悉车况并拿到驾照后,他开始了第二次求学之旅。这辆破旧的二手车,陪着他跑遍了美国东西海岸十几所大学。最终,普渡大学第一个向他伸出了橄榄枝,而这所学校,也正是胡自强梦寐以求的。

在普渡大学,他如愿进入机械工程学院,攻读声全息方向博士学位。普渡大学机械工程学院的 Ray W. Herrick 实验室是全球工业技术领域最好的实验室之一。在这里,他遇到了人生中最重要的两个人。一个是胡自强所说的"全世界最好的导师"、普渡大学机械工程学院 Ray W. Herrick 实验室资深教授 Stuart Bolton 教授,另一个则是与胡自强在专业领域惺惺相惜以至于直到今天还是同事的金成镇(Kim Sungjin)博士。

Stuart Bolton 教授是美国声学学会委员,美国噪声控制工程协会委员、董事会成员,美国噪声控制工程期刊咨询委员会委员,长期担任

NOISE-CON 88、INTER-NOISE 95/96、NOISE-CON 98、NOISE-CON 2005、INTER-NOISE 2009 和 NOISE-CON 2013 的学术委员会主席或联合主席。

胡自强与 Stuart Bolton 教授的师生情谊一直延续到今天。从胡自强第一家供职企业美国马里兰噪声消除技术公司，到美国 GE、三星中国，再到美的，Stuart Bolton 教授无时无刻不在关注着爱徒的每一次选择，并给予由衷的支持和肯定。"Hu is a wonderful person!"他评价说。胡自强是 Stuart Bolton 教授第一个来自中国大陆的学生。在他的印象里，胡自强是一个低调务实又非常有创造力的学生。"有一次我家里的冰箱坏了。胡自强借着来普渡大学演讲的机会，自己背来一套工具，亲自帮我把冰箱修好。"这件事至今让 Stuart Bolton 教授记忆犹新，"那时他在 GE 的级别已经不低。我想，这件小事最能体现他的为人和行事风格。"

胡自强与金成镇的友谊也让 Stuart Bolton 教授津津乐道。"他们在学校攻读博士学位时，在一间办公室。"Stuart Bolton 教授说。自那时起，他们就被对方的专业水平和为人所吸引。工作之后，他们之间的"吸引力""愈发强大"，总是在其中一个的"召唤"和"吸引"之下，来到同一家企业做同事。从 GE 到三星，再到美的，莫不如此。这是一种研发人员之间最为纯粹、最为高阶的友谊——有一点小小的竞争，却又乐于成全、乐于看到对方的成功。从"一见如故"到"同行半生"，胡自强与金成镇的友谊成为家电研发领域的一段佳话。

 点评

今天来看，胡自强的个人发展目标从学生时代就已经确立。这帮助他在每个岔路口做出了正确的选择。

在学生时代，胡自强就展现出很强的专业能力和优秀的品格，并因此获得良好的口碑，这让胡自强在随后的职业生涯中受益匪浅。与Stuart Bolton教授一直延续到今天的师生情谊，与金成镇的友谊，以及他们在职业生涯中给予胡自强的支持，其背后的原因，当然是胡自强的为人和技术能力得到了Stuart Bolton教授和金成镇的肯定。胡自强与金成镇的友谊，也让他们在寻找下一个工作平台时，互相得到了对方的支持和推荐，这都源自于双方的"个人信誉"。

"个人信誉"是指别人对你的能力、品行的认可和信任。在求学期间，这种"个人信誉"更多来自于个人的能力和人品，但这也让胡自强逐渐意识到建立"个人信誉"的重要性。主动建立"个人信誉"，也成为胡自强很看重的一个方面。在随后的职业生涯里，胡自强也多次抓住了"个人信誉"带给他的机遇。

（四）初入职场——深耕技术，树立信心

1992年，获得美国普渡大学机械工程专业博士学位的胡自强面临着职业生涯的第一次选择。胡自强的导师Stuart Bolton教授希望自己的爱徒能够成为一名教授。但是对于未来，胡自强却有自己的想法。"当初来美国，就是希望能学习实业科技，如果留在高校任职，就距离自己最初的愿望越来越远。"胡自强还是决定去找一家企业任职。这时，深刻了解爱徒内心愿望的Stuart Bolton教授选择了支持胡自强的决定。他向胡自强推荐了一家企业，即美国马里兰噪声消除技术公司。这家公司今天已经淡出人们的视野，但在1992年的美国，这家公司非常著名——当时它已经在纳斯达克上市，拥有一百多名研发人员，他们当中很多人毕业于麻省理工、普渡、剑桥等著名高校。它很像今天中国的初创公司——它是主动降噪技术领域的领军企业，在当时非常具有前瞻性。到最近几年，

主动降噪技术才开始进入家电应用领域。作为一家以技术为核心的创新公司，当时很多美国报刊都对它进行过报道，如 *Popular Science*、*USA Today* 等。这样一家企业自然会激起"技术控"胡自强的很大兴趣，于是他便决定加入。

如同今天中国的创新企业一样，美国马里兰噪声消除技术公司的团队由一群富有激情的"技术控"组成。大家在技术能力上互不服输，在项目攻坚时又能够紧密合作。直到今天，这样的企业"气质"和氛围还让胡自强时常怀念。后来，当胡自强开始组建、带领一个团队时，他都尽自己的最大努力为整个团队营造这样的氛围，无论是早期在 GE 还是后来到三星和美的，都是如此。

胡自强很快便融入这个团队之中。让他记忆犹新的是加拿大 Wingpeg 的一个户外大型变压器主动降噪项目。项目由美国人 Steve Hildebrandt 负责，胡自强作为助手，与他一起到野外去测试大型变压器的噪声场，以期找到大型变压器的主动降噪方案。然而，项目还是出现了意外。在做后期数据计算时，Steve Hildebrandt 发现，多日辛苦从户外测量回来的数据，竟然因为少测了一项参数，导致商用软件无法进行分析。无奈之下，Steve Hildebrandt 宣布项目失败。向来少言寡语的胡自强没有说话，但他默默地拿回了数据，想对数据做进一步分析。在缺失一项参数的情况下，胡自强从底层逻辑开始算起，编程建模，最终对噪声源进行特征分析，制定了有源噪声控制的解决方案，并开发出首代变压器有源噪声控制系统。这不但让这一项目顺利完成，其成果也真正实际应用到对变压器声音源的预测中，从而有效地降低了噪声 15dBA。可以说，这是全球第一个成功将主动降噪技术落地到实际应用中的案例。当然，这也让胡自强拿到了他的第一个专利：Global Quieting System for Stationary Induction Apparatus。后来，这一成果也被公司在欧洲和加拿大申请了专利。

在"以技术说话"的马里兰噪声消除技术公司，胡自强也因此"一战成名"，不但得到领导层的认可，在实际工作中也开始独立带领团队接手项目。但是，如早些年势头强劲的 AI 技术一样，每一项前瞻性技术的成熟与落地，都需要天时地利。直到今天才开始真正走到应用领域的主动降噪技术，在二十几年前还不够成熟，解决方案成本太高，无法大规模商业化。也正是因为这一点，在胡自强加入公司两年后，马里兰噪声消除技术公司终于无法维持在技术上的高投入，开始裁员。看到身边曾经一起奋斗的同事一个一个离去，并未被裁员的胡自强心里说不出的难过。斟酌再三，胡自强向公司提出了辞职。

 点评 ────────────────────────────

每一次选择都非常重要。是留校任教还是去企业？在已经树立了"学习实业科技"目标的前提下，做这样的选择不算困难。

在马里兰噪声消除技术公司工作期间，胡自强主要是在技术水平上提升自己，为之后的职业生涯做储备。在缺失一项参数的情况下，还能够沉下心来做研究，一方面是胡自强肯于在技术能力上磨炼自己，在技术上有去"啃硬骨头"的自信和勇气，同时也在客观上建立了"个人信誉"。

当然，胡自强并没有把学习目标局限于技术本身。实际上，后来作为研发管理者，胡自强的管理风格受马里兰噪声消除技术公司的企业风格影响很深。有激情、有凝聚力、肯于拼搏，都是他开始带团队时刻意去强调和营造的团队氛围。

在马里兰噪声消除技术公司短短两年的职业生涯里，"有技术功底，把技术理解透、做得深"是胡自强的核心目标，也是后来他对每个研发人员的要求。作为一名优秀的研发管理人才，拥有深厚的技术功底是非常必要的。在作为研发人员时，这项能力可以帮助你解决具体问题；成为研发管理者时，这项能力可以让你把一项技术的未来看得更透，从而做出正确的研发战略决策。

除了技术本身，为自己未来的职业生涯多看一步甚至几步，也是胡自强初入职场就养成的习惯。比如，他在马里兰噪声消除技术公司看到自己喜爱的团队氛围和管理方式，即开始了默默观察和学习。另外，在马里兰噪声消除技术公司最终"创业失败"的过程中，他也深刻意识到，一项技术从研究成熟到实现商业转化落地，需要天时、地利、人和，起步早并不意味着会更加成功，在合适的时间寻求技术的商业转化，才是成功的前提。也正是因为有了这样的意识，在后来他主持美的研发转型时，非常重视对技术本身的成熟度和商业价值的甄别。

简言之，除了深厚的技术功底，营造良好的团队氛围、学习适合研发团队的管理方式、把握技术成熟和落地的节奏，都是优秀的研发管理人才必须拥有的素质和能力。

（五）加入 GE——从研发人员向研发管理人才进阶

在决定离开马里兰噪声消除技术公司后，胡自强向自己的导师 Stuart Bolton 教授汇报了自己当时的状况。20 世纪 90 年代初，美国经济陷入危机，找到好工作并不容易。但是，普渡大学机械工程学院 Ray W. Herrick 实验室是美国甚至全球在振动噪声领域最好的实验室，很多相关的岗位需求都会发到 Ray W. Herrick 实验室。Stuart Bolton 告诉他，一家汽车企业和 GE 中央研究院都在招人，汽车企业给出的薪酬更高一些。但胡自强却看中了 GE 中央研究院这个平台。他认为，自己在这个平台上能够学到更多，也能发挥更大价值。几乎没有犹豫，胡自强选择了 GE。

1994年，胡自强加入GE。在GE，他从普通工程师做起，做到首席工程师、项目经理，从GE总部到家电事业部，一干就是12年。也正是在这12年中，胡自强开始认真思考自己的事业路径，明确了"回到中国"的目标，也看到了全球家电产业最终会转向中国的大趋势。也正是这样的目标和这样的发展趋势，注定让他与中国家电业以及中国家电龙头企业之一的美的，结下不解之缘。

当时的GE中央研究院大概有1 500名研发人员，博士、硕士、本科生大约各占三分之一。这个组织平台为GE航天、医疗、家电、火车内燃机等各个事业部提供创新技术支持。胡自强入职的部门是GE中央研究院机械实验室，这个实验室有100多名员工。胡自强作为主力参与的第一个项目是美国宇航局的项目——为航空发动机提供有源噪声控制的解决方案。这是美国宇航局的核心实施项目，项目完成得非常成功，并得到了NASA的认可，胡自强也以此项目为基础开发建立了内燃机的声学动态模型。

在GE中央研究院工作期间，胡自强还涉足了医疗领域以及其他一些领域，但真正对他以后的人生走向影响巨大的，还是他主导的几个家电项目。其中，让胡自强从工程师进阶成为可以独立组建自己研发团队的管理人员的，是一个冰箱降噪项目。1996年，在市场上，GE的冰箱在噪声方面面临着很大的竞争压力。竞争对手的冰箱噪声值做到了42dBA（声功率，下同），而GE冰箱的噪声值普遍在50dBA，GE急需在现有产品平台上对噪声进行改善。胡自强接手了这个来自GE家电事业部的项目，并且项目完成得非常完美——它不但让GE冰箱的噪声降到与竞争对手同等水平，而且，由于采用对蒸发器进行系统优化的路径来达到降噪的目标，这一项目也同时有效降低了成本，被评为GE的六西格玛样板工程项目。后来，这个项目还被作为GE中央研究院支持家电事业部的典型创新案例刊登在 1998 年 2 月的《今日通用家电》上。

值得一提的是，在做这个项目时 GE 家电事业部的合作方，正是后来胡自强在美的做全球研发布局时出任美的美国研发中心主任的 Mark Wilson，他在 2020 年成为美的集团的"科技明星"。2022 年，Mark Wilson 又获得更高的荣誉，成为当年美的研发体系三个卓越人才之一。Mark Wilson 当时任 GE 家电事业部制冷系统负责人，正是胡自强冰箱降噪项目的"出资方"。完成这一项目后，两个人都非常认可对方的研发能力和职业精神，在各自内心为对方打上了"互认"的"标签"，建立了"个人信誉"，也为后续再次在美的成为同事埋下了伏笔。

这个项目让 GE 家电事业部认可了胡自强的技术能力。时任 GE 家电事业部项目对接经理的 Gary Chastine 特意给 GE 中央研究院家电客户经理 Dave Najewicz 发邮件表示感谢。他在邮件中还特别指出，由于没有项目负责人胡自强及其他参与人的邮箱，请 Dave Najewicz 务必将邮件转发给他们表示感谢。邮件中同时提到，由于这一项目极其成功，GE 家电事业部将为该项目提供 100 万美元的资金，并考虑为胡自强的团队提供更多的研发资金。

GE 家电事业部开始每年为胡自强的团队支付 200 万美元的研发费用。这让胡自强有能力按照自己的意愿组建研发团队，他借此进一步扩大了自己的舞台——在一座废弃的实验楼里，建立了风机风道系统实验室以及 GE 中央研究院史上第一个振动噪声实验室，研发团队从三个人增长到十几个人。也就是在这个时候，胡自强向远在地球另一端、供职于韩国 LG 的金成镇发出邀请，两个人在毕业六年之后，再次在美国 GE 成为同事。

1998 年 3 月，基于个人的表现及其团队的成长性，胡自强被选中参加 GE 的新管理者培训。在 GE 的"黄埔军校"克劳顿培训中心，胡自强第一次听到了"个人信誉"这个词，也第一次意识到主动建立"个人信誉"的重要性和必要性。当然，还有很多课程让胡自强整个职业生涯都受益匪浅，包括团队管理和激励、加速变革流程等。

1998 年，胡自强的团队接手了 GE 家电事业部另一个冰箱项目——冷凝器风叶降本项目。项目同样非常成功。1998 年 11 月 18 日，GE 董事长兼 CEO 杰克·韦尔奇（Jack Welch）写了一封亲笔信给 GE 中央研究院有关负责人，称这一耗资仅 15 万美元的研发项目将为 GE 冰箱每年节省 600 万美元。信中说："家电事业部与中央研究院的团队一起，成功开发了一种冰箱用塑料冷凝器风叶，可以满足消费者的降噪和能效需求。这种风叶将使 GE 冰箱能够用上更便宜的两极电机和塑料风扇叶片，从而取代当前的四极电机和金属风扇叶片——其技术挑战是设计一种风叶，可以相当于当前叶片两倍的速度运行且噪声水平相同。这种新型设计将在三个冰箱平台上使用，每年将为 GE 家电降低约 600 万美元的材料成本支出。"实际上，这一设计直到 20 年后还在使用。

在做这两个项目时，胡自强的团队更像是一个"初创"团队。团队从无到有，从小到大，都需要事业部为研发项目提供资金支持和合作——团队每增加一个人，就需要有约 20 万美元的费用支持。但是，这样的困难却成为激发拼搏精神的动力。"每个人都很拼，"胡自强曾经回忆说，"这个团队是个多国部队，有美国人、中国人，也有土耳其人。大家每天早晨的第一件事，就是聚在一起讨论昨天的实验结果，今天应该向哪个方向继续。"让胡自强印象最深的一个技术员，是一个心灵手巧的美国人。每天晚上，当研发人员下班后，他都会把白天的实验结果拿过来，根据结果重新修改模型，再把模型装进产品，最后把产品推进实验室，让产品达到稳定运行状态，这样研发人员在第二天早上一上班，就可以进行测试分析。这种团结的、拼搏的团队氛围,让胡自强最为"迷恋",这也是他后来带团队时一直刻意去追求、去营造的。

有了这两个项目作为基础,胡自强的团队能力、信心和声誉都不断提升。这也让团队可以承接更大的项目。2000年,美国新能效标识制度开始实施。1998年,GE家电全面启动冰箱产品新平台计划。胡自强的团队承接了三大新产品平台的风机风道系统优化项目。这使2000年GE上市的一系列冰箱新品的噪声值降至38 dBA,而变频冰箱的噪声值降至32dBA。1999年3月的一期《GE中央研究院邮报》上称,在这个项目中,胡自强团队重新设计的风叶使GE对开门冰箱的噪声降低了3.7dBA,使之可以匹敌甚至超越了竞争对手。该报道引用了GE家电事业部的预测,称"采用这一降噪技术后,每年可以节省成本900万美元。这让Gary Chastine赞叹不已"。GE有史以来最安静的对开门冰箱,在胡自强团队的手中面世。有了这些项目的积累,胡自强的团队在振动与噪声领域逐渐形成技术体系,这也为胡自强个人提供了进一步成长和转型的机会——让他从专注项目本身的研发人员,转变成为可以为GE制定振动与噪声领域相关的短期及长期战略的研发领带头人之一。

这一时期,远在地球另一端、未来将与胡自强密不可分的中国家电业,正开始其从无到有的第三个十年的成长期。彼时,中国家电业才刚刚具备一定的研发能力并开始重视研发,行业中的领头企业开始建设自己的研发部门。人才、研发投入,都刚刚开始起步。1997年,胡自强受国务院邀请,作为海外专家到中国与家电业同行交流降噪技术。1999年,中国家用电器协会举办了第一届中国家用电器技术大会(当时会议名称为"中国家用电器电子技术应用研讨会"),参会人员约100人,共收到技术论文41篇,其中没有一篇论文涉及降噪领域。这与20年后的2019年近700名家电技术人员参会、论文数量达391篇相比,不可同日而语。

为 GE 家电事业部频繁输出项目，也让胡自强有机会对家电行业有了进一步的了解。除了产品研发本身外，1996 年，GE 家电与 LG 开展技术合作，GE 和 LG 的合作团队分别以胡自强和金成镇为核心。当时，GE 家电与日本三洋、松下都有合作，也从日本购买压缩机。这些都让胡自强有了更多机会去韩国和日本考察家电企业和产品。在这一过程中，他看到全球家电产业的中心逐渐从欧美转移到日本，然后又开始向韩国转移。面对这样的产业转移趋势，胡自强开始在内心不断问自己两个问题："中国在家电产业上有崛起的机会吗？如果我专注于家电领域，会有回到中国的机会吗？"

胡自强的团队为 GE 家电事业部输出的一个又一个项目，都得到了事业部的高度认可。也正因为如此，2000 年，胡自强受邀调任 GE 家电事业部。这似乎让他与内心那个还未完全清晰的想法更近了一步。

让人惊讶的是，胡自强来到 GE 家电事业部之后，做的第一个项目与振动和噪声并无关系。在 GE 中央研究院与家电事业部合作的过程中，胡自强的创新思维以及勇于探索和实践的精神，给 GE 家电事业部副总裁 Paul Raymond 留下了深刻的印象。正因为如此，胡自强到家电事业部后负责的第一个项目，是直到今天还处在家电业探索前沿的智能家居。

这个项目持续了一年时间。期间，GE 和微软在智能家居方面展开技术合作，胡自强因此还带领团队成员来到比尔·盖茨的家——比尔·盖茨把自己的家改造成了一个智能家居实验室——这也许是人类历史上第一个把智能家居落地在家庭场景的实验室。今天来看，当时这个项目就是解决家电的互联互通问题。采用当时的 PLC 通信协议，胡自强的团队完成了这个项目。虽然当时由于硬件、软件、应用场景等各个环节都不成熟而无法真正落地，却为后来智能家居再次爆发积累了宝贵的经验。包括什么是智能家居的用户痛点,它的用户价值在哪里,胡自强在这个因为太超前而无法落地的项目中,总结出切身的经验和教训。

2002 年,胡自强主持 GE 变频冰箱的研发,搭建了 GE 变频对开门冰箱产品平台,并将制冷双循环系统首次成功应用在 GE 产品平台中。

此时,胡自强已经毕业整整 10 年。经过在美国马里兰噪声消除技术公司这样的创业公司以及 GE 这样的大型企业集团的实践和磨炼,他开始认真考虑自己未来事业的走向。虽然在 GE 家电事业部的工作越来越得心应手,但是,"回到中国去"的愿望越来越强烈。此时,他听说 GE 内燃机车事业部在中国上海招聘技术总监,便向 GE 家电事业部提出了轮岗的要求。Paul Raymond 尽全力挽留,当他知道胡自强提出要求的最核心原因是为了回到中国之后,他立刻对胡自强说:"我们要启动一个与中国企业小天鹅的大容积滚筒洗衣机项目,你来牵头吧?"

胡自强与中国家电业的缘分就出现在这转瞬之间,而他个人的发展路径也因此变得清晰起来。

 点评

在这段职业生涯中,选择的重要性再次突显出来。是选择汽车企业还是 GE?胡自强并没有根据薪酬来"做决定",而是基于自己的初心、自己的人生目标做了决定。

"个人信誉"的建立也再次体现出了巨大的作用。首先是 Stuart Bolton 教授再次为胡自强推荐了工作。他对胡自强的认可,让他坚信胡自强到 GE 不会"丢他的面子"。

在 GE,胡自强通过 GE 的管理课程学到了建立"个人信誉"的重要性和必要性,这让他在之后的职业生涯里开始有意识地去建立"个人信誉"。他所建立的"个人信誉",也为他以后做选择时提供了机会。比如，后来胡自强成功为美的引入 Mark Wilson 作为美的美国研发中心负责人，正是基于在这一阶段双方产生的信任。而当他向 Paul Raymond 表明希望调离 GE 家电事业部的原因是想回到中国时，Paul Raymond 也毫不犹豫地给了胡自强回到中国的机会。这让胡自强有机会去近距离了解中国家电业。

在此期间，胡自强的专业能力也得到进一步拓展，他不再局限于噪声技术本身。虽然有些冰箱项目仍然是降噪项目，但由于是通过优化系统来实现降噪的，所以需要首先了解冰箱的系统和结构，这让胡自强在技术深度的基础上开始拓展技术宽度。

毫无疑问，正是胡自强通过优化系统实现降噪的解决方案，让 GE 冰箱事业部对他的创新思维和技术能力十分认可，让他有机会成立自己的团队，并为后来轮岗到 GE 家电事业部打下了基础。调任 GE 家电事业部后，胡自强展现出在技术领域的延展和拓宽能力，让他接到当时非常具有前瞻性的智能家居项目，日后他成为美的集团 CTO 时，当初在这个项目里对智能家居产生的理解和认知，依然能够发挥价值。

在为 GE 家电事业部做项目时，胡自强加强了成本意识。他主导的三个冰箱项目，都在完成降噪目标的同时实现了成本的降低。作为一名研发管理人员，他看到企业经营层面的负责人因为实现成本降低表现出来的惊喜以及对项目的充分肯定。这让他开始明白，对于研发人员来说，市场和经营意识同样重要。

在 GE 中央研究院后期，胡自强开始有机会组建、带领自己的小团队。在这个时候，他不再仅仅专注于技术能力的提升，而是开始学习管理，形成属于自己的管理风格。同时，他也认识到对于一个具备前瞻性的研发体系来说，做好可落地、可实施的技术规划的重要性。

GE 鼓励每一位员工做好自己的职业规划，并有一套完善的体系支持个人职业规划的落地。比如，为更高岗位输送人才是每个管理人员的考核内容。但同时，GE 也强调："每个人的职业发展都是你自己的事，每个人都应该有自驱力，去达成自己的职业目标。"如同为一个研发体系做好技术规划一样，胡自强开始规划自己可落地、可实施的职业规划。他开始习惯性地为自己未来的职业生涯多看一步甚至几步。围绕"回到中国"这个目标，胡自强观察到未来中国家电业的机会，确定自己未来要进入家电业的发展方向。为未来多看几步，也是今后胡自强作为研发管理人员确定企业的研发战略时，需要用到的重要能力。为未来多看几步，也让胡自强在践行自己的职业规划时，有意识地去主动争取各种机会，提升自己的能力。

在 GE 的 12 年，是胡自强人生成长中最为关键的 12 年。在这段时间，他从一名普通工程师成长为一名研发管理人员，所有的"人生伏笔"都在此处埋下。

在这 12 年里，胡自强收获了很多，其中最重要的是积累了从普通工程师向研发管理人才进阶的重要素质，包括：个人信誉的建立，技术深度和宽度的拓展，团队领导力，创新思维，市场思维和成本意识，战略性前瞻意识。

（六）近距离了解中国家电业——为目标付诸行动

主持 GE 与小天鹅合作的大滚筒洗衣机项目，对于胡自强来说是一个完美的选择。2002 年 10 月，胡自强开始参与在此之前已经启动的 GE 家电与小天鹅的合作谈判。实际上，GE 家电当时考虑找企业合作大容积滚筒洗衣机项目时并未完全锁定小天鹅，同时在谈的还有韩国三星。两者相比，三星的技术能力更强，而小天鹅的报价更具有竞争力。对于即将主持这一项目执行的胡自强来说，三星是一个更为保险的选择，毕竟作为项目负责人，把产品研发出来才是第一目标。但是胡自强更加倾向于小天鹅，因为这不但可以让他有机会为中国家电业做点贡献，更让他有机会近距离了解中国家电业。

结果正如胡自强所愿。2003年6月，胡自强才借主持GE家电与小天鹅合作的大容积滚筒洗衣机项目的机会来到中国。项目在一片空白中起步。无论是小天鹅还是GE家电，在当时都不掌握大容积滚筒洗衣机技术。甚至对于GE在研发过程中使用的一些研发方法和工具，小天鹅也并不掌握，更不要提一些关键的实验室设备。

此前的2002年底，时任小天鹅总经理的柴新建博士带着从小天鹅选拔出来可以进入GE项目的业务骨干，来到美国GE家电总部路易斯维尔，这是两个团队的首次交流。"当时就发现，我们根本没有办法与他们对话。"当时在小天鹅GE项目里负责质量管理的许莉回忆说，"英语不好的就不用说了。团队里英语好的人也是一脸懵。一天交流下来，每个英文单词都听得懂，但是连在一起就不知道对方在说什么了。"

作为GE家电当时最大的海外项目，同时也是GE家电首次尝试联合研发全新产品平台的项目，GE家电给予了这个项目最大的支持，同时也对小天鹅提出了近乎苛刻的要求。"比如，如果产品上市后有一台洗衣机出现故障，就要罚多少美元。"很多年以后，许莉还对这条要求记忆犹新。

一场交流下来，小天鹅团队中就有人打了退堂鼓。他们在心里已经认定，这是不可能完成的任务。随着项目的进行，不断有人因为看不到希望而退出。"但总有人留了下来。"多年以后，作为当时选择"留下来的"其中一员，许莉感触最深的是这个项目带给整个团队的巨大提升。实际上，在做完这个项目之后的多年里，小天鹅一直是唯一掌握大型滚筒洗衣机技术的中国企业。

在这样的基础上起步,作为项目经理的胡自强,承受的压力可想而知。但是他从未想过这个项目会失败。作为一名已经非常成熟的项目经理,虽然当时的他还不太熟悉洗衣机的研发,却有必胜的信心。一方面,是对自己技术功底的自信。当时,胡自强已多次进入全新产品或全新技术领域,均能很快驾驭。他说:"我做的项目还从未失败过。"另一方面,虽然小天鹅的团队连最初的交流都无法进行,但他看到了这批"留下的人"的素质和激情。这正是为胡自强所熟悉和喜爱的,无论是在美国马里兰噪声消除技术公司还是他当初在GE中央研究院为自己组建研发团队,都不缺少这样的素质和激情。"谁天生就懂洗衣机呢?人都是一步一步学起来的。"胡自强说。而柴新建也在这个项目上"发了狠":"不就是洗衣机吗?又不是要造航天飞机。"

那是一段无论多久以后回忆起来都仍会令人激动的日子。虽然项目参与者当时并没有意识到这是中国家电业发展进程中非常值得记录的一笔,但项目的难度、团队的协作精神和专注度,都让每个参与者难以忘怀。"这个项目的成功经验,可以总结,但无法复制。"许莉说。

面对未知,胡自强首先点燃了整个团队攻克难关的激情。在来到江苏无锡主持召开第一次项目团队会议之后,胡自强一反常日的温和,把一些内心对项目不抱希望的成员"请出"了团队。同时,他提出要求,所有团队成员必须是全职,不允许同时兼任小天鹅的其他职务,必须全身心投入。一方面,这可以让团队成员更加聚焦在项目上;另一方面,这也让每个人都意识到,一旦进入项目组,就不会再有退路。通过这一举措,胡自强把一群真正拥有梦想的人聚在了一起。

"只是这么一说,你可能没有什么感觉,但当时我们小天鹅的副总经理,因为加入这个项目组,要从自己的办公室搬出来,与大家一起坐小隔间。"许莉说,"而你原来在小天鹅的职务,会有新的人顶上来。"

许莉所说的"小隔间",指的是这个项目"作战室"内的工位,把团队的人聚在一起,是为了便于沟通、协作、高效解决问题。有意思的是,为了描述这一项目的挑战性,GE家电将这一项目命名为"Magellan"(麦哲伦,葡萄牙航海家和冒险家,带领船队完成人类首次环球航行),这个"作战室"就被称为"Magellan作战室"。后来,大滚筒洗衣机在美国和加拿大上市,也被命名为"Magellan"。

胡自强作为项目负责人,也给予了小天鹅所有他能够给予的支持。从实验设备到研发工具,胡自强不但自己毫无保留,还利用GE家电能提供的一切资源支持项目研发。滚筒洗衣机研发的最大难点是振动噪声,而这正是胡自强的专长。从建立实验室开始,所有的仪器设备,就连频谱分析仪、加速度计等,全部由他从美国带回国内,再手把手地教项目里的工程师如何使用。从实验方法到在实验室里解决问题,他们总是拼在一起。

胡自强的做法,让项目里的每一个人都深切地体会到他们是一个团队,没有出资方和被出资方的区别。甚至,为了强调团队的一致性,胡自强还从美国买回了统一的团队服装。这些都让两种完全不同的企业文化,因为一个共同的目标,在这个团队中融合在一起。

除了胡自强本人,GE家电方面另一个深入参与项目的是设计经理Chris Hoppe。虽然当时Chris Hoppe对中国企业的技术水平持怀疑态度,但他也相信,中国制造终有一天会达到世界先进水平。他对小天鹅大滚筒项目团队的每个人都充满善意。"他为人很严谨,要求也很严格。但是,他自己所掌握的那些先进的开发和验证手段,对我们都是毫无保留的。"一位不愿透露姓名的团队成员说,"除了Chris Hoppe,一旦项目遇到问题,GE家电也会派相关专家前来支援。"实际上,直到2021年,Chris Hoppe才从美的美国研发中心正式退休,并成为小天鹅的顾问。如今，在无锡小天鹅偶尔还能看到他的身影。

那时候很多人不相信项目会成功，中间还是不断有人离开。"真的太难了，每向前一步，都有无数要解决的问题，"许莉说，"每天都像打游戏通关一样，最难的永远在前面。"但许莉没有选择离开。"毕竟还没有到山穷水尽的时候，虽然我不知道山有多高，但我知道，我每天都在进步，我还在向上走。"她说。

作为项目经理的胡自强却知道山有多高。"那时候，我和Chris Hoppe住在无锡的酒店。每天晚上回到酒店，进到电梯里，我们都要互相看一眼，然后长叹一声，各自默默回房间睡觉。第二天，又像打了鸡血一样，精神抖擞地出现在团队面前。"多年以后，胡自强回忆说。

对于团队成员来说，大家可以纯粹地为项目去拼。但对于胡自强来说，他需要承受外界认为这个项目根本不可能成功的压力，他需要把握节奏，把握如何去融合、平衡GE家电和小天鹅的关系，以及双方团队的关系。"哪些方面GE家电可以让步？哪些必须坚持？哪些方面需要为团队提供更大支持？对于小天鹅来说，也是如此。"胡自强说。最终，所有文化的冲突、合作的冲突，都在"一定要把项目做好"的高度上完美融合。

"每每到了项目遇到困难的时候，胡自强就会把整个团队的人拉出去团建，要么唱歌'嗨一下'。一方面让大家能够放松一下紧绷的神经，一方面也可以让团队内部的交流更加高效。"那位不愿意透露姓名的团队成员说。

转眼，两年时间过去，项目也到了最终攻坚阶段。GE家电已经在美国5000家销售门店做了预售广告，然而，供应商、供货质量、生产成本……需要解决的问题还是一个接着一个。面对巨大的压力，质量经理许莉发现自己失眠了。

"那天在我们办公室，Zi 突然给了我一瓶药。"十几年后，许莉提到胡自强，还是如当年在团队里一样，按照美国人的叫法，称胡自强为 Zi。胡自强对许莉说："这个药很好的，你试试。"那是胡自强从美国带回来的助眠药。直到今天，许莉每次提到胡自强，就会想起这瓶助眠药。

2005 年下半年，也就是在团队拼搏了两年以后，GE 大滚筒洗衣机"Magellan"（容积为 4.2cft，约为 14kg）在美国和加拿大正式上市，售价为 1000 美元。由于这款洗衣机在耗水量、耗电量、洗净率方面比当时的国际标准有大幅提高，美国政府向消费者承诺，凡购买这款洗衣机的消费者，可以得到 70~100 美元的奖励。

市场销售情况的火爆让 GE 家电又喜又忧。喜自不必说，忧的是，当时小天鹅的产能完全无法满足市场的需求。为此，胡自强再次来到无锡，与小天鹅一起共建国际化管理平台，使其在 3 个月内达到目标产能。

仅仅半年之后，GE 家电收回了整个项目投入的 2000 万美元成本。GE 家电得到了小天鹅这个稳定、有绝对成本优势、不存在竞争关系、长期的合作伙伴。作为当年 GE 家电最大的海外项目，小天鹅大滚筒洗衣机项目拿到 GE 专门为海外项目设置的所有最高荣誉。时任 GE 董事长兼 CEO 的 Jeff Immelt 把这一项目作为 GE 全球化的经典案例，介绍给华尔街的投资者们。

在小天鹅方面，当年投产 6 个月，大滚筒洗衣机出口额即达到 1 亿美元。据当时的数据统计，2006 年，小天鹅洗衣机出口额 1.32 亿美元，比上年增长 138%，出口量同比增长 38%。当年的统计数据表明，2006 年，中国家电企业出口额超过 5000 万元的企业仅有七家，其中大多数还都是外资品牌。更重要的是，通过这个项目，小天鹅还走向了除美国和加拿大以外的市场，小天鹅不但成为从那以后多年里中国唯一的大容积滚筒洗衣机生产商,而且建立起大容积滚筒洗衣机的完善研发团队和体系,一批人才由此得到成长。小天鹅掌握了大容积滚筒洗衣机技术,并以此为基础,开始具备国内市场小容积滚筒洗衣机的开发能力。这项能力,也正是后来美的坚持收购小天鹅的关键因素之一。

对于团队中每个成员来说,这个项目更是影响其一生。"从那以后,我变成了一个相信奇迹的人。"许莉说。另一位不愿透露姓名的团队成员表示:"这个项目带给我的绝不仅仅是技术上的提高,更多的是人生的改变。"这位团队成员强调:"别人可能并不觉得这与人生有什么关联。但是,它教会了我如何在困境中达成目标,实现成功。那就是要更聚焦、更专注。在做项目时,无论在吃饭还是睡觉前,都在想我的项目解决方案。在日常生活中,我看到什么有巧思的物品,都会很自然地想,如果这个方法用到我的项目里会有什么效果。这些都会让我的项目更接近成功。简单地说,人生有目标和没有目标,完全不一样。全心全意聚焦目标,你会离成功更近。"

对于整个中国家电业来说,中国掌握了大容积滚筒洗衣机技术,"中国造"大容积滚筒洗衣机热销美国市场——这个项目的成功,无疑是一个具有里程碑意义的大事件。在《2004年中国家用电器技术大会论文集》中,由于关于洗衣机的论文太少,这个产品在目录中并不能单独成为一个单元。而在两年后的《2006年中国家用电器技术大会论文集》(当时的中国家用电器技术大会为两年一届)中,"洗衣机制造技术"已经单独成为一个单元,6篇论文中有两篇来自GE家电和小天鹅大滚筒洗衣机项目团队,内容分别涉及运用人工神经网络进行滚筒洗衣机性能预测,以及六西格玛在洗衣机给水系统参数设计中的应用。2006年第一期《电器》杂志刊登了一篇名为《2005年洗衣机行业回顾》的文章,文章把2005年称为中国洗衣机市场的"高端启动年"。这里的高端,还仅仅特指滚筒洗衣机开始普及,当时的中国市场仍以波轮洗衣机为主,更不要说大容积的滚筒洗衣机。

此时,胡自强的人生来到了一个最重要的路口。他希望自己的事业能够进一步与中国融合,而不是简单地完成一个项目——这让胡自强感到有点使不上劲。

 点评

GE与小天鹅合作的项目,很像是由GE和小天鹅"风投"的一家创业公司。项目开始只有一本项目计划书,没有产品,没有实验室,没有工厂,没有供应商,从定义产品到开发到建厂,再到实现量产、推向市场,一切都是从头开始。

主持这样一个项目需要很大勇气。可以说,只有那些以做成这件事和在项目过程中提升自己为目标的人,才愿意接手这样一个完全从空白中起步的项目。当然,项目一旦成功,在个人职业生涯中便是意义重大的一步:它不但让主持者实现了在技术领域的拓宽,还会让主持者积累建厂、建立供应商体系等全新的经验。

主持GE与小天鹅合作的大滚筒洗衣机项目,是胡自强逐步熟悉和实践研发管理业务的过程。在此之前,胡自强为成为一名研发管理者做了多年的积淀和准备。在主持GE与小天鹅合作的大滚筒洗衣机项目的过程中,胡自强首次把这些积淀和准备全面应用在实践之中。这也是胡自强为未来的职业生涯做的一次"演习"。

通过这一"演习",胡自强已经蜕变为一名合格的、成熟的研发管理人才。他基本具备了研发管理人才的全部素质,基本完成了个人成长的重要积累。

首先，回到技术本身，这又是一次跨品类做研发的经历。从航空到家电，从冰箱到洗衣机，拓展技术宽度的跨品类研发经历是一名合格的研发管理人才的必经之路。这段经历不仅仅是了解一个品类的研发过程，也是积累跨品类研发经验、打通"任督二脉"的过程。此后无论是胡自强作为美的集团CTO面对美的相当长的生产线，还是后来他再次跨出家电领域，以美的集团副总裁兼北京万东医疗科技股份有限公司董事长的身份进入医疗设备领域，这一段经历都为他贡献了宝贵的经验和方法论。

其次，这是一个相对来说更专注于实践领导力的过程。作为项目的牵头人，要保证项目的成功，领导力至关重要。领导这个项目团队是非常有挑战的。一方面，合作双方当时都不掌握大滚筒洗衣机技术，另一方面，项目团队成员分别来自GE和小天鹅，不同的国家，不同的背景，不同的文化，一不小心，就会在团队内部形成互相扯皮、互相推卸责任的现象。领导力的目标，是要做好GE和小天鹅双方成员的融合，赢得团队成员的信任，使这个团队真正成为有凝聚力、有共同奋斗目标的团队。胡自强在领导这一项目的过程中展现了优秀的领导力。通过对团队人员的遴选，他给整个团队带来压力，也带来必胜的决心；他用各种方式点燃团队的激情，让团队成员为了一个共同的目标团结在一起；当然，作为项目牵头人，更重要的是，要自己扛下更多的压力，为团队传递更多的正能量，让他们更专注于项目的突破，提升信心。

再次，作为GE家电的海外项目，要能够得到总部的充分信任、充分授权，得到总部的全力支持，胡自强也在这一阶段得到历练和成长，对于海外项目或是海外分支机构如何定位并处理与总部的关系，他有了自己的心得体会。日后，胡自强在苏州三星承担起苏州现地化研发的责任，以及为美的布局全球研发中心，其自信和经验也是来自这段经历。

除去研发本身，建厂、建供应商体系、产品量产、推向市场等经历，让胡自强拥有了更宽的视野、更高的格局，能够去审视、思考在制造企业中如何成为更优秀的研发管理者，制造企业的研发体系如何与其他业务单元互相配合、支持。

除此之外，对于胡自强自身的职业生涯来说，这个项目也让他有机会近距离了解中国家电业，帮助他下定决心加入中国家电业的发展大潮中。

当然，主持GE与小天鹅合作的大滚筒洗衣机项目，也让胡自强在中国家电领域建立了"个人信誉"，让日后他选择加入美的这件事"水到渠成"。

总结这段经历，我们看到了胡自强的发展轨迹：勇于迎接跨界带来的挑战；锻炼提升自己的领导力；坚持最初的理想，慢慢接近职业生涯的目标。

（七）全力投入家电业——坚持初心不变

"你还是要回到中国吗？"面对胡自强再次提出辞职，GE家电事业部副总裁Paul Raymond再次发问。当得到肯定的答复后，他仍旧用第一次挽留胡自强的办法，提出新的解决方案。他告诉胡自强，GE家电准备在上海设立亚太总部，他希望胡自强能够做负责人，级别为GE家电亚太区技术总监（CTO）。然而，对于此时的胡自强来说，这个选择却不再完美——他不喜欢这样的安排——高高在上的职务，无法把自己所学应用于实践之中，这不符合他更喜欢做实事的风格。

GE家电选择了放手。他们决定尊重并支持胡自强的选择。Paul Raymond珍惜胡自强的才华，但更乐于见到他能够实现人生梦想。

即便已经知道胡自强会离开GE家电，但在2006年初举办的年度大会上，GE家电为了表彰胡自强在大滚筒洗衣机项目上的重大创新与突破，依然为胡自强颁发了"创造力奖"（Imagination Award），这是时任 GE 第 9 任董事长兼 CEO 的 Jeff Immelt 为鼓励、推动创新专门设立的奖项，旨在表彰具有想象力和创造力的个人或团队。

胡自强同时还面临着第二个选择，就是与人在中国合伙开洗衣机工厂。小天鹅项目的胜利完成，让中国的投资人迅速看到胡自强的价值，与他沟通讨论合作开洗衣机工厂的人不止一个。而当时的中国，还没有家电企业能够开发生产同类的大容积滚筒洗衣机，与人合伙开工厂，大把赚钱并不是难事。"我的志向，是要做一个'富家翁'吗？"胡自强问自己。很显然不是的。对于很多人来说，这也许不失为一个好的选择，但是胡自强志不在此，他不希望让企业经营、销售的这些问题来分散自己的精力，他希望能够专注于自己所学，他期望找到一个更大的平台，足以支持他实现自己的理想。

回忆自己在 GE 这 12 年，胡自强觉得收获颇丰。一方面，个性简单直爽、自我要求高、喜欢用事实说话、从不人云亦云的他，接受起 GE 的企业文化非常容易。"自驱自律、诚信开放、不拘小节、尊重他人，这些 GE 文化对我个人产生了非常深刻的影响。在离开 GE 后很多年，我还是不自觉地用 GE 的思维方式来思考问题。"胡自强在多年后回忆说，"这样的文化理念，也是我一直非常尊重、认可，一直在秉承并坚守的。"另一方面，在 GE 的 12 年，从 GE 总部的中央研究院到 GE 家电事业部，从先行研究到提升产品性能，再到搭建产品体系平台，胡自强已经从一名专注于技术本身的资深工程师成长为带领团队、确定研发方向、熟悉 GE 研发体系的研发负责人，这些都为他日后的事业发展打下坚实的基础。除此之外，在 GE，有一些个性古怪、只愿意与在技术上有共鸣的人打交道的"技术狂人"，胡自强以自己的技术能力获得了这些人的认可，并与他们结下深刻的"纯理工男"之间的友谊，也为他带来一份独特的快乐，他们其中很多人也因此加入美的研发体系。前文中提到的Chris Hoppe，正是其中之一。

当然，此时的胡自强，面对的选择并不限于家电业，但是，在GE与小天鹅的合作项目中，他看到了中国家电业未来在世界崛起的机会，也看到了自己的用武之地，看到了自己实现理想的最佳路径。

21世纪初的中国家电业，在世界舞台上已经成为不可或缺的角色。随着中国加入WTO，已经拥有一定出口规模的中国家电业更加深入地融入全球产业链。同时，跨国企业开始加速在中国的投资，它们不但为中国市场带来相对高端的产品，也扩大了中国企业的视野，提高了家电行业的竞争水平。另外，中国已经成为全球增速最快的家电市场，正在迅速进入家电普及期。从技术上来看，国际上对家电的节能、环保要求进一步提高，对融入全球产业链拥有深切渴望的中国家电业正在努力赶上，这也直接刺激了中国家电企业愈发重视研发。《2004年中国家用电器技术大会论文集》收录论文数量已经达到74篇，内容涉及制冷、制热、电机、电动、金属加工、控制技术、材料优化……这一切让人心动不已。在已经在GE浸润12年的胡自强看来，当时的中国家电业，像一片蕴含勃勃生机的原野，正蓄势待发。

面对方兴未艾的中国家电业，胡自强有些按捺不住自己内心的兴奋。然而，冷静下来，他还是有所担心——自己在国外多年，能否快速融入中国企业？中国企业现在的发展阶段，能否接纳自己的研发理念和方式？胡自强因此谨慎起来。

正是此时，韩国三星向他伸来橄榄枝——已经在韩国三星总部任技术副总职务的老同学金成镇告诉他，三星要在中国实现本地化研发，而当时，主持本地化研发的苏州三星研发副总的岗位已经空了两年，招聘却毫无进展。毫无疑问,有着跨国企业背景的胡自强是他们最好的人选。而对胡自强来说,这也是他人生当中的另一个完美选择——三星同样是跨国企业,但韩国文化与中国文化有相近之处;在苏州三星现有的研发基础上,组建一支富有激情、自主研发能力强的研发团队,是胡自强梦寐以求的工作经历,他急需一个平台一试身手;工作地点在中国,这可以让胡自强更近距离地观察和学习中国企业的文化,寻找融入其中的最佳平台和最佳时间点。

 点评

在完成 GE 家电与小天鹅合作的大滚筒洗衣机项目之后,胡自强来到了一个重要节点。在他面前有很多个选项:项目大获成功之后,是离开 GE 还是继续留在 GE ?是否接受 GE 家电事业部副总裁 Paul Raymond 的安排,担任 GE 家电亚太区技术总监(CTO)?是否接受中国投资人们的邀请,开设一家自己的洗衣机工厂?是继续深入家电业,还是做出其他选择?

我们看到胡自强回答选择题时围绕的三个核心,即,回到中国,全力投入家电业,在技术领域继续深耕。这三个核心,几乎让胡自强的个人职业规划呼之欲出。

在选择的过程中,他拒绝了更高职位、更多钱财的诱惑,而是在对自己的优势、劣势以及喜好依然能够客观了解的基础之上,继续坚持"做研发"的职业道路,让个人价值得到最大化的发挥。

胡自强选择了全力投入家电业,但并没有一举全力投入中国家电业,而是选择了入职三星中国。一方面,胡自强给了自己更多时间和更多耐心。在他自己看来,作为合格的研发管理人才,时间的积淀和打磨是必要条件。另一方面,对于研发重要性的认识,对于研发投入的坚定性,中国家电企业还在路上。无论是从个人经历还是行业环境来看,时机未到。

我们看到,每个选择,都是对大的职业目标的层层分解。用胡自强自己的话说,无论是一项技术研发,还是人生职业规划,都是一个"剥洋葱的过程",要围绕既定核心,层层深入,才能实现目标。

(八)三星的"实践"——淬炼成钢

2006年1月,胡自强履新三星中国,出任苏州三星电子有限公司副总经理兼中国家电研究所所长。

胡自强是在三星集团实施现地化研发战略的大背景下来到苏州三星的,所以他肩负的是重塑苏州三星研发体系的重任。从胡自强的人生经历来看,三星的工作经历对他今后的事业发展至关重要,因为那正是他想带给中国家电企业的——搭建研发体系,确定组织架构,明确研发方向,为企业提供以技术为核心的发展动能。

搭架构,招人才

胡自强到任时,苏州三星中国家电研究所已经成立,按产品分为空调、冰箱、洗衣机三个开发部门,总共不到300人。研究所当时承担的最重要职责是把韩国总部研发的产品进行现地化转化,使之能够在苏州完成规模化生产和现地销售。

上任伊始,胡自强做的第一件事,就是将先行开发部单列。先行开发部是以创新和全新平台开发为主要任务的技术部门,工作核心是根据市场趋势和用户需求,对下一代可能推出的产品进行研发、创新和风险评估验证。在当时的跨国家电企业的研发体系中,不管GE还是三星,先行开发部门都是常规设置,而在中国家电企业还不多见。在此之前,苏州三星也曾有过先行开发部门,但因种种原因,在胡自强到任时已经中断。

之后，胡自强又成立了技术委员会。成立技术委员会的目的，是打破冰箱、空调、洗衣机三大产品开发部门之间的壁垒，用底层技术实现协同。在技术委员会的平台上，胡自强成立了振动噪声分委会、电控分委会、流体力学分委会和热力学分委会。

在此基础上，2007年，胡自强将专门技术开发（应用技术）部门单列。应用技术部的作用是让企业拥有产品自主研发的能力，包括掌握家电品类研发过程中需要的各项核心技术以及仿真应用等研发手段。现就职于美的中央研究院的许志华正是苏州三星第一任技术开发部部长。同年，胡自强又单列了回路开发部（电控部门）。至此，胡自强在苏州三星搭建的研发架构才算完成。

部门单列说起来简单，但最重要的是人才培养。"那时候根本不懂什么是先行开发。"后来在小天鹅负责先行开发的周薇，曾经供职于苏州三星的先行开发部，回忆起当时的状况，这是她说的第一句话。

胡自强在GE研发体系12年的从业经历使他认识到，为中国家电业培养一批高素质人才是当务之急。除对苏州三星现有的研发人员悉心培养外，他还亲自到上海交通大学、清华大学、南京航空航天大学这样的顶级院校进行招聘。"2006年，胡博士来到上海交通大学我所在的实验室进行校招。"美的微波和清洁事业部研发负责人周福昌博士说，"胡博士对我们这一批学生说，未来，中国家电业必将在全球崛起。在这个过程中，我们这样的技术人员会有广阔的空间。他希望我们能够选择家电业。"但当时的家电业还是上海交通大学的学生们很少问津的领域，他们更多的选择是进入高校、研究机构或是军用领域。所以，对于胡自强的话，很多人只是听听。然而，一向说话不多的周福昌却动了心。"他的话打动了我，"周福昌说，"他说的不是名，不是利，而是成就事业的愿景。"

周福昌是这次上海交通大学校招的"唯一成果"。当时苏州三星引进的人才，很多是胡自强一个一个亲自招来的。他们中的大多数人，今天依然活跃在中国家电业，有的依然在研发领域，有的则成立了自己的公司，开始了创业之旅。

下一步是人才的培养。虽然招来的都是高端人才，但家电研发对他们来说还是一片空白。从高校教师岗位入职苏州三星任应用技术部流体力学工程师的张辉博士回忆起初进入家电业的经历，说："需要有人带你捅破那层纸。"在许志华的记忆里，胡自强给研发人员上过的一堂课让他印象深刻。那是 2007 年下半年，这堂课的内容不是管理，不是目标愿景，而是技术本身。"那是一堂流体力学和气动噪声课，案例是风冷冰箱的风机风道和降噪设计。"他说。手把手地去教授技术，在胡自强培养人才的过程中，不只这一次。

徐锡胜 2003 年加入苏州三星。2006 年，胡自强来到苏州三星时，他还是一名普通的研发人员。让他难忘的是，2010 年他升任空调电控开发部部长之后胡自强对他的严格教导和支持。"我任部长第一天，就被胡博士叫到他的办公室，他亲自告诉我与韩国总部沟通时需要注意的事项，并告诉我无论遇到任何问题，都可以找他。"徐锡胜说。让他印象最深的是胡自强对他的严格要求："作为部长，他要求我对整个部门所有的研发状况包括数据都了然于胸。虽然当时我还有点不服气，但是这让我在后来的工作岗位上受益匪浅——他教会了我应该如何面对我的领导，以及如何要求我的下属。"

除了这样的言传身教，胡自强还尽自己所能，为团队提供更好的研发空间。2010年，张辉来到苏州三星。作为一名刚入职的普通工程师，张辉最大的感受，是胡自强在苏州三星为研发人员撑起了一片天空。据了解，研发现地化战略是当时三星集团全球化战略的重要组成部分，但在具体实施时，还是会遇到这样那样的阻力——三星在研发上厚重的积累，是否愿意拿来支持中国的现地化研发？是否愿意为中国提供更自由的研发空间？中国现地化研发的成果是否会得到总部的承认？在中国新成长起来的现地化研发能力，能否得到应有的重视？"如果没有胡博士的坚持、支持以及与总部的沟通，我们就没有那宝贵的几年向三星这样领先的跨国企业学习，三星的现地化研发战略也无法得到贯彻。"张辉说。让徐锡胜印象深刻的是胡自强对空调变频技术现地化转化的决心以及为此付出的努力。"当时国内空调市场还主要是定速产品，胡博士坚定地要实现变频技术的现地化。这需要不断与总部沟通磨合，最后是胡博士亲自出马。"徐锡胜说。

他们自己当时并没有意识到，所谓的家电业向中国进行产业转移，并不是一蹴而就的，而是在这样"不进则退"的坚持当中，在人才的慢慢成长之中，逐渐完成的。

2010年11月，胡自强带着自己亲自培养的五名博士参加了在安徽合肥召开的中国家用电器技术大会，并把他们一一介绍给当时任中国家用电器协会副理事长的王雷。这一幕让王雷记忆犹新："五个充满朝气的博士生分布在四个产品和技术领域，这阵容还是第一次见！"王雷感慨道。

当时，胡自强每年都会在研究所推动十大变革项目，由各个部长分别牵头负责，以提升产品力、组织能力和效率，同时，也让相关的个人从中得到锻炼和提升。前文中提到的技术委员会，就是在这个思路下推动建立的。

2008年，胡自强主推学习型组织。现任海信洗衣机事业部副总经理的朱国生时任电控部门负责人，在胡自强的支持下，他首先在电控部门推动组织革新，2009年推广至整个研究所。该变革项目的核心是采用GE的加速变革流程CAP（Change Accelerate Process）的方法论，推动全系统的变革，以人的变革带动组织的变革，让员工有更大的自驱力和创造力，让组织充满活力。朱国生说："第一阶段首先是经过充分讨论，构建团队的共同愿景和使命，将组织放在全球的家电产业中，将个人愿景放在整个职业生涯中，构建个人和组织相互成就的共同愿景。第二阶段通过组织全员共创，对核心问题进行全维度扫描，从组织、人才、能力、技术、沟通等方面系统地找到制约因素，列出问题清单，并拿出解决方案。第三阶段是推进实施，落实到具体的项目中去。最后是过程的修正和复盘，持续迭代，形成大闭环。"朱国生介绍，组织革新并不仅限于研发本身，还针对管理提升、新员工融入、沟通能力等，对共性和重点项目会成立一个个工作小组，再对工作小组的成果进行分享，真正形成团队学习。这不但让团队的方向和目标更加明晰，通过这种方式，也加强了团队之间的横向连接，提升了整个研究所的协同性。在推广至个人的"行动计划"时，有员工甚至把"改善夫妻关系"这样的内容作为自己的年度改善项目。两年后，学习型组织建设取得了很大的成果，在过程中也培养了很多具有创新能力的人才，从个人到组织都发生了巨大的变化。

2011年，时任空调产品开发部部长的黄圣祥（现任苏州三星副总经理兼中国家电研究所所长）牵头，推动了整个研究所的流程变革。主要内容是结合模块化设计体系及设计手册的完善，提升产品设计的效率，减少因设计原因导致的产品品质问题。通过对产品及平台的标准化，推出更多低成本、高品质的模块化设计。

2012年，当胡自强决定离开苏州三星时，苏州三星的研发人员数量已经由2006年的不到300人增长到463人，形成了坚实的人才体系基础。

"我并不是特别在意他们在哪家企业工作。只要他们还在为中国家电业服务，我就很开心。"多年以后，回忆起在苏州三星培养的这批技术人才，胡自强这样说。

实际上，对于中国家电全行业的技术人才，胡自强都尽可能给予支持。自2006年起，胡自强连续多次出现在中国家用电器技术大会上做主旨演讲，为全行业研发人员提供有价值的信息，可谓用心良苦。资料显示，在2006年中国家用电器技术大会上，胡自强的演讲主题是"建立以消费者为中心的新的产品开发流程"；2010年主题为"家电研发的创新工具DFSS"；2011年主题为"美国智能电网的发展及家电的应用"；2012年主题为"综述美国能源标准的最新进展"；2015年，他发表了主题演讲"开放式创新"；2019年的演讲主题为"以用户为中心的技术创新趋势"；2020年，胡自强做了"勇担历史使命，实现全球领先"的主题演讲。

构建硬实力，培育苏州三星现地化研发实力

如果说人才是软实力，那么先进的实验室和研发手段就是硬实力。

苏州三星原来就拥有冰箱、空调和洗衣机的性能实验室。胡自强到任后，开始建立可以满足更多研发需求的实验室。最典型的是噪声实验室的建设。由于噪声实验室投资大、空间要求高，建设过程并不容易。根据当时相关人员的粗略估算，那时候苏州三星建成的全消音和半消音实验室，大大小小有8个，面积约400平方米。除此之外，大概在2009

年，胡自强还为苏州三星引入了声品质实验室。胡自强还对原有的洗衣机性能实验室进行了全面扩建，使其能够完成多个国家能效标准测试。另外，电磁兼容实验室也在原有基础上进行了扩建。

2009年，胡自强为冰箱的先行研发兴建了保鲜实验室。"那时候冰箱保鲜在国内还没有引起企业足够的重视，但是这个实验室可以完成加湿、光和以及真空等各种保鲜技术的测试和验证。"一位当事人介绍说，这也正是后来苏州三星利用现地化研发能力推出加湿保鲜冰箱的基础。

除此之外，胡自强还为苏州三星建设了中央空调的研发能力。15年前，家用中央空调市场还没有真正兴起，这样的研发能力建设，无疑是基于对未来市场走势的判断。

在研发手段上，胡自强积极推动了六西格玛设计方法和CAE仿真的落地。"在如今看都是很平常的东西，但放到15年前，这些在家电行业都是非常先进的。"一位当时的相关人员说。王雷当年正是在苏州三星第一次见到了风动实验室。在此之前，风动实验室只是在读书时听老师讲过，当时都是服务于军工领域，能够在家电企业见到，让她非常意外。

随着软硬实力的增强，苏州三星的现地化研发能力渐渐体现出来，例如，搭建了可以兼容DD直驱、洗干一体、BLDC等技术的洗衣机平台AGEILS，推出法式对开门风冷冰箱等。

让人惊讶的是，苏州三星的现地化研发能力的提升还直接促进了产品质量的提升。"胡博士经常说，要通过产品的强健设计来提升品质。这样的提法在今天也是非常先进的。"当年苏州三星的一位研发人员说。那时候，苏州三星一直在滚动推动"worst 5"（市场不良前五）项目，这样的项目并不是由品质部门负责的,而是由研发部门来解决的。而这个责任,是胡自强主动承担过来的。"胡博士一直对我们说,实验室能够发现的问题,最多只有50%。产品要做强健设计。"这位曾在苏州三星工作的研发人员说。在这个理念下,胡自强刚到苏州三星不久,就针对滚筒洗衣机运转时"会跳舞"、噪声大的现象,以及当时市场上的洗衣机不良率高等问题,开展了一场"砸洗衣机"的行动,再通过强健设计,显著提高产品质量。

在空调产品上也是如此。在三年的时间内,苏州三星空调产品的振动噪声不良率从3500PPM降至700多PPM——这个数据让当年的参与人员记忆犹新。另外,当时的空调产品在运输过程中常有断管现象发生。研发人员在实验室内进行了大量的力学分析,模拟各种运输过程,导入了当时还非常先进的扫频实验。不到两年,因运输造成空调断管的现象几乎绝迹。在声品质方面,胡自强一直强调的是,应该把研发人员复杂的实验室指标转化为品质部门容易理解和执行的指标,让实验室指标能够落地,真正为产品服务。

奔赴梦想

2012年,是胡自强在苏州三星的第六个年头。六年,在一个人的职业生涯里是很长的一段时间。然而,对于胡自强来说,从搭建研发体系到真正形成研发能力,也的确需要六年的时光。通过这六年,胡自强贯彻了三星集团的现地化研发战略,也验证、实践了自己心中的研发体系构建。更重要的是,为了迎接即将到来的中国家电业以技术驱动发展的时代,胡自强亲力亲为,为行业储备了一批研发人才。

2012年,中国的"家电下乡"政策刚刚结束,整个中国家电行业正从向规模要发展的思路中转向,思考行业下一步的发展路径。技术渐渐成为全行业发展的压舱石。胡自强意识到，他的时代来了。

"2012年上半年，有一天，胡博士对我说，他要离开三星。"周福昌说，"我当时有点懵。我来三星，来家电业，都是基于胡博士当年校招时说过的那句话——未来20年的家电业是属于中国的。""有点懵"的周福昌又问了一句："您看我能干点什么？""继续留在家电业。如果你不愿意留在三星，就跟我走吧。"胡自强的回答也非常简单。周福昌甚至没有追问一句胡自强到底要去哪里。当年5月，胡自强出任小天鹅主管研发的副总经理。6月25日，周福昌就出现在小天鹅的工作岗位上。

胡自强与许志华的对话却是另外一番景象。听说胡自强要去小天鹅后，许志华表达了自己的不解："为什么还要给别人打工？您完全可以自己办个洗衣机厂。"胡自强的回答让许志华感觉到振聋发聩的力量，至今还会时时忆起。

胡自强说："办工厂，不是一件容易的事，会有很多事务分散人的精力。我的长处是技术。我回到中国，就是要集中精力，把自己的长处在一个好的平台上发挥出来，推动中国家电业的技术进步。我相信，美的就是这样一个平台。"

实际上，胡自强职业生涯里的每一次选择，都是基于这个一直不变的初心。几年后，胡自强从小天鹅调任美的集团中央研究院院长。他的儿子也问过他为什么要这样选择，而他的回答也正如同当年给许志华的回答："因为我想给中国家电业做的事，还没有做完。"

 点评

三星的"实践"，带给胡自强的是更为复杂的研发组织的管理经验，以及面对更复杂的组织时个人领导力的提升。

在中国建立三星现地化研发能力，需要推动变革的领导力。与主持GE家电与小天鹅合作的大滚筒洗衣机项目一样，它需要胡自强去为团队建立愿景，需要提升团队的凝聚力，带领团队实现现地化研发和创新。但与主持GE家电与小天鹅合作的大滚筒洗衣机项目不同，他现在领导的这个团队更为复杂，目标也不再是开发一个洗衣机产品那样单一。他需要在实践中进一步提升个人的领导力。

另外，在中国建立三星现地化研发能力，还需要与三星总部相关产品的研发负责人建立协同机制和互信，需要得到三星总部研发最高领导的信任和支持。在这个过程中，胡自强不但提升了管理能力，积累了建立海外研发机构的经验，这也为他日后布局美的的海外研发体系打下了基础。

作为一名研发管理者，他意识到培养人才是自己的责任和义务。在这期间，他有意识地进行人才培养，包括给员工亲自教授技术课，以及与应届毕业生对话，帮助他们做好个人职业规划。

当然，此时的胡自强已经身处全球家电产业向中国转移的大潮之中，虽然还不是浪尖的弄潮儿，但三星的实践让他更加深入地了解了中国家电业，并找准了自己的方向。

实际上，有了三星的实践，加上全球家电业开始迎来"中国时代"，胡自强做出了准确的判断——全力投入中国家电业的时机来了。

（九）总结——完成美的研发转型，他做了哪些准备

加入美的，是胡自强全力投入中国家电业做出的选择。从加入美的之前这段职业经历可以看出，胡自强为这次全力投入做了20余年的积累和准备。

这20多年里，胡自强从学生到普通工程师，从普通工程师到团队带

头人，再到苏州三星的研发负责人，完成了从普通研发人员到高级研发管理人才的升级和蜕变，塑造了自己作为高级研发管理人才需要具备的各项能力。

在美国马里兰噪声消除技术公司工作期间，胡自强首先成了一个技术专家，在所处的技术领域内不断深入，夯实了自己的专业技术能力。

在 GE，除了在技术领域继续深入外，胡自强拓展了技术广度，从解决冰箱的噪声问题开始进入产品系统领域。有机会领导团队后，他开始注重领导力的培养。值得强调的是，对技术深度和广度的把握是研发管理者领导力的重要组成部分。在此期间，胡自强开始在研发工作中强化经营意识。另外，在 GE 期间，胡自强做好了自己的职业规划，并在之后的职业生涯里坚定执行了这份职业规划。

在主持 GE 家电与小天鹅合作的大滚筒洗衣机项目期间，胡自强经历了几乎相当于一个初创公司从零开始到产品成功上市的过程，不但再一次实践了产品研发跨界，更重要的是训练了领导力，拥有了一个从企业运营全场景看研发体系的视野和格局。

在三星的六年里，胡自强作为一家跨国公司海外法人的研发带头人，学会了如何管理与总部的关系，如何去影响总部为三星中国争取更多的资源和支持，如何带领一个更复杂的技术团队做好规划、找到方向，如何建立一个能力更强的研发体系。

入职美的以后，考虑到美的不同于之前的跨国企业，是一家中国的民营企业，面对陌生的企业环境和企业文化，胡自强在自己的职业生涯里做了一次"降维行动"，即以小天鹅为加入美的的起点。一方面从相对熟悉的产品和环境起步，让第一步走得更加稳健；另一方面，在小天鹅的两年时间，也是胡自强在美的为自己建立"个人信誉"的过程。这种"个人信誉"的建立,很大部分依赖于胡自强在了解美的的基础上,以更强的经营意识去做好研发工作,支持眼下的市场经营,做好三年研发规划支持三年内的市场经营,让市场端得以迅速产出成果。无论是"510平台"开发项目,还是制定研发规划,胡自强都前所未有地强调了成本和经营意识。从经营的角度去审视研发,才能让研发为企业迅速带来价值。

有了小天鹅的成果,有了两年"个人信誉"的建立,这才让方洪波放心地把研发转型这样的重任交到胡自强手上,帮助美的实现"产品领先"战略,也让胡自强能够在美的内部得到更多人的认可和支持。在胡自强看来,这些都是他能够在美的取得成功的重要基础。

从小天鹅调任美的集团,面对更加复杂的环境,要建立更加复杂的研发体系,胡自强依赖之前的积累和开阔的视野,成功地驾驭了美的研发转型总架构师的角色。技术的深度和广度、跨界的能力、市场和经营意识、领导力,胡自强的各项能力都得以充分运用和发挥。

值得强调的是,与那些研发体系已运营成熟的企业不同,对于如美的这样处于研发转型中、需要重构研发体系的企业来说,对CTO的要求更为苛刻——不但要求CTO做好研发管理、战略和沟通,也要求CTO是技术领域的专家。比如,胡自强在拉动美的弱势品类提升时,需要他"亲自下场"帮助研发团队做技术诊断,做产品规划,做研发团队的能力建设,找到创新突破的方向。再比如,当小天鹅面临是否要上"510"滚筒洗衣机平台的选择时,当美的厨房和热水事业部面临选择哪个技术路线作为美的烟灶的高端旗舰产品时,需要有一个人站出来去坚持正确的路线和方向——这对这个站出来的人的技术积累和市场判断能力提出了极高的要求。对于每一个准备加大研发投入、做研发转型或是已经在转型进程中的企业，这些正是其研发带头人应该具备的技术能力。

当然，这里需要强调的是，这些能力并非需要完全一样的人生经历才能获得。只要在规划好自己职业生涯的前提下，不断去学习、补足相应的能力，愿意不断挑战自我，总会达成自己的目标。总结而言：

首先，要尽早做好一份适合自己的职业规划。对于研发人员来说，用五年时间做技术的深耕、再用五年时间做技术的拓展是非常必要的。以此为基础，做好向研发管理人才进阶的职业规划。

其次，践行这份职业规划，把握机会非常重要。职业发展是个人的事，不是组织的事，在把握机会时，个人要有自驱力去迎接挑战。如果在企业组织中随波逐流或是随遇而安，则很难完成从普通研发人才到研发管理人才的进阶。同时，要主动建立"个人信誉"，让自己拥有更多的选择机会。"个人信誉"是指别人对你的能力、品行的认可和信任。

另外，在面临选择的机会时，选择的依据应该是——什么样的岗位能够帮助自己进行能力提升，从而更接近职业规划目标，而不是金钱、利益或者职位。总之，要训练自己像落地一次项目规划一样，去落地自己的职业规划。

最后，无论是做研发还是做研发规划，甚至是做职业规划，都要思考问题的本质，提炼出对于解决问题最核心的东西，才能驾驭复杂度更高的问题。正如胡自强所说："把简单的问题做复杂，简单。把复杂的问题做简单，很难。但这是做事的核心，也是逐步提升自己的核心。"